Wieland Stolzenburg

Der Psychologe, der auszog, um das Glück zu finden – und bei sich selbst ankam

Wieland Stolzenburg

Der Psychologe, der auszog, um das Glück zu finden – und bei sich selbst ankam

Ein psychologischer Blick auf das Glück der einfachen Dinge

GOLDEGG

Bildrechte Autorenfoto: Stephan Schumann
Bildrechte Umschlag: Kathrin Steigerwald, Hamburg unter Verwendung eines Motivs von Adobe Stock/ Andrey KENO
Bildrechte Innenklappe: Adobe Stock/Alienalgorithm

Der Verlag und seine Autoren sind für Reaktionen, Hinweise oder Meinungen dankbar. Bitte wenden Sie sich diesbezüglich an verlag@goldegg-verlag.com.

Der Goldegg Verlag achtet bei seinen Büchern und Magazinen auf nachhaltiges Produzieren. Goldegg Bücher sind umweltfreundlich produziert und orientieren sich in Materialien, Herstellungsorten, Arbeitsbedingungen und Produktions-

ISBN: 978-3-99060-372-7

Unter den Linden 21 • D-10117 Berlin
Telefon: +49 800 505 43 76-0

Goldegg Verlag GmbH, Österreich
Mommsengasse 4/2 • A-1040 Wien
Telefon: +43 1 505 43 76-0

E-Mail: office@goldegg-verlag.com
www.goldegg-verlag.com

Layout, Satz und Herstellung: Goldegg Verlag GmbH, Wien
Printed in the EU

Inhaltsverzeichnis

Wie ich auszog, um das Glück zu finden …

Die Szene, die sich am Flughafen vor unseren Augen abspielt, ist so abgefahren, dass sich diese niemand ausdenken könnte. Doch ich bin dankbar darüber, denn sie hilft mir, mein Gefühlschaos für einige Momente zu vergessen. Anna und ich liegen, trotz der angespannten Lage, vor Lachen fast auf dem Boden. Am Flughafen in Denpasar, unserem Abflugort auf Bali in Indonesien. Meiner Heimat seit einigen Jahren. Vor uns läuft ein Mann mit Rucksack auf dem Rücken zum Boarding-Gate. In der einen Hand hält er eine kleine Tasche und in der anderen trägt er stolz eine Packung Toilettenpapier mit acht Rollen. Wie viele Lagen diese haben, kann ich leider nicht erkennen. Aber immerhin hat er sich eines der wichtigsten Güter in diesen Tagen gesichert. Seine Familie zu Hause wird sich wahrscheinlich wie noch nie über dieses Mitbringsel freuen. Eine solche große Unsicherheit wie die beginnende Corona-Pandemie hat ihn nicht davon abgehalten, sich auf das Wesentliche zu konzentrieren: eine große Packung Toilettenpapier von Bali nach Australien mitzunehmen.

Wir sitzen im Taxi, welches uns von Ubud in der Landesmitte Balis zum Flughafen im Süden fährt. Der ganze Druck der letzten Tage fällt von mir ab. Ich habe Tränen in den Augen. So viele unterschiedliche Emotionen habe ich in meinem Leben bisher noch nie gleichzeitig gefühlt. Ich bin traurig, meine Wahlheimat Bali, mein dortiges Leben und meine Freunde auf unbestimmte Zeit hinter mir zu lassen. Ich bin besorgt, weil ich nicht sicher weiß, ob mich Australien wegen der Corona-Restriktionen tatsächlich noch ins Land lässt. Ich bin gespannt, wie es mit Anna und unserer jungen Beziehung weitergehen wird. Ich fühle mich schuldig, weil ich Torsten, einen engen Freund, zurückgelassen habe. Ich bin verärgert über dieses Virus, das in so kurzer Zeit grundlegende Dinge in meinem Leben durcheinandergewirbelt hat. Und ich bin glücklich, dass Anna neben mir sitzt und ich ihre Hand in meiner spüre. Dieser Gefühlscocktail hat seinen Ursprung in der aufkommenden Pandemie. Wir wissen noch nicht viel. Nur, dass Australien mit unseren zwei verschiedenen Nationalitäten die sicherste Option ist, damit wir nicht voneinander getrennt werden. Das hätte auf Bali gut passieren können und war uns zu heikel.

Als wir endlich im Flugzeug sitzen, macht sich Erleichterung in mir breit. Die meisten anderen sehen nicht so aus, als ob sie entspannt vom Bali-Urlaub nach Hause fliegen. Anna und ich hatten Glück. Es fühlt sich an, als ob wir im überfüllten ICE einen der wenigen Sitzplätze ergattert hätten. Andere sind mit einem Ticket am Flughafen angekommen und mussten mit Entsetzen feststellen, dass der Flieger nicht abheben wird oder überbucht ist. Als wir in der Luft sind, schaue ich sehnsüchtig auf Bali und die drei kleinen Nachbarinseln. Mir schießen viele Erinnerung der letzten Jahre durch den Kopf. Ich hole meinen Kugelschreiber und ein kleines Notizbuch aus meinem Rucksack. Schreiben hilft mir, wenn ich aufgewühlt bin und mir mehr Klarheit wünsche. Ich beginne zu schreiben. Einen Abschiedsbrief, einen Dankesbrief, einen Liebesbrief. Alles zusammen, so wie meine Gedanken und Erinnerungen mich führen. »Danke, Bali« fange ich an, »danke, Bali, dass du mir ein Zuhause geschenkt hast. Einen Ort auf dieser verrückten Welt, der sich nach Heimat anfühlt, wo ich mich jederzeit angenommen und angekommen gefühlt habe. Ein wahres Zuhause.« Ich schwelge in Erinnerungen, an die satten grünen Reisfelder in Telalagan, welche kurz nach Sonnenaufgang aussehen wie aus einer magischen Welt. Oder die Menschen, mit denen ich viele schöne Stunden verbracht habe. Ob mit Balinesen, Javanesen oder mit anderen Ausländern, wie ich hier einer bin. Ob mit Fremden oder solchen, die zu Freunden wurden. Ich erinnere mich an Strände, Berge, Vulkane und Wasserfälle, die Arschbomben in den Pool, die Yoga-Stunden, die Sound-Meditationen oder all die Workshops und Veranstaltungen, die man nur dann wirklich verstehen kann, wenn man eine Weile in Ubud gelebt hat.

Ich erinnere mich an all meine Freunde und Freundinnen. Auch das leckere Essen kommt mir in den Sinn, die frisch gepressten Säfte und exotischen Früchte. Meine Augen sind feucht. Vor Dankbarkeit für diese schöne Zeit, die bisher glücklichste meines Lebens. Ich danke Bali, dass es mich mit offenen Armen und einer Herzlichkeit aufgenommen und jederzeit beschützt hat. Auf Bali habe ich mich zu jeder Sekunde sicher und geborgen gefühlt. Ich erinnere mich auch an meinen Yogalehrer mit seinem lauten »Reeläääääääx« und muss lächeln. Er gehört ebenso wie der Flötenmann, der mich zur Weißglut brachte, zu dieser Zeit. Alles hatte seinen Platz und seinen Grund. Und ich bin dankbar für alles.

Zudem erinnere ich mich an die vielen Ausflüge auf Bali oder den Nachbarinseln, das zahnlose Lächeln des Heilers, die Rollerfahrten durch Reisfelder, durch den Stau in den Ferienmonaten oder durch strömenden Regen mit nassen Klamotten, die an meinem Körper klebten. Die Friseurbesuche mitten im Nirgendwo kommen mir in den Sinn. Die Frösche und Vögel, die ich von meinem Bett auf dem Balkon jede Nacht und jeden Morgen hören durfte, die Regentropfen, die ein Konzert veranstalteten, wenn sie auf den großen Palmblättern, den Hausdächern und dem Wasser im Pool landeten. Die Gastfreundschaft, Offenheit und Herzlichkeit der Balinesen in allen Belangen, deren Leben im Hier und Jetzt ohne große Sorgen und Ängste. Ich denke an meine innere Zufriedenheit, meine inneren Freudensprünge über das Leben. Auch an die drei Monate, in denen ich mich über nichts und niemanden aufregen konnte, weil ich so in mir ruhte und alles, wie es war, gut war.

Das Reflektieren und Aufschreiben ist Seelenbalsam für meine Gefühlswelt. Mit Dankbarkeit blicke ich auf die schönste Zeit meines Lebens zurück. Und bin gespannt, was jetzt folgen wird. Ich weiß nicht, ob ich je wieder zurück in meine Wahlheimat kommen werde. Nach allem, was Corona gerade verändert, ist nichts mehr, wie es war – besonders für digitale Nomaden, wie ich einer bin. Wir leben und arbeiten in anderen Ländern, frei wie ein Vogel, und sind auf offene Grenzen und offene Herzen angewiesen.

Ein zerknülltes Taschentuch liegt neben den zehn handgeschriebenen Seiten auf dem kleinen wackeligen Klapptisch in unserem Flieger nach Australien. Ich schließe die Augen und stelle mir vor, ich bin an meinem Lieblingsplatz auf Bali: oben in den Reisfeldern in Penestanan am Waldrand unter einem uralten, großen Baum. Der Wind weht durch die Baumkrone und mit dem Vogelgezwitscher in den Wipfeln und dem Hahnenschrei in der Ferne klingt es wie ein kleines Konzert. Oder ist mein Lieblingsort doch mein Bett auf dem Balkon meiner kleinen Villa, wenn die Sonne mich morgens mit ihren Strahlen weckt und ich mich auf einen neuen Tag freue? Oder mein Stammplatz im Zest, an der Bar mit leckerem Essen, entspannter Hintergrundmusik und den vielen Freunden? Nein, es ist die gesamte Insel: Bali ist mein Lieblingsplatz auf dieser Erde. »Danke, dass ich hier leben durfte«, sind meine letzten Worte auf dem Papier. Ein schönes, friedliches Gefühl steigt in mir auf. Genau das, was ich nach den verrückten letzten Tagen gut gebrauchen kann.

Einige Jahre zuvor …

Es ist halb vier in der Früh, als ich erschöpft ins Bett sinke. Die Matratze ist hart, aber ich bin froh, mich endlich ausstrecken zu können. Draußen ist es noch angenehm warm. Ich liebe diese kleinen Momente im Leben, die an sich nichts Besonderes sind und mich dennoch erfreuen. Es tut einfach gut, meine Klamotten auszuziehen und damit die anstrengende Reise von mir abzustreifen. Ich atme tief ein und aus und weiß gar nicht, was ich fühle. Übermüdung trifft es wahrscheinlich am besten.

Alles hat wunderbar geklappt. Jetzt bin ich da, wohin mich meine Intuition geführt hat. Einige Monate vor meinem Abschied aus Deutschland hatte ich nur ein Flugticket nach Bangkok. Wohin ich von dort aus gehen wollte, wusste ich bei der Buchung noch nicht. Ich hatte recherchiert, an welchen Orten in Südostasien andere digitale Nomaden leben. Bangkok, Chiang Mai und Koh Phangan in Thailand, Ubud und Canggu auf Bali, Goa in Indien oder Kuching in Malaysien. Ich hatte mich noch für keinen der Orte entschieden, sondern kümmerte mich erst mal um all die Dinge in Deutschland: Kündigung und Auflösung meiner Praxis und Wohnung, das Organisieren einer internationalen Krankenversicherung, den Kauf eines praktischen Rucksacks. Was man halt alles so macht und machen muss, wenn man seinem Heimatland auf unbestimmte Zeit den Rücken kehrt. Als ich gerade auf der Suche nach der besten Kreditkarte für Langzeitaufenthalte in Asien war, wusste ich es plötzlich: Ich würde nach Bali gehen. Ich hatte von der Insel gehört, sie stand allerdings nicht auf der Liste der Länder, die ich bereisen wollte. Aber mein Bauchgefühl hatte mich noch nie betrogen und so buchte ich direkt den Weiterflug von Bangkok. Ich hatte keine Ahnung, was mich erwarten würde: Wird es mir gefallen oder werde ich nach wenigen Wochen weiterziehen?

Alles war möglich. Dass ich mich so sehr in Bali verlieben würde, wusste ich damals noch nicht ansatzweise.

Vor dem Flug nach Bali wollte ich nicht viel recherchieren, sondern einfach ankommen und mich vom Leben tragen lassen. Das passte eigentlich so gar nicht zu meinem sonst organisierten Leben und Verstand, der alles wissen und planen möchte. Doch das war in diesem Fall anders. Immerhin wusste ich, dass es die beiden Städte Ubud und Canggu gibt, die mir möglicherweise gefallen könnten. Die Stadt Ubud im Landesinneren, in der sich viele Spirituelle, Yogis und digitale Nomaden aufhalten. Und Canggu im Süden, die bei den Surfer-Boys und Instagram-Girls beliebt ist.

Obwohl ich in den letzten dreißig Stunden während meines Fluges von München nach Bangkok und von dort weiter nach Bali fast nicht geschlafen habe, fällt es mir schwer, mich jetzt ins Land der Träume fallen zu lassen. Ich bin zu gespannt auf mein neues Leben und noch zu aufgedreht von der Reise. Der Abschied in München vor ein paar Tagen fühlt sich einerseits noch so nah an und andererseits wie aus einem anderen Leben in einer anderen Welt. Das Abschiedsfest, natürlich in einem asiatischen Restaurant, war wunderschön. Viele Freunde aus ganz Deutschland kamen mit Kind und Kegel. Ich war gerührt, wie viele liebe Menschen mich verabschiedeten und mir ihre guten Wünsche mit auf den Weg gaben.

Nun liege ich im Bett in einem Hotelzimmer in Denpasar. Während die Anspannung langsam von mir abfällt, kommt eine Kakerlake in aller Seelenruhe aus dem Badezimmer. Ich schnappe schnell einen meiner Flipflops und lasse ihn in hohem Bogen in ihre Richtung fliegen. Ich erwarte nicht, dass ich sie treffe. Ich will sie auch gar nicht zerquetschen, aber ich bin zu müde, um aufzustehen und sie fürs Erste unter einem Glas einzusperren.

Ich denke wieder an die letzten Stunden in meiner alten Heimat und schlafe endlich ein. Am nächsten Vormittag wache ich mit knurrendem Magen und verschwitzt auf. In der Dusche bin ich zum Glück allein, die Kakerlake hat sich verkrochen. Mit nassen Haaren und in frischen Klamotten öffne ich die Tür und das Tageslicht blendet mich. Ich bin wirklich hier. Ich bin in Indonesien und lebe jetzt hier. Wahnsinn! Oder ist alles nur ein Traum?

Es ist ein realer Traum.
Ich brauche nur Zeit, ihn zu realisieren.

Obwohl ich hier bin, balinesische Luft einatme, die Gerüche und Eindrücke in mich aufsauge, kann ich es in manchen Momenten immer noch nicht glauben. Ich habe tatsächlich das gemacht, wovon ich lang geträumt und worauf ich hingearbeitet habe. Ich, der gern Sicherheit und Struktur hat, zieht mit einem Handgepäckrucksack durch ferne Länder und hat keinen Wohnsitz und kein Zuhause mehr in Deutschland und keinen Plan, außer für die nächsten zwei Tage. Doch ich bin unfassbar glücklich. Dieses Glück ist so intensiv, dass ich es kaum aushalte. Mein Verstand beginnt zu zweifeln, ob es echt ist oder ich mir etwas vormache. Aber mit jedem Schritt durch die staubigen Straßen von Denpasar merke ich, dass ich nicht träume und wirklich glückselig bin. Ich überlege, wann ich zuletzt in meinem Leben diesen Grad an Freiheit hatte, komplett ohne Verpflichtungen. Es muss im Kindergarten vor über dreißig Jahren gewesen sein.

Mein kleines Hotel befindet sich mitten im Trubel der Hauptstadt von Bali. Denpasar ist ein wichtiges wirtschaftliches Zentrum der Insel und bietet viel Kultur mit Tempeln, Museen und Kunstgalerien. Auch ist es ein beliebtes Einkaufsziel mit großen Märkten und Shoppingmalls. Jeder Tourist, der Bali besucht, kennt Denpasar. Der Flughafen befindet sich am Rand der Stadt: Ngurah Rai oder auf Indonesisch Bandar Udara Internasional Ngurah Rai. Dass ich in den nächsten Jahren hier nicht nur einmal landen werde, weiß ich jetzt noch nicht.

Ich laufe in Flipflops, Shorts und T-Shirt durch die Gassen. Hier ist vieles wie in einer anderen Welt. Einer mit mehr Leichtigkeit und weniger Ernsthaftigkeit. Mit viel Trubel und wenig Struktur. An einer Ecke sehe ich einen kleinen Warung, wie die indonesischen Restaurants genannt werden. Ich nehme Platz und freue mich auf meine allererste Mahlzeit in Indonesien. Bisher kannte ich nur Nasi Goreng aus dem Gefrierfach von *FRoSTA*. Jetzt möchte ich auf meinem wackeligen Plastikstuhl unter einem quietschenden Ventilator herausfinden, ob das Original besser schmeckt.

Die Erde bebt

Habe ich Schüttelfrost oder warum vibriert mein ganzer Körper? Ich bekomme alles nur halb mit, denn der Schlaf hält mich noch fest in seinen Armen. Da jedoch mein gesamtes Bett wackelt und ich draußen jemanden laut »earthquake, earthquake« schreien höre, wache ich auf. Aber nur ein wenig. Und schlafe gleich wieder ein.

Am nächsten Morgen scheint alles wie sonst: Die Sonne scheint, der Himmel ist blau – und ich lebe noch. Obwohl ich mich nachts völlig falsch verhalten habe. Ich hätte sofort aufspringen und aus dem Gebäude rennen müssen. Gemütlich liegen bleiben und weiterschlafen hat schon einige Menschenleben gekostet.

Wie ich mich letzte Nacht verhalten habe, kann ich heute früh nicht mehr verändern. Aber im besten Fall hilft mir die Erfahrung beim nächsten Mal.

Denn hier bebt die Erde so häufig wie in kaum einem anderen Land. Indonesien liegt in einer seismisch höchst aktiven Region, die als Pazifischer Feuerring bekannt ist. Das letzte verheerende Erdbeben war 2004, bei welchem mehr als 230.000 Menschen starben.

Verglichen damit war das Erdbeben letzte Nacht sehr schwach. Für mich war es dennoch eine Premiere und gleichzeitig eine der merkwürdigsten Empfindungen, die ich je erlebt habe. Es fällt schwer, in Worte zu fassen, wie sich ein Erdbeben anfühlt. Der Boden vibriert, als ob ich auf einem Wackelpudding sitze, der auf einem Presslufthammer befestigt ist, der wiederum auf einem alten Karussell spazieren gefahren wird. Alles bewegt sich gleichzeitig in alle Richtungen. Es ist weniger ein wackelndes, sondern mehr ein schwingendes Gefühl. Es war erst meine dritte Nacht auf Bali und schon erlebe ich das erste Erdbeben meines Lebens. Ist es ein Zeichen, dass ich nicht in Canggu bleiben soll? Denn hier an der Küste bin ich nach zwei Nächten in Denpasar mittlerweile angekommen. Für die Angestellten in meiner Unterkunft ist ein Erdbeben etwas ganz Normales. Wenn ich sie nicht darauf angesprochen hätte, hätten sie es schon wieder vergessen.

Nachdem sich meine Nerven wieder beruhigt haben, mache ich mich auf, die Gegend zu erkunden: Ich möchte herausfinden, ob ich mich hier wohlfühle und länger bleiben will.

Ich packe mein Handy, den Geldbeutel und ein Handtuch ein. Auf der Straße sieht es aus wie fast überall auf der Insel der Götter: Jede Sekunde düsen ein bis drei Roller an mir vorbei und gelegentlich auch ein Auto. Viele kleine Tante-Emma-Läden liegen dicht an dicht in den größeren Straßen. Dazwischen gibt es Restaurants, Cafés oder Läden, in denen man Klamotten, Sonnenbrillen oder sogar Benzin kaufen kann. Staub und Müll liegen auf dem Boden, was aber niemanden stört. Wenn ich Glück habe, gibt es einen Gehweg voller Unebenheiten und Löcher, ansonsten teile ich mir die

Straße mit allen anderen Verkehrsteilnehmern. Auch wenn es manchmal wuselig aussieht, es ist nicht hektisch und alle nehmen Rücksicht aufeinander.

Es ist heiß und ich bin froh, dass ich meine Baseballkappe aufgesetzt habe. Auf der anderen Straßenseite entdecke ich einen jungen Mann, der hinter einem Klapptisch sitzt und konzentriert auf sein Handy starrt. Vor ihm liegen viele in Plastikfolie eingeschweißte Sim-Karten. Genau das hatte ich gesucht. Eigentlich hätte ich für den Kauf meinen Pass benötigt, doch dieser liegt in meinem Zimmer. »Dann trage ich einfach die Daten von meinem Onkel in das Formular ein«, sagt der junge Mann und strahlt mich entspannt an. »Kein Problem, der besitzt schon Hunderte Sim-Karten und bisher hat es noch niemanden gestört«, beantwortet er meine nicht gestellte Frage. Pragmatisch, praktisch, gut. Ich wähle den Telefonanbieter nach der Farbe aus, weil ich keine Ahnung habe, welcher gut ist. Die rote Sim-Karte gefällt mir am besten. Ab sofort kann ich dank *Google Maps* jederzeit wieder zu meiner Unterkunft finden. In den ersten Tagen musste diese Aufgabe noch mein Verstand übernehmen.

Ich laufe weiter und sehe, dass hier in Canggu zwei Welten aufeinanderprallen: Einerseits gibt es hier die balinesische, traditionelle Kultur und andererseits auch vieles extra für Urlauber und digitale Nomaden: stylische, vegane Cafés, deren Architektur und Innenausstattung jeden Designwettbewerb gewinnen würden und wunderbare Instagram-Fotos ermöglichen, moderne Tattoo-Studios, Steak-Houses oder Fashion-Läden mit Bling-Bling und Markenklamotten. Für den Preis, den ich hier für ein T-Shirt zahle, würde ich hundert Meter weiter in einer Nebenstraße zwanzig kaufen könnte. Beide Welten existieren friedlich neben- und miteinander. Denn alle haben etwas davon: Die Einheimischen verdienen gutes Geld und die Gäste bekommen etwas fürs Auge, die Kameralinse und Geschmackssinne.

Bis jetzt fühle ich mich hier in Canggu nicht zu Hause. Was aber nichts heißen muss, denn häufig brauche ich ein paar Tage, bis ich ankomme und wirklich spüre, ob und wie es mir an einem neuen Ort gefällt. Hier scheint sich die Oberflächlichkeit wohlzufühlen und viele Anhänger zu haben: Viel Schein und Show, ein Großteil der Ausländer hier möchte sich wohl eher präsentieren als Urlaub machen. Vielleicht ist es aber auch ganz anders, wenn ich tiefer eintauche und nicht nur in den Hauptstraßen unterwegs bin. Trotz der etwa dreißig Grad herrscht reges Treiben. Abkühlung für den gesamten Körper gibt es nur in einem kleinen Supermarkt, in dem ich mir Wasser besorge. Ich bekomme Gänsehaut von den gefühlten fünfzehn Grad im Laden. Eine 0,5-Liter-Wasserflasche kostet zwanzig Cent und ich bezahle mit einem 100.000-Rupiah-Schein. Das ist der größte Schein hier in Indonesien und er hat einen Wert von etwa sechs Euro. Der Verkäufer hat Mühe, mir Wechselgeld zu geben. Er sucht in seiner Kasse, gibt aber irgendwann auf und holt die Hälfte davon aus seinem privaten Geldbeutel. Wie alle anderen Balinesen, die mir bisher begegnet sind, ist auch er tiefenentspannt. Keine Hektik wegen des fehlenden Wechselgeldes und kein Druck, dass ich in seinem kleinen Supermarkt mehr einkaufen soll. Ein Lächeln und freundliches »Terima kasih« zum Abschied. »Danke« auf Indonesisch. Diese Worte werden sich so tief in mir einprägen, dass ich diese später auch in Thailand oder bei einem Besuch in Deutschland verwenden werde.

Fürs Erste habe ich genug gesehen und möchte ans Meer und ins Wasser. Während ich als Einziger zu Fuß unterwegs bin, rauschen unzählige Roller an mir vorbei. Einige haben seitlich daran ein Surfbrett befestigt. Ein Balinese auf einem Roller tuckert langsam die Straße entlang und verursacht einen kleinen Stau. Er verkauft Eis, wie er uns alle mit einem schrillen und lauten Sound aus den scheppernden Boxen auf seinem Beiwagen wissen lässt. Er und die meisten Einheimischen haben einen entspannten Gesichtsausdruck, der ansteckend ist und mir immer vermittelt:

Alles ist gut.

Die Welt ist hier in Ordnung, wie sie ist. Auch wenn er abends vielleicht nur so viel Geld nach Hause bringt, dass er und seine drei Kinder gerade genug zum Essen haben, ist alles gut. Zumindest wirken die meisten Menschen so auf mich. Ich bin gespannt, ob dieser Eindruck bestehen bleibt, wenn ich alles hier besser kennenlerne.

Das Meer kommt näher, ich kann es schon riechen. Und dann sehe ich endlich die ersten weißen Schaumkronen der Wellen und das endlose blaue Meer vor mir. Bevor ich mich in die Fluten wage, brauche ich noch eine Erfrischung. Eine der Strandbars hat große Sitzkissen im Sand aufgebaut und ich bestelle eine frische Kokosnuss. Ich fühle mich wie Gott in Frankreich, auch wenn ich »nur« eine Kokosnuss am Meer trinke. Als ich zahlen möchte, ist mein kleiner Geldbeutel weg. Nachdem ich in allen meinen Hosentaschen nichts finde, habe ich das Gefühl, als ob ein schwerer Stein in meinem Magen liegt. »Verdammt, wo ist er?«, frage ich mich und überlege, wann ich ihn das letzte Mal gesehen habe. Beim Kauf der Sim-Karte und dem Wasser hatte ich ihn noch. Daher muss er irgendwo zwischen dem kleinen Supermarkt und jetzt am Strand verloren gegangen sein. Ich lasse meine Kokosnuss auf dem Tisch stehen und laufe auf dem heißen Strand barfuß zum Wasser. Dort war ich vorhin, um meine Füße ins Meer zu stecken. Nach zehn Metern finde ich meine kleine dunkelbraune Geldbörse. Was für ein Riesenglück! Ich muss sie verloren haben, als ich mein Handy aus der Tasche gezogen habe, um ein paar Fotos am Strand zu machen. Noch mal gut gegangen. Aber das ist mir eine Warnung für die Zukunft. Vielleicht ist es auch ein weiteres Zeichen des Universums, dass Canggu nicht mein Ort ist. Oder versucht mein Verstand nur ein Argument zu finden, dass ich bald nach Ubud fahre? Denn dorthin zieht es mich aus unerfindlichen Gründen.

Abends sitze ich auf meiner kleinen Terrasse, klappe meinen Laptop auf und buche drei Nächte mitten im Zentrum Ubuds. Das fühlt sich genau richtig an.

Auf der Suche

Mir läuft der Schweiß herunter, während ich den Berg hochlaufe. Links von mir jagen die Roller und Autos vorbei. Ich bin mittlerweile seit zwei Tagen in Ubud und möchte mir heute in Penestanan, einem kleinen Vorort, einige Unterkünfte ansehen. Im lauten und vollen Zentrum möchte ich nicht auf Dauer leben und so mache ich mich auf den Fußmarsch von der berühmten Monkey Forrest Road raus aus dem geschäftigen Zentrum Richtung Westen. Von einer Freundin habe ich einen Tipp erhalten und möchte mir die Villa Kita anschauen.

Bisher fühle ich mich hier sehr wohl, obwohl vieles anders ist als in Canggu: Es gibt weder Meer noch Strand, dafür aber wunderschöne Reisfelder in satten Grüntönen. An gefühlt jeder Ecke gibt es ein Yogastudio und Restaurants für alle Vorlieben: indonesisch, westlich, vegetarisch, vegan, glutenfrei bis hin zu Raw-Food. Nahrungsmittel, die nicht erhitzt werden? Das muss ich ausprobieren. Letztlich war der Pastateller mit Zucchininudeln, Kirschtomaten, sonnengetrockneten Tomaten, Kapern, Avocado und Estragon-Minz-Pesto aber nicht meins: Ich hatte danach immer noch Hunger. Und das Essen lag mir schwer im Magen.

Ein weiterer Unterschied zu Canggu ist die Lebenseinstellung der ausländischen Menschen. Sie haben andere Werte und leben bewusster – es geht, soweit ich es bisher beobachtet habe, weniger um den Schein, sondern mehr um das Sein. Viele kommen hierher, um persönlich zu wachsen, um eine Krise zu überwinden oder eine neue Richtung im Leben einzuschlagen. Oder einfach, weil sie hier viele Gleichgesinnte finden, mit denen sie gut harmonieren. Dazu würde ich mich auch zählen. Ich bin nicht frisch getrennt, stecke in keiner Lebenskrise noch habe ich meinen Job verloren.

Ich bin zufrieden und glücklich mit meinem Leben. Und bin nicht aus einem Schmerz hierhergekommen, sondern aus Freude und Neugierde.

Doch egal, ob man etwas Schönes oder etwas Schweres hinter sich lässt und in die weite Welt zieht, in beiden Fällen muss man etwas loslassen, um etwas Neues, etwas Anderes oder etwas Besseres zu erfahren. Ohne Abschied gibt es keinen Neuanfang. Ich habe ein zufriedenes Leben hinter mir gelassen, um vielleicht ein noch zufriedeneres kennenzulernen. Und wenn es nicht zufriedener wird, wird es auf jeden Fall anders.

Auf meinem Weg zur Villa Kita sehe ich in der Monkey Forrest Road, einer der belebtesten Straßen in ganz Ubud, viele Restaurants, Bars und Cafés, Massagestudios, Eisdielen und Einkaufsläden: Touristenleben zu einhundert Prozent. Alle sind gut drauf, die Stimmung ist angenehm und positiv. Die freundliche und herzliche Offenheit der Balinesen beeindruckt mich. Unglaublich viele Menschen lächeln mich an, ohne etwas von mir zu wollen.

Der Weg ist länger, als ich dachte. Aber schließlich komme ich bei der ersten Unterkunft an. Ich laufe in den Innenhof und werde von einem bellenden Mischlingshund schwanzwedelnd begrüßt. Eine Balinesin, geschätzt Mitte Fünfzig, kommt mit mehligen Händen aus einem der kleinen, einstöckigen Häuser und begrüßt mich. »Ja, wir haben eine freie Unterkunft. Ich wasche noch schnell meine Hände und zeige sie dir.« Während sie wieder im Haus verschwindet, spaziere ich durch diesen typischen Homestay, kleine Unterkünfte, in denen die Gäste auf dem gleichen Grundstück leben wie die Vermieter. Meist etwas abgetrennt, aber irgendwie trotzdem mittendrin. In dieser Anlage befinden sich die drei kleinen Gästewohnungen etwas unterhalb des Hauptgebäudes. Doch unten bei den Gästehäusern angekommen, fühle ich mich nicht besonders wohl. Die Wohnung ist zwar traumhaft mit Blick ins grüne Tal und auf die Reisfelder auf der anderen Seite. Aber die Luft steht hier still. Ich frage sie nach dem Preis: knapp fünfhundert Euro, dafür sind WLAN, Wasser zum Trinken, die Gasflasche zum Kochen, Strom für die Klimaanlage, tägliches Reinigen, frische Handtücher sowie die Nutzung des großen Pools inklusive. »Vielen Dank, ich werde es mir überlegen«, sage ich zu ihr und das ist nicht mal gelogen. Es ist meine erste Villa, die ich besichtige, und vielleicht ist diese schon die Beste. Ich hoffe es aber nicht.

Kurz vor meinem Ziel, der Villa Kita, sehe ich an der Straße noch weitere Unterkünfte und in einer lasse ich mir spontan das Zimmer zeigen. Wie die erste hat sie ein großes Bett mit Moskitonetz, eine kleine Küchenzeile, Bad mit Dusche und einen Pool, den man sich mit anderen Gästen teilt. Es ist nett eingerichtet und wäre für ein paar Tage ausreichend. Doch ich möchte hier mindestens ein paar Wochen bleiben. Zudem nerven mich jetzt schon das Hundegebell und die vielen Roller, die fast direkt neben der Villa hin- und herfahren. Dem Besitzer sage ich direkt ab. Zehn Minuten später stehe ich dann endlich vor der Villa Kita.

Morgenstund' hat Gold im Mund

Ich habe mein Zuhause gefunden: in der Villa Kita. Diese Anlage in Penestanan besteht aus fünf kleinen Villen, die sich einen schönen Pool teilen. Villa bedeutet hier auf Bali nicht ein riesiges, imposantes Gebäude. Vielmehr wird jedes frei stehende Haus so genannt, das meist digitale Nomaden oder Touristen mieten. Ich liebe es bereits nach wenigen Tagen, hier zu wohnen, hier zu leben, hier zu sein. Abseits vom Trubel im Zentrum Ubuds und dennoch in wenigen Minuten zu Fuß oder mit dem Roller in umliegenden Restaurants, Cafés oder der Stadt sein zu können. Ich habe noch nie in meinem Leben so gern an einem Ort gelebt wie hier.

Meine Villa besteht aus einer riesengroßen Terrasse direkt neben dem Pool und einer großen Außenküche mit Gasherd, Kühlschrank und allem, was man braucht. Im Erdgeschoß befinden sich das Bad und eine Wendeltreppe in den ersten Stock. Hier habe ich ein großes Bett, ein Regal und eine Kommode. Mehr brauche ich auch nicht für meine wenigen Sachen. Zudem bin ich fast nie drinnen, das Leben findet in Südostasien fast immer draußen statt. Ohne Winter und Kälte ist das auch wesentlich leichter als etwa in Deutschland. Das Highlight meiner Villa ist der große überdachte Balkon. Auf diesem stehen ein weiteres Doppelbett und mein Schreibtisch mit Blick auf den Pool und ins Grüne. Ich schlafe unglaublich gern hier draußen an der frischen Luft zwischen Fröschen, Geckos und Palmen. Morgens scheint mir die Sonne ins Gesicht und weckt mich sanft auf. Ich liege auf dem Balkon im Bett, ziehe das Moskitonetz zur Seite und freue mich. Gibt es etwas Schöneres, als halb in der Natur zu liegen und sich von der Sonne wachküssen zu lassen?

»Nein«, denke ich mir, recke und strecke mich und freue mich auf meine Morgenroutine. Ich ziehe mir eine kurze Hose und ein T-Shirt an – oder ein Polo-Shirt, mit dem ich hier in Ubud meist heraussteche. Ich klettere die Wendeltreppe herunter, öffne die Schiebetüre und passe auf dem Weg auf, dass ich nicht in tierische Hinterlassenschaften trete. Einer der Geckos verrichtet sein Geschäft am liebsten auf einem Holzbalken an der Decke, welcher direkt über der obersten Treppenstufe liegt. Und dank der Erdanziehungskraft landet alles auf der Treppe oder an meiner Fußsohle, wenn ich nicht aufpasse. Andere Tiere kauen sich gern durch die Holzbalken und lassen die Späne irgendwo in meinem Reich herunterrieseln.

Wenn ich ohne Zwischenfälle im Erdgeschoß und auf der Terrasse ankomme, mache mich auf den Weg zum morgendlichen Reisfeldspaziergang. Ich vermeide die belebte Straße, ich möchte die Zeit genießen und mich nicht alle paar Meter mit jemandem unterhalten. So laufe ich am Bach entlang, der leise vor sich hin plätschert. Ich kenne mittlerweile fast jeden Stock und Stein und hoffe, dass mich meine kleine Familie schon erwartet: Mama, Papa und ihre drei Kleinen. Die Katzenfamilie habe ich fest ins Herz geschlossen und sie mich ebenfalls. Ich setze mich auf die sonnengewärmten Steine einer Treppe und kraule um die Wette. Leider habe ich nicht drei oder vier Hände, um die Bedürfnisse aller gleichzeitig befriedigen zu können. Ein bis zwei der Katzenkinder klettern auf meinen Schoß oder nutzen meine Hose oder Haut als Kratzbrett. Nach fünf bis zehn Minuten reicht es ihnen mit den Streicheleinheiten, sie hüpfen zurück ins Reisfeld, jagen einem Schmetterling hinterher oder rennen vor einem Hund davon. Für mich geht es weiter auf dem schmalen Fußweg zwischen Reisfeldern und vereinzelten kleinen Hütten und Häusern.

Die Vögel zwitschern und jetzt folgt der schwierigste Teil meiner morgendlichen Runde. So wie die Katzen meine

Freunde sind, ist er mein Feind. Er ist ein schlauer Kerl, denn meist weiß er bereits, dass ich komme – noch bevor ich ihn sehe. Wie auch immer er das macht. Meine erste Begegnung mit ihm hatte ich beim Joggen. Damals rannte ich ganz entspannt meine Lieblingsstrecke und plötzlich fällt mich ein kleiner weißer Hund von hinten an. Eigentlich mag ich Hunde. Solange sie mir wohlgesonnen sowie berechenbar und liebenswert sind. Geistesgegenwärtig bleibe ich stehen, drehe mich um und richte mich so groß es geht auf. Er erschrickt, fletscht die Zähne und kläfft noch lauter. Weil ich stehen geblieben bin, traut er sich nicht weiter. Er bellt mich noch ein paarmal an und dackelt dann ganz entspannt zurück zu seinem Hauseingang. Dabei dreht er sich aber immer wieder um und sieht mich an. Vielleicht will er mir sagen: »Das nächste Mal hab ich dich.«

Seit dieser Begegnung bin ich an dieser Stelle immer vorsichtig. Wenn ich jogge, verringere ich meine Geschwindigkeit und schleiche möglichst leise vorbei; wenn ich meinen Morgenspaziergang mache, passe ich ebenfalls auf. Häufig sammle ich vorher noch ein Stück Holz vom Boden auf, sicherheitshalber. Manchmal stellt er sich mir in den Weg und bellt mich an, manchmal lässt er sich nicht blicken und manchmal läuft er mir knurrend hinterher. Zum Glück nur langsam und mit mindestens einem Meter Abstand. Vielleicht wirkt der Waffenstillstand, den wir geschlossen haben: Ich renne nicht mehr an seinem Reich vorbei und er lässt mich weitestgehend in Ruhe. Es ist der einzige Ort in Ubud, an dem ich mich ein bisschen unwohl fühle. Wahrscheinlich lacht er sich ins Pfötchen, dass ich ihm so viel Platz in meinem Leben und jetzt in diesem Buch widme: »Ich gebe es ja zu, vor dir habe ich Angst.«

Langsam wird der gepflasterte Weg immer schmaler und verwandelt sich schließlich in einen Trampelpfad aus Erde oder Matsch – je nach vorherigen Regengüssen. Links geht es hinunter in eine tiefe, stark bewachsene Schlucht, rechts sind Reisfelder und Häuser. Die Luftfeuchtigkeit ist immer hoch, unabhängig vom Wetter. Auf dem Boden liegen Durians, auch bekannt als Stinkfrüchte, Kokosnüsse und Palmenblätter. Ich muss immer aufpassen, dass ich auf dem feuchten Boden nicht ausrutsche.

Ich laufe entlang eines kleinen Bachs. Selten kommt mir hier jemand entgegen. Wenn doch, grüßen wir uns und jeder macht sich dünn, damit wir nicht von dem schmalen Weg in den Bach oder das Reisfeld fallen. Plötzlich raschelt es unten am Wasser: Eine knapp zwei Meter lange Echse springt ins Wasser. Obwohl sie anscheinend mehr Angst vor mir hat, schlägt mein Herz heftig. Einige Minuten später grüße ich einen etwa achtzigjährigen balinesischen Bauern mit einem lauten »Selamat Pagi«. Er strahlt mich an und entgegnet das Gleiche: »Guten Morgen«. Er kümmert sich jeden Tag um seine Hühner und Kampfhähne. Der Hahnenkampf hier auf Bali sieht brutal aus und ist es auch. Er geht, unter dem tosenden Applaus der Besitzer, Wettenden und Zuschauer, so lang, bis einer der Hähne tot ist. Ihnen wird ein kleines Messer hinten an die Füße geklebt, mit denen sie ihren Gegnern schwere Verletzungen zufügen. Und zwischendurch werden sie heftig an den Ohren gezogen, was sie noch aggressiver macht. Für europäische Seelen ist das hart. Aber für die Balinesen ist es eine wichtige Tradition und gehört zur Kultur, zumindest zur männlichen. Denn einheimische Frauen sind bei den Kämpfen nicht erlaubt.

Vorbei an den gackernden Hennen und krähenden Kampfhähnen, geht es unter Palmen und vorbei an Reisterrassen ein paar Stufen nach oben. Manchmal begrüßt mich die Sonne, wenn sie gerade hinter den Palmen und Bäumen hervorkommt. Manchmal begrüßt mich auch die einzige Kuh weit und breit mit einem lauten Muhen. Der Ausblick ist jedes Mal von Neuem bezaubernd: Reisfelder bis zum Waldrand, dazwischen einzelne Palmen, Enten, die im Gänsemarsch hintereinander durch die feuchten Reisfelder watscheln und ihr Frühstück suchen. Schmetterlinge, Insekten und Libellen schwirren umher. Ich setze mich häufig auf eine Treppenstufe und bin einfach nur glücklich.

> Es hat über dreißig Jahre gebraucht,
> bis ich die Natur so lieben gelernt habe.

Noch nie in meinem Leben habe ich die Schönheit der Natur so geschätzt und genossen wie hier rund um Ubud. Noch nie bin ich so tief in sie eingetaucht. Diese Ruhe und gleichzeitig so viel Leben. Oft gehe ich zum Waldrand und setze mich unter einen riesigen Baum. Ich bleibe eine Weile sitzen, beobachte das Treiben der Echsen im Wald und der Vögel in den Baumwipfeln. Oder ich höre dem Rascheln und Rauschen der Bäume und Palmen zu, eine perfekte Ergänzung zum morgendlichen Konzert der Vögel.

Nach einer knappen Stunde bin ich wieder zu Hause, dankbar und zufrieden. Und bereit, mit dieser entspannten Stimmung in den Tag zu starten. Denn meistens ist es erst sieben oder acht Uhr morgens.

Grüner wird es nicht

Ich baumle in einer Hängematte und meine Augen können es kaum glauben. Diese Aussicht ist wirklich echt? Ich muss mich kneifen. Ich spüre den kurzen Schmerz und weiß jetzt sicher, dass ich tatsächlich nicht träume. Sattes Grün, wohin ich blicke. Ein Anblick wie gemalt. Eine Freundin und ich wollen einen Ausflug zu den Reisterrassen von Tegallalang machen. Morgens um kurz vor fünf Uhr klingelt der Wecker. Ich habe ganz vergessen, wie sich ein Wecker anhört und wie fertig und müde ich um diese Zeit bin. Seit ich in Asien lebe, schlafe ich normalerweise so lang, bis ich von selbst aufwache. Das ist wahrer Luxus. Häufig bin ich schon um sechs oder sieben Uhr ausgeschlafen. Ich brauche hier weniger Schlaf als in Deutschland und keinen Wecker. Außer heute oder wenn ich zu einem frühen Termin bei der Einwanderungsbehörde muss oder einen frühen Flug erwischen möchte.

Ich ziehe mir schnell etwas an und setze mich auf meinen Roller. In der Stadt treffe ich meine Begleitung für den Tag. Es ist noch dunkel und Ubud ist noch ruhig und verschlafen. Ab und zu sehen wir einen Roller, der Kokosnüsse oder Gemüse zum Markt fährt, oder Menschen, die zur Arbeit müssen. Mitten im Zentrum von Ubud ist jeden Morgen Markt: Hunderte kleine Händler versuchen, ihr Obst und Gemüse an den Mann oder die Frau zu bringen. Neben ein paar neugierigen Touristen sind es vor allem Einheimische, die sich für ihre Familie oder ihren kleinen Warung mit allem Wichtigen eindecken. Rund um den Markt herrscht reges Treiben. Doch je weiter wir Richtung Norden fahren, desto ruhiger werden die Straßen. Müde Hunde recken die Köpfe, der eine oder andere Hahn gibt sein Bestes und langsam wacht auch die Sonne auf.

Zwei Stunden später lasse ich in der Hängematte die Eindrücke Revue passieren. Was für ein magischer Ort. Wir kommen gerade rechtzeitig an, parken am Straßenrand und sehen die Reisfelder. Wir steigen den ersten Hang hinab, an dem viele kleine Restaurants und einfache Hütten stehen. Unten angekommen, geht es gleich wieder bergauf. Es gibt viele Abzweigungen; wir verlassen uns auf unser Bauchgefühl, welchem der kleinen Pfade wir folgen sollen. Die Reisterrassen in Tegallalang sind weit verzweigt, und solange wir die Richtung zurück zum Dorf finden, können wir nichts falsch machen. Irgendwo nehmen wir einen kleinen Trampelpfad und klettern auf allen vieren den rutschigen Weg hoch. Oben angekommen, verschlägt es uns fast den Atem: Die Sonne kommt gerade hinter einem Hügel hervor und lässt die Reisfelder in sattem Grün erstrahlen. Diese schmiegen sich an die Berge wie ein Katzenbaby an seine Mutter. Wie riesengroße Treppenstufen sind sie angelegt, mit kleinen Pfaden dazwischen und einem ausgeklügelten Bewässerungssystem. Wir machen Fotos und sind einfach glücklich. Das frühe Aufstehen hat sich definitiv gelohnt. Wir wandern weiter und lassen das leuchtende Grün auf uns wirken. Alle zehn Minuten treffen wir andere Frühaufsteher und einmal einen balinesischen Bauern, der mittlerweile als Fotomodel arbeitet. Er trägt ein typisches balinesisches Tragesystem für Reis mit zwei Körben auf seiner Schulter und für ein paar Rupia dürfen wir ihn fotografieren.

Irgendwann finden wir zufällig den Platz mit den zwei Hängematten und machen es uns bequem. Ich bin positiv überrascht, dass so wenig los ist. Schweigend genießen wir die Aussicht und Ruhe und lassen uns Zeit. Als wir uns irgendwann sattgesehen haben, machen wir uns auf den Rückweg. Wir verlaufen uns zwar, doch zum Glück besuchen immer mehr Touristen diese Gegend, sodass wir irgendwann Stimmen hören und diesen folgen. Zurück an der Straße, gönnen wir uns ein Frühstück mit Blick auf einen Teil der Reisfelder. Ich bestelle einen Bali Pancake aus Reismehl mit Früchten und einen Mango-Kokos-Shake. Glücklicherweise hat dieser Restaurantbesitzer ein Auge für Bequemlichkeit und nicht nur eines für Schönheit. In den meisten Warungs sitzt man auf wunderschönen Holzstühlen mit Schnitzereien oder besonderen Verzierungen. Das sieht schön aus, ist aber häufig unfassbar unbequem. In einer internationalen Fastfood-Kette würde ich Absicht unterstellen, damit man den Platz schnell wieder freigibt. Aber so ausgefuchst und manipulativ sind meiner Erfahrung nach die Balinesen nicht, sondern einfach traditionell. Und sie haben vielleicht vergessen, sich einmal probeweise dreißig Minuten selbst daraufzusetzen.

Als wir zurückfahren, zeigt sich Bali wieder, wie ich es in der letzten Zeit kennengelernt habe: Es ist unglaublich viel los. Viel Verkehr. Viel Leben. Ich bin jedes Mal von Neuem beeindruckt, welch tiefe Herzlichkeit die meisten Balinesen in sich tragen und einen voller Lebensfreude anstrahlen und »Selamat Pagi«, »Guten Morgen«, antworten. Von sich aus sind viele zurückhaltend, doch sobald ich »Hallo« sage, kommt immer etwas mit viel Freundlichkeit zurück. So auch in einem kleinen Supermarkt, wie es ihn an jeder Ecke gibt. Hier findet man fast immer das gleiche Sortiment: Getränke, Chips und Süßigkeiten, Reis und Gemüse, Hygieneartikel und Produkte im Kühlregal. Viel Zucker, viel Fleisch, viel Fastfood. Auch wenn wir nur eine Flasche Wasser kaufen, sind wir willkommen. Keine Erwartungshaltung.

Von dieser »es ist, wie es ist«-Haltung der Einheimischen kann ich mir immer wieder eine Scheibe abschneiden.

Als kurz nach unserem Supermarkt-Stopp ein Bauer vor mir auf der Straße läuft, bekomme ich fast einen vier Meter langen Holzstamm, den er über der Schulter trägt, ins Gesicht. Von Weitem denke ich mir schon: Der wird sich jetzt hoffentlich nicht umdrehen, wenn ich vorbeifahre. Ich fahre langsamer und dann, genau als ich ihn passiere, dreht er sich um. Mein Nervensystem ist sofort in Alarmbereitschaft, doch glücklicherweise geht alles gut. In solchen Momenten vermisse ich diese balinesische Gelassenheit in mir. Ich mache dem Bauern stille Vorwürfe: Warum kann er nicht einfach etwas mehr aufpassen? Ein Balinese, dem das Gleiche passiert wäre, hätte nach drei Sekunden schon nicht mehr daran gedacht und es hätte ihm seine Laune nicht verdorben. Sie scheinen das irgendwie mit der Muttermilch mitzubekommen. Ich darf das dagegen jeden Tag üben.

Schubladendenken

Jetzt wird es ein bisschen fies, aber das darf auch mal sein: Was riecht nach einer Kombination aus Räucherstäbchen, nassem Hund, brennendem Plastikmüll, Roller-Abgasen, ungeduschten Yogis, Kakao, Insektenspray, ätherischen Ölen und gebrochenem Versprechen? Diesen zugegebenermaßen etwas gemeinen Witz verstehen ohne eine genaue Erklärung wahrscheinlich nur Menschen, die schon länger in Ubud leben. Ich gebe mein Bestes, ihn zu erklären.

Es sind Ubudians, die danach riechen. Als Ubudians wird ein bestimmter Schlag Menschen bezeichnet, die in Ubud leben. Sie vereint ihre spirituelle Lebensweise, die mir und anderen Außenstehenden teilweise übertrieben bis extrem erscheint. Sie sind nach Bali gekommen, um sich, ihre Berufung oder Erleuchtung zu finden. Die Mehrheit sind Frauen aus Europa, Australien und den USA. Etwa dreißig Prozent sind Männer und böse Zungen behaupten, dass ein Teil von ihnen nur wegen der vielen Frauen hier ist. Frauen, die auf der Suche sind, die Antworten wollen, die Altes loslassen möchten, die offen für Neues sind, die Halt und Heilung suchen. Einige von ihnen sind in einer verletzlichen Lebensphase und finden sich häufig in den Armen oder dem Bett eines männlichen Ubudians.

Als ich auf Bali ankam, kannte ich keine Menschenseele. Demnach war ich offen, neue Menschen kennenzulernen und herauszufinden, ob und wo mein Platz hier sein kann. Ich lernte klassische Urlauber, Krypto-Jungs, Weltreisende, Yogi-Schüler, Teil- und Vollzeit-Auswanderer, Ubudians, digitale Nomaden und viele andere kennen, die in keine dieser Kategorien passen. Und natürlich auch Balinesen und Indonesier. Dieser Mix, diese vielen verschiedenen Menschen, das ist das Schöne für mich hier. Und das Kennenlernen geht vergleichsweise schnell und einfach.

Viele Menschen sind allein unterwegs und freuen sich über Verbindung, Austausch und neue Freundschaften. Zudem gibt es immer einen Grund, jemanden anzusprechen: »Was ist das, was du gerade isst?«, oder: »Wo geht es hier zum Biah-Biah-Restaurant?« Klar benötigt man dazu ein wenig Offenheit und Mut, doch es ist hundertmal einfacher als in Lübeck oder Wien.

Dennoch gibt es Momente, in denen ich unsicher bin, ob ich die andere Person ansprechen möchte; dann wäge ich ab, ganz nach dem typischen psychologischen Muster:

> Wir gehen meist den Weg, der vermutlich weniger Unwohlsein oder Schmerzen bereitet. Den, der uns besser fühlen lässt.

Dabei wägen wir bewusst oder unbewusst ab, welcher »Schmerz« potenziell kleiner ist. In meinem Beispiel geht es um die Entscheidung zwischen Folgendem: Die andere Person nicht anzusprechen, dadurch auf jeden Fall allein am Tisch zu sitzen – und mich gegebenenfalls nachher über mich selbst zu ärgern. Oder eine mögliche – aber meist unwahrscheinliche – Ablehnung zu erfahren. Letztendlich entscheiden wir uns am Ende fast immer für das, was uns mehr Zufriedenheit und weniger Schmerz verspricht. Ob das tatsächlich so eintritt, wissen wir im Voraus natürlich nicht. Wir können es nur abschätzen. Diese bewussten oder unbewussten Abwägungen machen wir aus einem guten Grund: um uns zu schützen.

Es ist im Leben immer ein Balanceakt zwischen dem Streben nach angenehmen Gefühlen und dem Vermeiden von unangenehmen Situationen. Dabei spielt unsere individuelle Toleranz gegenüber Unsicherheit und Risiko eine wichtige Rolle. Manchmal lohnt es sich jedoch, bewusst aus unserer Komfortzone herauszutreten und – in diesem Beispiel – die Angst vor Ablehnung oder Enttäuschung zu überwinden. Denn nur so können wir uns persönlich weiterentwickeln und bereichernde zwischenmenschliche Beziehungen aufbauen.

> Jeder Schritt, den wir wagen, mag zwar mit Unsicherheit behaftet sein, aber er bietet uns auch die Möglichkeit, zu wachsen und uns selbst besser kennenzulernen.

Ich entscheide mich heute für den Schritt raus aus meiner Komfortzone und spreche den Typen an, der neben mir sitzt. Die balinesische Bedienung hat ihm gerade seine Pizza gebracht, und wie er »Thank you« sagt, kommt er sicherlich aus Deutschland. Das ist mein Anknüpfungspunkt. Wenn ich einen solchen habe, fällt es mir leichter, fremde Menschen anzusprechen. Ich frage ihn auf Englisch, ob er aus Deutschland kommt. Er freut sich, dass ich ihn angesprochen habe. Und ich freue mich, dass ich diese kleine Portion Mut aufgebracht habe und wir deshalb gemeinsam an einem Tisch sitzen und zu Abend essen. Es war kein großer Schritt, aber dennoch einer, den ich vorher abgewogen hatte. Ohne diesen Schritt hätte ich Daniel nicht kennengelernt. Er ist nur wenige Wochen auf Bali, aber ich treffe ihn in den nächsten Tagen immer wieder, weil wir auf einer Wellenlänge sind.

Diese innere Abwägung zwischen verschiedenen Optionen gibt es häufig: Manchmal erkennen wir erst auf den zweiten Blick, warum wir uns für die eine und nicht die andere entschieden haben. Ein gutes Beispiel dafür ist die Frage, ob wir trotz Müdigkeit noch ins Fitnessstudio gehen sollen oder den vermeintlich leichteren Weg wählen, es uns auf dem Sofa gemütlich zu machen. Wenn wir uns dafür entscheiden, das Fitnessstudio zu besuchen, gehen wir den scheinbar schwereren Weg. Wir überwinden unsere Müdigkeit und nehmen die Anstrengung auf uns, Hanteln zu stemmen oder Kilometer auf dem Laufband zu rennen. Aber warum tun wir das? Weil es in diesem Fall ebenfalls der einfachere Weg ist. Denn zu Hause bleiben würde uns unzufriedener machen und wäre noch schwerer zu ertragen, als ein paar Workouts zu absolvieren.

Ich lerne nicht nur Daniel kennen, sondern viele Menschen. In Workshops, beim Yoga, auf Partys, am Lagerfeuer, beim Essen, Spazierengehen oder in meiner Unterkunft. Auch einige, die in die Kategorie Ubudians passen. Natürlich ist es nie schwarz oder weiß, denn jeder Mensch ist individuell. Dennoch wurde ich bisher mit der Mehrzahl der Menschen aus dieser Community nicht wirklich warm. Ich bin spirituell offen, glaube an Reinkarnation und unterhalte mich lieber über den Lebenssinn, meine Gefühle oder die Filme Matrix, Memento oder Inception. Smalltalk und Oberflächlichkeit ermüden mich dagegen schnell. Die eingefleischten Ubudians sind mir häufig zu viel – und vor allem nicht authentisch. Viele davon kommen mir wie Schafe vor, die einem Leitschaf hinterherlaufen und dabei vergessen, dass sie eigentlich ihren eigenen Weg und sich selbst finden wollten. Die meisten in dieser Gruppierung tragen ähnliche Kleidung, haben die gleiche Ausdrucksweise, essen gleich, sprechen gleich und riechen oft gleich – daher auch der Witz. Der Blick wirkt für mich häufig aufgesetzt, ein Dauerlächeln, das nicht stimmig ist. Ein Ausdruck, dass sie die Welt und das Universum verstanden haben, die meisten um sie herum aber nicht. Gern erzählen sie einem, wie das Leben wirklich funktioniert, und geben ungefragt Ratschläge. Und obwohl sie von sich behaupten, tolerant, weltoffen und vorurteilsfrei zu sein, zeigen sie sich oft intolerant denen gegenüber, die nicht so sind wie sie. Das mag ich nicht. Dennoch versuche ich, jedem Ubudian offen zu begegnen und ihn nicht gleich in eine Schublade zu packen. Ich muss nicht jeden mögen, aber möchte dem anderen immerhin eine Chance geben, dass ich ihn auch zu Recht dort hineinschiebe.

Authentisch unauthentisch

Die Ubudians sind nur eine Seite in Ubud. Denn ich lerne hier unglaublich viele liebevolle und einzigartige Menschen kennen, wie bisher noch nirgends sonst an einem Ort. Sie sind einer der Gründe, warum ich mich in Ubud derart wohlfühle. Es sind Menschen, die dem Spirituellen und der Persönlichkeitsentwicklung gegenüber offen, aber trotzdem noch auf dem Boden geblieben sind und ihren Beruf haben. Die Dosis macht es für mich. Demzufolge fühle ich mich mit Menschen am wohlsten, die sich nicht in irgendeinem Extrem befinden und darin feststecken, ohne es zu merken. Authentisch ist mir am liebsten.

Du kannst nur der sein, der du bist.

Das klingt so einfach, ist aber in der Realität nicht immer einfach umzusetzen. Auch ich kenne es aus meinem Leben, wie ich manchmal in eine Rolle rutsche und mich nicht komplett authentisch zeige. Ich denke, das ist ein lebenslanger Prozess, immer mehr zu dem Menschen zu werden, der wir wirklich sind. Und uns immer weniger wegen anderen zu verstellen.

In meiner Erfahrung wird es leichter, wenn wir auch unsere Schattenseiten annehmen. Denn solange wir diese verstecken, ablehnen, wegschieben, nehmen wir uns selbst nicht so an, wie wir sind. Sondern nur die guten Seiten. Also nur einen Teil von uns. Aber auch unsere Schattenseiten gehören zu uns. Es ist okay, nicht perfekt zu sein und Fehler zu machen. Wir alle haben unsere Ecken und Kanten, das ist menschlich. Das heißt nicht, dass wir damit den Freifahrtschein haben, andere zu verletzen oder uns unmöglich zu verhalten. Vielmehr heißt es in meinen Augen: Ich akzeptiere und liebe mich auch mit meinen Schatten. Und kann sie, indem ich sie annehme und Mitgefühl mit mir selbst habe, viel leichter loslassen.

Was wir vor uns selbst verstecken,
das können wir nicht heilen und loslassen.

Es erfordert Mut, sich mit unseren Schwächen und ungeliebten Seiten auseinanderzusetzen. Aber es wird belohnt. Weil wir mit jedem Schritt authentischer und kompletter werden. Viele der Gespräche, die ich hier mit Freunden führe, inspirieren mich zu diesem Thema. Dadurch kann ich mich und meine Schatten leichter erkennen und manche sogar schon annehmen. Am meisten »lerne« ich von Menschen, die nicht nur große Worte und Reden schwingen, sondern die Weisheiten selbst vorleben. Ich habe noch einen Weg zu gehen, mich mit allen meinen Seiten anzunehmen. Dennoch erlebe ich, dass es stimmt: Je mehr wir unsere Schattenseiten annehmen, desto einfacher gelingt es uns, auch die anderer Menschen zu akzeptieren. Und je mehr wir uns selbst lieben und annehmen, desto leichter lieben wir andere – mit deren Licht- und Schattenseiten.

Bali ist unfassbar vielfältig. In Sanur, Kuta und Seminyak sind vor allem Touristen, in Amed leben ein paar Auswanderer und Taucher und Canggu ist das Paradies für Surfer. Hier ist es superhip, supercool, superstylisch. Sehen und gesehen werden. Ein bisschen die balinesische Côte d'Azur. Ich kenne keinen geeigneteren Ort auf der Welt, der sich besser für Instagram-Bilder eignet als Canggu.

Ein gutes Beispiel für diese, irgendwie perverse Entwicklung ist der beliebteste Instagram-Spot auf Bali: der Pura-Lempuyang-Luhur-Tempel im Osten der Insel. Was auf Fotos aussieht wie eine Himmelspforte, die sich in einem See spiegelt, ist in Wahrheit nur ein großer Fake. Zwischen zwei Steinsäulen lassen sich Paare oder Einzelpersonen fotografieren, alles spiegelt sich dabei in einem kristallklaren See, der offenbar bis an die Tempelsäulen reicht. Doch das Gewässer gibt es nicht. Balinesische Fotografen halten einen kleinen Spiegel unter die Kamera, um das Spiegelbild aufs Bild zu zaubern. Aber es ist wirklich ein magisches Fotomotiv – so lang, bis die Geschichte dahinter sichtbar wird.

Das ist Bali auch: etwas darstellen, was man nicht ist, aber was man gerne wäre oder hätte. Wir machen das alle in bestimmten Situationen, doch hier ist es manchmal richtig ausgeprägt. Einmal musste ich jedoch wirklich lachen, vor lauter Vergnügen über einen Anmachspruch. Ich bin in Canggu und sitze mit Freunden in einem Restaurant. Neben mir kommen zwei deutsche Jungs mit einer anderen Deutschen ins Gespräch. »Wo kommst du her?«, fragt der Mann mit 3-Wetter-Taft-Frisur und muskulösem Body. Er sieht gut aus, soweit ich das als heterosexueller Mann beurteilen kann. Sympathisch scheint er auch zu sein, er hat eine gute Ausstrahlung. Sie strahlt ihn verliebt an. »Aus Baden-Baden«, entgegnet sie und versucht, ihren Dialekt zu unterdrücken. Die Jugend-Version von George Clooney grinst sie an und fragt: »Gibt es da noch andere Sehenswürdigkeiten außer dir …?« Ihrem Blick nach zu urteilen, würde sie ihn am liebsten gleich heiraten. Während es für ihn offensichtlich mühelos ist, Frauen für sich zu gewinnen, muss sich sein armer Kumpel anscheinend mit dem begnügen, was »übrig« bleibt. Ja, das Dating-Leben ist häufig wie in der Marktwirtschaft. Schonungsloser Kapitalismus. Wer als Mann selbstbewusst, erfolgreich, sportlich, humorvoll und ein guter Zuhörer ist, hat eine größere Auswahl bei Frauen, die positiv und attraktiv sind und eine gute Balance zwischen anhänglich und unabhängig haben – und umgekehrt auch.

Zurück zu Canggu, dem Surfer-Instagram-Spot. Ich könnte hier nicht leben, das weiß ich mittlerweile. Daher fahre ich immer nur nach Canggu, um Freunde zu besuchen, zu baden oder um mal wieder herauszufinden, dass mir Surfen nicht so viel Freude bereitet wie vielen anderen hier. Oder ich komme her, um am Strand sonntagmorgens eine Party zu feiern. Die Fahrt von Ubud nach Canggu dauert etwa fünfundvierzig Minuten, je nach Stau, Abfahrtsort und Fahrweise. Auf der Rückfahrt werde ich jedes Mal nass. Es ist einfach unglaublich. Warum auch immer, es regnet an immer der exakt gleichen Stelle auf der Strecke: bei den großen Bäumen, die neben der Straße stehen und sich bestimmt ins Fäustchen lachen, wenn schon wieder ein Rollerfahrer nach dem anderen klitschnass vorbeischleicht und sich verkrampft am Lenker festhält. Schnell fahren, um schneller aus dem Nassen zu kommen, ist bei strömendem Regen nicht zu empfehlen. Die Fahrbahn ist rutschig, das Helmvisier ist voller Regentropfen und die Regenjacke kommt an ihre Belastungsgrenze. Zudem wird durch den Regen häufig Geröll, Kies und Müll auf die Fahrbahn gespült, die man häufig erst kurz vorher erkennt. Trotz der Gewissheit, nass nach Hause zu kommen, ist ein Tagesausflug dennoch willkommen. Um dann wieder glücklich in Ubud zu sein und von den Menschen umgeben zu sein, die auf meiner Wellenlänge sind – bis auf ein paar Ausnahmen.

Vom Haben und Sein

Als ich Deutschland in Richtung Südostasien verlassen hatte, hatte ich keine Ahnung, was mich erwarten würde. Ich wusste nur, dass es der richtige Weg ist. Ich weiß es noch wie heute, als ich den Wohnungsschlüssel den Nachmietern übergebe und die 82 Treppenstufen hinunterlaufe. Mit meinem Rucksack auf der Schulter und einem breiten Lächeln im Gesicht. Voller Vorfreude und Dankbarkeit gehe ich die Straße entlang und erinnere mich an viele Begebenheiten. Immerhin war München für viele Jahre meine Wahlheimat. Die Stadt mit ihren Menschen, Events, Cafés und Parks ist mir ans Herz gewachsen. Ich weiß noch, wie ich mich von allem innerlich verabschiede. Denn ich weiß nicht, ob oder wann ich wieder zurückkommen werde.

Ich trage die einzige lange Hose, den einzigen Pulli und die einzigen Sneakers, die ich noch besitze. In meinem Handgepäckrucksack befindet sich alles, was mir gehört: ein kleiner Tagesrucksack, Handyladegerät, mein Ausweis, eine dünne Regenjacke, sieben T-Shirts und Poloshirts, ein Hemd, drei kurze Hosen, eine Badehose, Unterwäsche, ein Paar Flipflops, ein *Rubic-Cube*-Zauberwürfel, eine Sonnenbrille, ein Schachbrett, ein *Mensch-ärger-dich-nicht*-Brett, ein Rasierer, eine Zahnbürste und ein paar weitere Dinge im Kulturbeutel. Zudem noch ein Kugelschreiber, ein Headset und ein kleiner Seidenschlafsack.

Klar, und mein Laptop, auf dem ich alles Wichtige habe: meine Arbeit, meine Fotos, meine Kontakte – meinen Anschluss an Freunde, Familie und die Welt. Das war es schon. Nachdem ich in den Monaten vorher in Deutschland immer mehr meiner Besitztümer verkauft, verschenkt und abgegeben hatte, blieb das am Ende übrig. Plus ein Karton bei meinen Eltern: eine Winterjacke und ein Paar Winterschuhe, mein Konfirmations-Fotoalbum, Zeugnisse, eine kleine Box mit Briefen und Andenken. Und drei Ordner mit Steuerunterlagen, die ich als Selbstständiger aufbewahren muss. Ich besaß und besitze immer noch fast nichts. Das krasse Gegenteil zu dem, was ich zwei Jahre zuvor noch hatte. Jetzt wiegt mein Handgepäckrucksack sieben bis zehn Kilogramm. Je nachdem, wie viele Schichten ich auf dem Flug anhabe und ob ich mit Flipflops oder Sneakers in den Flieger steige. Alles, was ich mein Eigen nenne, könnte ich tragen. Dieses Fast-nichts-Besitzen macht mich unglaublich frei, leicht – und glücklich.

Was ich anfangs selbst nicht glauben konnte: Mir fehlte hier in Südostasien bisher nie etwas. Und wenn, dann gibt es Läden, in denen ich mir ein neues T-Shirt, Zahnpasta, Sonnencreme oder eine neue Badehose kaufen konnte. Mein Leben hier ist immer so lebendig, dass ich gar nicht das Bedürfnis habe, etwas zu besitzen, nicht mehr den Drang verspüre, mir etwas zu kaufen. Viele Dinge, die ich mir in Deutschland gekauft hatte, versprachen mir damals Zufriedenheit.

> Wenn ich das oder jenes habe, dann bin ich glücklich. Klar, das funktioniert. Aber eben nicht nachhaltig.

Irgendwann musste das nächste Stück her, weil der Markenpullover, das Auto, der Fernseher oder was auch immer das Versprechen nach mehr Glückseligkeit und wirklicher Zufriedenheit nicht dauerhaft eingehalten hatte. Wie auch. Jetzt darf ich mit dem Sein anstatt dem Haben üben. Mit dem wenigen physischen Besitz bleibt mir nicht viel anderes übrig. Ob das mein komplettes zukünftiges Leben so bleiben wird oder nur ein paar Wochen, Monate oder Jahre, weiß ich noch nicht. Aktuell fühlt es sich genau nach dem richtigen Leben an. Und das ist das Einzige, was für mich zählt: das Hier und Jetzt. Ich bin frei wie ein Vogel und das fühlt sich fantastisch an: wenig haben, viel leben.

Der Flöten-Mann und ich

Ich genieße mein Leben mit jeder Faser meines Körpers und jedem Funken meiner Seele. Jeden Morgen wache ich auf und freue mich auf den Tag. Ein Leben, wie ich es mir nicht schöner vorstellen könnte. Es fühlt sich an, als ob ich das Leben an sich nochmals neu kennenlerne und viel Neues entdecke. Auch das Leben in der Villa Kita bereitet mir weiterhin große Freude. Ich verbringe Zeit mit den anderen

Bewohnern: Wir unterhalten uns, spielen Gesellschaftsspiele, gehen essen oder ins Kino. Aber ich habe auch meine Zeit für mich. Die anderen Bewohner leben hier ebenfalls für Monate oder Jahre und es gibt zum Glück keinen ständigen Wechsel mit Urlaubern. Alles klappt gut. Meistens zumindest. Ab und zu gibt es Gäste, die vom lieben Gott mit etwas wenig Empathie und Rücksichtnahme beschenkt wurden.

Ich übernachte oft draußen auf meinem Balkon und höre fast alles. Doch auch wenn ich drinnen schlafe, hält die balinesische Bauweise so gut wie keinen Lärm ab. Ich bekomme fast alles mit: ob es Gespräche der Nachbarn über den Sinn des Lebens sind, Geckos, die sich freudig paaren, oder Roller, die knatternd die enge Straße entlangdüsen. Als Gast, der schon eine längere Zeit in der Anlage lebt, fühle ich mich ein wenig privilegiert und fordere spätabends auch mal Ruhe ein. Ob mir das zusteht? Ich weiß es nicht. Es ist wohl wie bei den meisten Dingen, dass wir uns viel lieber auf die Fehler der anderen fokussieren, als auf uns zu schauen und zu erkennen, was unser Anteil und unsere Verantwortung an dem Ganzen ist.

Bis auf den Gast mit der Flöte habe ich jeden anderen ins Herz geschlossen. Wobei … den DJ, der einfach seine Musik laut abspielte und die ganze Anlage beschallte, den mochte ich ebenfalls nicht. Manche Menschen brauchen Tage oder Wochen, um einen schlechten Eindruck zu hinterlassen. Anderen gelingt das in wenigen Minuten. Der Flöten-Mann mit den langen Haaren gehört ohne Frage zur letzteren Kategorie. Seinetwegen muss ich einiges lernen. Ich bitte ihn freundlich, etwas Rücksicht auf die anderen Bewohner zu nehmen mit seinem Flötenspiel auf der Terrasse. Mit mäßigem Erfolg. Es sind wohl nicht alle Menschen dazu fähig. Sie machen einfach ihr Ding, ohne auf andere zu achten, und glauben, ihnen gehört die Welt. Oder vielleicht sprechen sie die Sprache »Empathie« einfach nicht. Und wundern sich, was denn alle anderen Menschen immer für Probleme mit ihnen haben. Vielleicht war er auch gekränkt, als ich ihn fragte, ob er gerade mit dem Flötespielen angefangen habe. So hat sein Flötenspiel jedenfalls für mich geklungen. »Nein, ich spiele schon seit fast einem Jahr, und das jeden Tag«, war seine geknickte Antwort.

Ich bitte, nachdem ich wenig Erfolg hatte, auch die Besitzer der Anlage darum, mit ihm zu sprechen. Einige Tage ist es besser, aber nicht nachhaltig.

Und dann bleibt mir nichts anderes übrig, als das zu verändern, was in meiner Macht liegt: mich selbst.

Auch wenn wir alle wissen, dass wir andere nicht verändern können, ist das meist unser erster Impuls: Wir möchten, dass die anderen das verändern, was uns nicht gefällt. So habe ich es mit dem Flöten-Mann auch gemacht. Denn das hat viele Vorteile: Es schont meinen Selbstwert, da ich nichts falsch gemacht habe, ich muss nicht aktiv werden, da sich der andere verändern muss, und ich fühle mich besser, weil nicht ich, sondern jemand anderer das »Problem« ist. Erfolgreich ist es häufig jedoch nicht. Denn die Wahrscheinlichkeit ist gering, dass sich andere für uns verändern. Warum auch, sie haben ja häufig kein Problem damit. Das Problem haben wir.

Vielversprechender sind demzufolge Veränderungen, wenn wir diese in uns selbst herbeiführen, indem wir lernen, anders zu denken, zu fühlen und zu handeln. Dazu brauchen wir Einsicht, Bereitschaft und die Fähigkeit zur Veränderung bei uns selbst. In meiner Arbeit mit Paaren, die in meiner Münchner Zeit zu mir in die Praxis kamen, ging es für mich häufig genau darum: den Blick von beiden mit dem Gedanken »du musst dich verändern« auf »was hat es mit mir zu tun und wie kann ich mich bei diesem Thema verändern« zu lenken. Diese Veränderungen sind nachgewiesenermaßen erfolgreicher und nachhaltiger, als darauf zu warten, bis die anderen sich »endlich« so verhalten, wie wir es uns wünschen. Denn es kann gut sein, dass wir ein Leben lang darauf warten. Dann können wir uns entscheiden: Finden wir selbst einen anderen Umgang damit, oder möchten wir uns ständig daran aufreiben und in Frustration baden. Das gilt natürlich nicht bei Verhaltensweisen, die nicht zu einem guten Umgang miteinander beitragen, wie Manipulation, Lügen oder Kontrollsucht.

Mein Flöten-Mann in der Villa Kita ist mir diesbezüglich ein großer Lehrer: Wenn er tagsüber spielt, gehe ich spazieren oder telefoniere mit jemandem. Wenn es schon spät ist und ich im Bett liege, stecke ich mir Ohropax ins Ohr oder versuche, meinen Atem wahrzunehmen und mich damit abzulenken. Eine gute und manchmal frustrierende Übung. Die Erfahrung rund um die Flöte und ihren Spieler hat auch etwas Gutes, denn ich lerne viel über mich und meine Bewältigungsstrategien. Wenn es mir gelingt, mich selbst zu verändern und mich nicht vereinnahmen und ärgern zu lassen, gewinne ich viel Selbstwirksamkeit. Und kann gleichzeitig Ohnmacht und Frustration loslassen. Ich werde unabhängiger und zufriedener. Und ich kann mich an mir erfreuen, dass es mir gelungen ist, eine Lösung in mir selbst zu finden und ich dem anderen nicht die Macht gegeben habe, meine Zufriedenheit zu definieren. Das gelingt mal, ein anderes Mal nicht: Dann rege ich mich über ihn auf oder rufe zu ihm rüber, ob er nicht drinnen üben kann. Und verfluche den Erfinder der Flöten.

Sein dürfen, wie ich bin

Der Beat der Musik belebt meinen Körper und ich möchte den Moment am liebsten festhalten. Ich könnte die Welt umarmen, wie meine ältere Schwester immer sagt, wenn sie glücklich ist. Ich fühle das Gleiche. Bei diesem Lied kann ich gar nicht anders, als mich zu freuen und zu strahlen. Und zu tanzen. Nicht gehemmt und bedacht, wie in einem Club in Stuttgart oder Bangkok, sondern frei wie ein Vogel hüpfe ich zum Beat durch den Kinosaal.

Von außen betrachtet, sieht der 5-Rythmen-Tanz aus wie ein irrer Hühnerhaufen, bestehend aus vielen Menschen in einem großen Raum. Oder wie eine Party am helllichten Tag, bei der alle irgendwelche Drogen eingeworfen haben und durchdrehen. Jeder der etwa dreißig Menschen tanzt, wie er möchte, und es sieht häufig einfach ungewöhnlich aus, manchmal ein wenig verrückt. Und das ganz ohne Alkohol oder andere Substanzen.

Die fünf verschiedenen Phasen einer Welle beim 5-Rythmen-Tanz bestehen aus Fließen, Staccato, Chaos, Lyrik und Stille. Es fängt mit fließenden Bewegungen im ersten Abschnitt eher ruhig an, erreicht mit dem Chaos den Höhepunkt und begleitet einen dann mit entsprechend beruhigender Musik am Ende zurück zur Stille – im Innen und Außen. Eine Welle, wie diese fünf Abschnitte genannt werden, von Anfang bis Ende durchzutanzen, dauert ein bis zwei Stunden. Ich kenne den 5-Rythmen-Tanz schon aus Münchner Zeiten und nehme hier in Ubud mittlerweile regelmäßig teil. Während der gesamten Zeit spricht niemand.

Mittlerweile sind wir im dritten Abschnitt der Welle angekommen: dem Chaos. Die Musik ist laut, der Beat lässt meinen Körper vibrieren und heizt uns alle nochmals richtig an. Jede Zelle meines Körpers ist glücklich. Alle hüpfen, tanzen und wirbeln umher, ohne sich um die anderen zu scheren. Das ist so befreiend, weil alle mitmachen und niemand sich verstecken oder irgendeine gesellschaftliche Anforderung erfüllen »muss«. In einem normalen Club, ob in Hamburg, London oder Kuala Lumpur, tanzt jeder so, dass er bloß nicht zu sehr auffällt. Manchmal gibt es einen verrückten Vogel, der sich um diese unausgesprochene Regel nicht schert. Doch der wird von den meisten belächelt und befindet sich in der Minderheit. Die meisten anderen möchten zwar gesehen, aber nicht belächelt werden. Die Folge ist, dass jeder in etwa ähnlich tanzt, wie es zu dem entsprechenden Musikstil passt und »erlaubt« ist.

Beim 5-Rythmen-Tanz ist es anders. Es geht darum, seinem Körper zu folgen und nicht dem Verstand. Es geht darum, loszulassen und nicht an Normen festzuhalten. Es geht darum zu sein, statt zu denken. Mittlerweile gelingt es mir besser, mich nicht um die anderen zu scheren. Doch ich erinnere mich noch an die ersten 5-Rythmen-Abende in München, bei denen ich ständig überlegte, ob ich es »richtig« mache. Es war ein Prozess, diese Sorge immer mehr abzulegen.

> Denn der einzig richtige Weg ist der, den ich gehe – und die einzig richtige Tanzbewegung ist die, dich ich mache.

Mal gelingt es mir, mich nicht um die anderen zu kümmern, mal nicht. Mal tanze ich befreit, mal schaltet sich mein Verstand ein und fragt sich, was die anderen wohl denken. Obwohl hier die »Erlaubnis« besteht, einfach seinem Körper zu folgen, auch wenn es noch so komisch aussehen mag, merke ich, wie stark diese Konditionierung in mir steckt. Wie in fast allen Lebensbereichen gibt es auch beim Tanzen diese unausgesprochene Regel. Was gehört sich, was gehört sich nicht, was ist erlaubt und was nicht. Wir alle folgen, meist unbewusst, diesen gesellschaftlichen Regeln, die in der jeweiligen Kultur verankert sind. Diese Regeln definieren, wie wir uns verhalten, kommunizieren und interagieren sollen. Obwohl sie nicht in einem Gesetzestext niedergeschrieben sind, sind sie dennoch allgegenwärtig und spielen eine tragende Rolle in unserem sozialen Miteinander. Dabei profitieren wir von diesen unausgesprochenen Regeln, denn sie halten die soziale Ordnung und Harmonie aufrecht und geben uns Sicherheit und Struktur. Das erleichtert es unserem Gehirn, nicht in jeder Situation überlegen zu müssen, welches Verhalten jetzt angebracht ist und was wir besser unterlassen sollen. Ein weiterer Aspekt ist das Zugehörigkeitsgefühl, welches eines der stärksten Antreiber des menschlichen Verhaltens ist. Wir wollen Teil von etwas sein, gesehen, verstanden und akzeptiert werden und nicht außen stehen. Dieses Bedürfnis führt dazu, dass wir uns an die Masse anpassen – oder an die Gruppierung, welcher wir angehören oder angehören möchten.

Trotz der Vorteile haben diese unausgesprochenen gesellschaftlichen Regeln auch Nachteile. Sie führen zu Konformitätsdruck, denn durch das Anpassen verlieren wir Freiheit und teilweise Authentizität. Wir machen vieles automatisch, ohne nachzudenken. Einfach nur, weil wir es so vorgelebt bekommen, gelernt und verinnerlicht haben. Ich frage mich manchmal, wie würde ich mich verhalten, wenn es diese gesellschaftlichen Regeln nicht geben würde? Wie wäre *mein* Umgang, wie wäre *meine* Art und Weise zu leben und zu sein? Ein lebenslanger Weg, sich selbst immer besser kennenzulernen.

Wir tanzen im Club, wie alle anderen, wir tragen Kleidung, die unserer Kultur, unserem Geschlecht und Status entsprechen, wir essen mit Besteck oder wir begrüßen Menschen mit einem Handschlag oder einer Umarmung. Die Maori, das indigene Volk Neuseelands, begrüßen einander beispielsweise mit dem Hongi. Dabei stehen zwei Menschen einander gegenüber und drücken ihre Nasen und Stirn aneinander, während sie einander tief in die Augen schauen. Wenn ich den Personalleiter beim Vorstellungsgespräch in Düsseldorf so begrüßen würde, könnte ich gleich wieder gehen. Wenn ich im Club so tanze, wie mein Körper mich führt, würden mich viele belächeln. Wenn ich als Mann in Deutschland einen Rock tragen würde, würden mich alle ansehen und hinter meinem Rücken darüber tuscheln. Hier auf Bali tragen viele Männer aller Altersstufen im Alltag, bei der Arbeit oder bei Zeremonien einen Sarong, eine Art Wickelrock, der aus einer Stoffbahn besteht und um die Hüfte gebunden wird. Wenn ich dagegen mit Hemd, Krawatte, Anzug und feinen schwarzen Lederschuhen zu einem Geschäftstermin hier auf der Insel der Götter gehen würde, würde ich komisch angesehen.

Je länger ich hier lebe, desto deutlich wird mir, dass unsere Kultur einen großen Einfluss darauf hat, wie wir sind, was wir machen, was wir als »normal« betrachten. Wäre es nicht schön, wenn wir alle so sein könnten, wie wir wirklich sind, ohne bewertet, belächelt oder ausgeschlossen zu werden? Natürlich immer unter der Voraussetzung, dass wir keinem anderen damit schaden. Das wäre eine spannende Reise für jeden von uns – zu uns selbst. Zu entdecken, wie wir wären, wenn wir diese gesellschaftlichen, kirchlichen, sozialen oder familiären Regeln nicht in uns tragen würden.

Hier im 5-Rythmen-Tanz empfinde ich es als eine kleine, schöne Möglichkeit, das zu üben und mich ein wenig von dem zu befreien, was andere über mich denken mögen. Denn eigentlich ist das ja deren Problem, wenn es ihnen nicht passt, wie ich tanze oder wie ich bin.

Wertschätzung verbindet

»Was gibt es, Wieland?«, fragt mein Bruder Max, als ich ihn anrufe. Das ist sein üblicher Willkommensspruch am Telefon. »Ich wollte einfach mal hören, wie es dir geht.« Auch wenn Max für manche gestresst und oberflächlich rüberkommen mag, ist er ein liebevoller Mensch und eine treue Seele. Er ist einfach schwer zu erreichen, weil er dauerbeschäftigt und ständig auf Achse ist. Ob mit seiner Arbeit, seiner nebenberuflichen Selbstständigkeit als Fotograf oder seinen vielen Hobbys. Von Fußball und Squash bis Tischtennis und Konzerten.

Ich vermisse ihn. Manchmal weiß ich gar nicht, wer von uns beiden der Ältere ist. Auf manchen Ebenen fühlt es sich an, dass er mein großer Bruder ist, und manchmal fühle ich mich reifer, weiter – und verantwortlich für ihn. Auf jeden Fall wünsche ich mir, dass er hier mit mir zusammen in Asien wäre und wir jetzt nicht nur telefonieren würden. Doch für ihn ist seine Karriere wichtig und er fühlt sich wohl, wo er ist. Er erzählt mir ausführlich von seinen Projekten in einer Marketingagentur und wie er bald eine Stufe höher klettern wird auf der Karriereleiter. Das Gehalt ist dabei nicht seine Hauptmotivation. Es geht ihm, wie er mir gerade erklärt, um die Wertschätzung durch das Unternehmen und vor allem durch seine direkte Vorgesetzte. Sie hatte ihn in den letzten Jahren gefördert und ihm den nächsten Karriereschritt versprochen. Und jetzt passiert schon eine Weile nichts. »Mich frustriert das zunehmend und ich werde nicht mehr lang warten.« Max scheint es ernsthaft zu wurmen, dass sie sich nicht an ihr Wort hält und ihn hinhält. »Letztens hätte ich fast aus Frust direkt im Gespräch gekündigt, aber ich habe gerade noch die Kurve bekommen.« Eine weise Entscheidung, meint er. Da stimme ich ihm zu. Im emotionalen Zustand wie bei Ärger, Frust oder Wut reagieren wir meist schnell und unüberlegt. In diesen Momenten fühlt sich unsere Reaktion stimmig, richtig und gerecht an. Sie ist aber selten sinnvoll und durchdacht. Später bereuen wir häufig, dass wir unkontrolliert aus der Emotion heraus gehandelt haben. Denn nicht unsere eigenen Werte oder unser echtes Bedürfnis leiten uns in diesen Augenblicken, sondern der Schmerz.

Seine grundsätzliche Frustration, dass ein Versprechen nicht eingehalten wird, kann ich verstehen. Insbesondere, weil der wertschätzende Umgang mit ihm und anderen

Angestellten in seinem Unternehmen immer weniger wird. Er hat recht, wenn er sagt:

> Wenn die Wertschätzung in zwischenmenschlichen Beziehungen abnimmt, führt es zu Resignation, Demotivation und Rückzug.

Ganz gleich, ob in beruflichen, partnerschaftlichen oder freundschaftlichen Beziehungen. Wenn wir uns nicht mehr wertgeschätzt und gesehen fühlen, hat das immer eine negative Konsequenz. Wertschätzung ist, so Max, wie der Klebstoff, der alles Gute zusammenhält. Ich bin immer wieder überrascht von ihm und seinen Gedanken und Schlüssen. Auf den ersten Blick wirkt er nicht wie ein tiefsinniger Mensch, sondern wie ein klassischer BWLer. Doch darunter verbergen sich viel Weisheit und ein intuitives Menschenverständnis. Zudem hat er eine besondere Art, mit Menschen umzugehen. Als ob er alle lesen kann, sie es aber nicht wissen lässt, dass er diesen Wissensvorsprung hat.

»Wie gefällt es dir auf Bali?«, möchte er von mir wissen. »War es die richtige Entscheidung, alles hinter dir zu lassen?« Ich erzähle ihm von meiner ersten Zeit und berichte von meinem letzten 5-Rythmen-Tanz. Ich bin überrascht, wie viel Zeit er heute zum Telefonieren hat. Kurz darauf ist es aber so weit. »Ich muss los, Bruderherz, muss gleich eine Vorlesung halten.« Er ist, neben all seinen anderen Tätigkeiten, Dozent für Onlinemarketing an einer privaten Hochschule. »Klar, viel Spaß dabei«, sage ich, doch ich hätte mich gern noch länger mit ihm unterhalten. Obwohl ich mir ziemlich sicher bin, einen passenden Buchtitel für meinen Trennungsratgeber gefunden zu haben, wäre ich dennoch an seiner Meinung dazu interessiert. Seine Rückmeldungen sind für mich immer hilfreich und sie ermöglichen es mir, meine eigene Haltung zu überprüfen. Wenn ich trotz einer abweichenden Meinung von ihm von meiner eigenen immer noch überzeugt bin, weiß ich, dass ich mir vertrauen kann.

In dem Moment, als wir beide auflegen, höre ich in der Ferne ein Telefon klingeln. Ich brauche ein wenig, um mich zu orientieren und zu kapieren, dass ich das Telefonat mit Max gerade nur geträumt habe. Schon das zweite Mal innerhalb der letzten Tage ist er in meinen Träumen erschienen. Was auch immer das heißen mag.

Weniger ist mehr

Mein Leben auf Bali ist so anders, als es in München noch vor einigen Monaten war. Was ich manchmal selbst nicht glauben kann, ist, dass ich all meinen Besitz auf meinem Rücken mit mir herumtrage. Von einer Menge an Dingen bis zu einem Leben aus dem Handgepäckrucksack war es ein Prozess von etwa zwei Jahren. Alles fing damit an, dass ich innerhalb Münchens umzog. Nur zwei Straßen weiter, da die neue Wohnung einen großen Sonnenbalkon hatte. Bis zu diesem Umzug hatte ich drei Monate Zeit. Mein Kellerabteil war voll, aber in meiner Dreizimmerwohnung war nicht übermäßig viel. Dennoch besaß ich viele Dinge, was ich aber erst nach und nach feststellte.

Von Minimalismus hatte ich noch nie gehört. Und trotzdem spürte ich den Impuls, vor dem Umzug einige Sachen abzugeben. Damit ich sie nicht vom fünften Stock runter und wieder in den vierten Stock hoch übersiedeln musste. In beiden Fällen ohne Aufzug. So fing es an. Je mehr ich mich von materiellen Besitztümern trennte, desto deutlicher wurde mir, wie viel ich eigentlich hatte. Und das meiste davon nutzte ich nicht oder nur selten, weil ich es doppelt besaß oder es nur einer dieser »Ich könnte es ja mal irgendwann brauchen«-Gegenstände war. Ich hatte damals über zehn Uhren, sieben Kameras, Gesellschaftsspiele, Küchenutensilien, Klamotten, Sportequipment … Zunächst trennte ich mich von einer Kamera, von einem ungenutzten Möbelstück im Keller, ich sortierte Fotoalben aus, löschte Dateien auf der Festplatte meines Laptops. Und es machte mir Spaß. Unerwarteterweise sogar richtig viel Freude. Bald kamen die zweite Kamera, ein ungenutztes Golfset und zwei Uhren dran. Es befreite mich. Irgendwann brachte ich täglich vier bis fünf Pakete zur Post. Auch legte ich Kisten mit allerlei Dingen zum Verschenken auf den Gehweg. Geschirr, Handtücher, Bücher oder Kartenspiele. Meist fand alles innerhalb einer halben Stunde einen neuen Besitzer. Kurz vor dem Umzug besaß ich nur noch ungefähr die Hälfte. Was für ein befreiendes Gefühl! Oft lief ich durch die Wohnung, öffnete eine Schublade nach der anderen und überlegte, was ich von dem Inhalt auch noch abgeben könnte.

> Das Ausmisten war ein Prozess, der in meinem Inneren begann. Und im Außen sichtbar wurde.

Nach dem Umzug ging es weiter, weiterhin mit viel Freude und großem Engagement. Ich verkaufte mein großes Soundsystem, weitere Uhren, ein Schlauchboot oder einen Sandwichtoaster. Ich digitalisierte meine Fotoalben, mistete meine Ordner mit Unterlagen aus und entrümpelte und strukturierte weiter meine Daten auf meinem Laptop. Manchmal spürte ich einen leichten Abschiedsschmerz, wenn jemand etwas mitnahm, was mich lang im Leben begleitet hatte. Und dennoch war ich mir bewusst, dass es der richtige Weg ist. Denn ich wusste, dass ich eines Tages in Asien leben werde. Ich hatte keine Ahnung, wann es sein würde. Aber ich vertraute darauf, dass ich es wissen würde, wenn ich bereit dazu war.

Das Loslassen hatte einen positiven Einfluss auf mich: Ich wurde freier; freier im Kopf und freier im Leben. Je weniger ich hatte, desto weniger physischen Platz benötigte ich, desto weniger musste ich pflegen, putzen, erneuern und desto weniger hatte ich zu verlieren. Nicht ohne Grund haben die meisten superreichen Menschen die größten Sorgen im Leben; schließlich schwingt immer die Angst mit, dass sie ihren Besitz, Status oder Lebensstandard verlieren könnten. Jemand, der von der Hand in den Mund lebt, kennt das nicht.

Wenn mich Freunde besuchten, kam häufig die Frage: »Na, was hast du heute schon verkauft oder verschenkt?« Ich hatte immer etwas zu erzählen. Zum Beispiel von meiner DVD-Sammlung, meinem Tennisschläger oder meinem Kamera-Stativ. Die meisten konnten es nicht nachvollziehen, wie das geht, dass ich mich in dieser Radikalität von meinen Besitztümern trennte. Da ich jedoch nicht von heute auf morgen alles abgab, sondern es ein schleichender Prozess war, war das für mich gut möglich. Ich verkaufte irgendwann mein geliebtes Auto, ein hochwertiges Wandbild oder *Siedler von Catan*.

Eines Tages wachte ich auf und wusste, dass ich so weit war. Ich weiß noch, wie ich in meinem Bett liege, die ersten Sonnenstrahlen durch die kleinen Löcher des Rollladens in mein Zimmer scheinen und ich meine Antwort habe. Mit einer großen Klarheit. Mit einem großen Frieden in mir. Und einer positiven Aufregung. Was für eine große Entscheidung, aber sie fühlt sich so klein an. Weil es »nur« der letzte Schritt war auf einem längeren Weg und nicht ein einziger, großer Schritt. Ich wusste, dass ich jetzt bereit war, nach Asien zu ziehen. Meinen Klienten in meiner Praxis wollte ich einige Monate Vorlaufzeit geben, damit wir den Prozess abschließen konnten beziehungsweise sie Zeit hatten, einen Kollegen zu finden. Zudem musste ich die Kündigungsfristen für meine Praxis und Wohnung beachten und zudem wollte ich mich nicht stressen. Dennoch fühlte es sich wunderbar an. Ein Kribbeln im Bauch, als ob ich mich verliebt hätte. Als ich irgendwann die Daten für meine Praxisschließung und meinen Auszug aus der Wohnung wusste, ging es mit dem

Abgeben meiner Habseligkeiten weiter. Als Letztes kam mein Fahrrad dran. Die Küchenausstattung und restlichen Möbel übergab ich meinen Nachmietern.

Dieses Gefühl, als ich die Schlüssel übergebe und die 82 Stufen runterlaufe: unbezahlbar. Nun war es so weit, ich hatte weder einen Wohnsitz noch viel Besitz. Es fühlte sich nicht beängstigend an, sondern einfach unglaublich befreiend.

Ich hatte mich. Ich habe mich selbst dabei und irgendwie wird schon alles klappen.

Ich konnte auf mich selbst bauen. Und damit besaß ich die Sicherheit, dass ich mit den Herausforderungen im Leben, ob in München, Indonesien oder Thailand, einen Umgang finden werde – ob diese leicht oder schwer sein mögen. Da machte es für mich keinen Unterschied, ob ich eine Wohnung und allerlei Besitztümer habe oder nur ein paar Dinge. Frei wie ein Vogel im Wind. Woher ich diese Zuversicht und dieses tiefe Vertrauen häufig nehme, das frage ich mich selbst manchmal und kann es nicht wirklich beantworten. Liegt es daran, dass ich selbst einige Lebenskrisen überwinden musste und daran gewachsen bin? Liegt es daran, dass ich mich, seit ich neunzehn Jahre alt bin, mit Persönlichkeitsentwicklung und mir befasse? Liegt es daran, dass jede Therapiesitzung mit Klienten auch eine Art Therapie für mich selbst ist? Ich weiß es nicht. Es scheint, dass mich das Universum trägt und beschützt. Und das ist das beste Zeichen, dass ich den richtigen Weg eingeschlagen habe.

Ich blicke gern auf diesen inneren und äußeren Prozess zurück und bin dem Universum dankbar, dass es mich dabei unterstützte, indem es mir mit meiner inneren Stimme den groben Weg flüsterte. Dieser veränderte Fokus zeigt sich auch jetzt, wenn ich auf mein Leben auf Bali blicke. Es geht weniger um das Haben, sondern mehr um das Sein. Ich habe das Gefühl, dass ich näher am Leben dran bin, dass ich mehr darin eintauche, mit dem Leben verschmelze. Mein Fokus liegt mehr auf den Dingen, die ich mache oder machen möchte, als auf den Dingen, die ich besitze oder besitzen will. Was hätte ich hier in Ubud auch mit einem neuen Fernseher gewollt? Oder einem weiteren Pulli oder einer neuen Armbanduhr? All das verlor seine Wichtigkeit. Weil ich es hier nicht brauche, weil es hier viel weniger Bedeutung hat. Weil die Zufriedenheit im Sein liegt. Und das Sein ist direkt mit uns selbst verbunden, das Haben dagegen an eine externe Bedingung geknüpft.

Wer keine Macht hat, zahlt

In einer Woche geht es für mich nach Thailand, um Freunde zu treffen. Davor bin ich viel in und um Ubud unterwegs. Ich tauche immer mehr in das balinesische Leben und das eines digitalen Nomaden ein. Mit jedem Tag fühle ich mich hier mehr zu Hause. Dennoch freue ich mich auf die neue Erfahrung.

Was mir immer wieder ein Lächeln ins Gesicht zaubert, sind Balinesinnen, die seitwärts auf einem Roller sitzen. Als Beifahrerin mit beiden Beinen auf einer Seite, wie vor langer Zeit bei uns Frauen auf einem Pferd. Der Rock lässt nur diese Sitzposition zu. Der Mann fährt, die Frau sitzt hinten, häufig mit einem Korb auf dem Schoß, und manchmal quetschen sich noch Kinder oder ein Hund dazwischen. Nur etwa die Hälfte der Balinesen trägt auf dem Roller einen Helm. Bei einer Polizeikontrolle stört das niemanden. Außer, man sieht nach Ausländer und damit einer guten Einnahmequelle aus. Wie ich das bin.

Genau das erlebte ich vor ein paar Tagen. Nach einem Ausflug bin ich auf dem Weg zurück nach Ubud. Plötzlich verengt sich die zweispurige Fahrbahn und etwa acht Polizisten kontrollieren alle Autos, Roller und Lastwagen. Tatsächlich angehalten werden jedoch ausschließlich Lastwagen und Ausländer. Meine Hautfarbe ist zwar nicht mehr schneeweiß, aber dennoch falle ich auf dem Roller mit meiner vergleichsweise hellen Gesichtsfarbe auf. »Bitte anhalten, zeigen Sie mir Ihren Führerschein.« Ich weiß, dass ich einen internationalen Führerschein bräuchte, doch den besitze ich nicht. Einen Helm hatte ich auf, das ist also nicht das Problem. Ganz vorn an der Kontrolle steht der Polizeichef und winkt die Fahrzeuge raus, die seine Untergebenen kontrollieren sollen. Mein Polizeibeamter beordert mich am Fahrbahnrand hinter eine Hecke und macht mir deutlich, dass ich eine Million indonesische Rupie zahlen müsse, da ich keinen internationalen Führerschein bei mir habe. Das sind etwa sechzig Euro. Ich entgegne ihm freundlich, gepaart mit einer schüchternen Unschuldsmiene, dass ich so viel nicht bei mir habe und gern den offiziellen Bußgeldkatalog sehen möchte. Er ist noch entspannt, lacht freundlich und meint, dass ich auch den halben Preis zahlen kann. Für den halben Preise würde ich jedoch keine Quittung erhalten, auf der steht, dass ich die Strafgebühr bereits bezahlt habe. Diese würde mich auf Bali bei einer möglichen weiteren Verkehrskontrolle innerhalb der nächsten fünf Tage vor einem weiteren Bußgeld schützen. Ich möchte immer noch den Bußgeldkatalog sehen und lasse ihn wissen, dass ich sonst gern mit auf die Polizeibehörde komme. Langsam wird er nervös. Ich bin es schon die ganze Zeit, möchte aber pokern und verhalte mich möglichst gelassen und selbstsicher. So gut es eben geht. Als ich versuche, hinter dem Busch zurück zur Straße zu gehen, schreit er mich voller Wut an. »Wenn Sie jetzt nicht hier stehen bleiben, konfisziere ich den Roller und Sie können ihn in einigen Tagen später an der Polizeistation abholen – gegen eine horrende Gebühr.« Meine Nervosität und Schweißproduktion steigen deutlich an und ich bin plötzlich weniger selbstsicher. Pokern muss ich noch üben. Ich habe noch nie einen Balinesen so wütend erlebt und bekomme Angst um meinen Roller. Der ist nur gemietet und vielleicht sollte ich jetzt lieber doch klein beigeben. Wir einigen uns darauf, dass ich 500.000 IDR bezahle und trotzdem die Quittung bekomme. Plötzlich ist sein Ärger verflogen und er sprüht wieder vor guter Laune.

Manchmal gewinnt man, manchmal verliert man. Aber wenn man es nicht probiert, hat man schon verloren.

Ich habe nicht das Gefühl, komplett verloren zu haben, denn immerhin spare ich die Hälfte meines Geldes. Damit habe ich zumindest das Gefühl, der Polizeiwillkür nicht komplett ausgeliefert gewesen zu sein und wenigstens ein wenig für mich selbst eingestanden zu sein. Was mich mehr nervt, ist die Doppelmoral: Kein Balinese auf dem Roller wird angehalten. Sogar ohne Helm, zu viert oder mit dem Handy in der Hand werden sie durch die Kontrolle gewunken. Dass ich eine Strafe zahle, weil ich nicht die korrekten Unterlagen dabeihabe, verstehe ich. Aber ausgenommen wie eine Weihnachtsgans vor dem Fest der Liebe fühle ich mich dennoch.

Damit keiner die Geldübergabe verfolgen kann, zieht er mich noch weiter weg von den Kollegen, sodass uns niemand von der Straße aus sehen kann. Er stellt mir den Wisch aus und wünscht mir noch einen schönen Tag und eine sichere Weiterfahrt. »Hati hati«, wie die Balinesen sagen. Mein Herz pocht noch Minuten später heftig, obwohl ich die Verkehrskontrolle bereits hinter mir gelassen habe. Ich war schon häufig in einer Polizeikontrolle in asiatischen Ländern, aber das lief immer friedlicher ab und günstiger. Heute bin ich um etwa dreißig Euro ärmer und habe einen Fetzen Papier, den er wahrscheinlich zu Hause ausgedruckt hat. Später erfahre ich, wie ich es in Zukunft geschickter anstellen kann: Ich zeige dem Polizisten bei einer Kontrolle meinen normalen

Führerschein und gebe ihm direkt hunderttausend indonesische Rupia. Dazu sage ich ihm, dass ich hier lebe. Meist verläuft das dann friedlicher, günstiger und schneller. Der Polizeichef, der vorn die Fahrzeuge sortiert, weiß übrigens, was hinter seinem Rücken passiert. Er partizipiert an den Einnahmen, kann aber bei einer Korruptionskontrolle einer anderen Behörde scheinheilig sagen: »Ich wusste das nicht, ich habe nur die Fahrzeuge rausgewunken.« Nach diesem Erlebnis lasse ich mir von meiner jüngeren Schwester einen internationalen Führerschein in München erstellen, den mir einige Zeit später ein Freund mit nach Asien bringt.

Mein Herzrasen nimmt mit jedem gefahrenen Kilometer ein wenig ab. Immerhin habe ich noch meinen Roller und bin eine Erfahrung reicher. Während meine Stimmung immer besser wird, versuche ich mich an diese kleine, aber feine Weisheit zu erinnern:

Es muss nicht immer alles gut laufen.

Schön wäre das natürlich. Aber jedes Leben, wenn nicht sogar jeder Tag, hat seine Höhen und Tiefen, seine glücklichen wie auch schweren Momente. Sogar in den ganz dunklen Momenten im Leben, wenn gerade alles nur bescheiden läuft und alles herausfordernd ist, gibt es immer irgendetwas Positives. Sei es ein Lächeln einer fremden Person beim Spazierengehen, der Duft des Toastbrots am Morgen, Kindern beim Spielen zuzusehen oder dem Zwitschern der Vögel zu lauschen. Oder wie ein paar Stunden vorher die ältere Frau, die mir am Strand entgegengekommen ist und mit einem Lächeln und dem »Wai«-Gruß »Hallo« sagt. Das ist der traditionelle Gruß, der in vielen asiatischen Ländern wie Thailand, Kambodscha und Laos üblich ist. Es wird als Zeichen des Respekts und der Höflichkeit verwendet. Dabei werden die Handflächen zusammengelegt, die Finger zeigen nach oben, und die Hände werden vor der Brust oder dem Gesicht zusammengeführt. Die Höhe, auf der die Hände platziert werden, variiert je nach der Person, der man Respekt erweisen möchte. Wenn schon alles andere blöd und die Seele schwer ist, können solche kleinen Momente angenehmer Seelenbalsam sein. Vorausgesetzt, wir nehmen diese wahr und sind bereit, in diesen Glücksmomenten das Positive zu sehen und diese nicht auch noch schwarz anzumalen.

Der innere Antreiber

Schon vor meiner Abreise aus Deutschland hatte ich mit zwei engen Freunden vereinbart, dass wir uns über den Jahreswechsel in Thailand treffen werden. Für mich eine schöne Möglichkeit, erst Torsten und später Alexander zu sehen und einen weiteren Hotspot der digitalen Nomaden in Asien kennenzulernen: Koh Phangan.

Diese Insel liegt in der Provinz Surat Thani im Golf von Thailand und ist vor allem für die Vollmondpartys bekannt, die jeden Monat Tausende von Besuchern anziehen. Abhängig von der Jahreszeit und dem Monat kommen bis zu dreißigtausend Menschen aus der ganzen Welt an den Haad Rin Nok Beach. Doch das ist nicht der Grund, warum wir uns auf Koh Phangan treffen werden. Auch wenn ich geplant hatte, zwei bis drei Monate auf der Insel zu sein – meine Partyzeiten sind vorbei. Neben den Vollmondpartys ist die Insel für ihre atemberaubenden Strände mit kristallklarem Wasser und weißem Sand bekannt.

Aber noch bin ich nicht da. Denn ich warte gespannt am Flughafen auf Bali auf das Boarding. Erst jetzt, nachdem dieser Abschnitt auf der Insel der Götter zu Ende geht, wird mir nochmals bewusst: Ich bin tatsächlich mit meinen sieben Sachen auf einem anderen Kontinent unterwegs. Ich lebe an den Orten, an denen andere Urlaub machen, und mir geht es prächtig. Es ist so normal geworden, dass ich keine Wohnung mehr habe, nichts mehr besitze und nicht mehr jeden Tag mit dem Fahrrad an der Isar entlang in meine Praxis radle. Dafür habe ich so viel anderes hinzugewonnen: Jeden Tag neue Erfahrungen, tolle Menschen kennenlernen und mich selbst entdecke ich in manchem ebenfalls neu. Beispielsweise probiere ich Dinge aus, bei denen ich früher gesagt hätte, dass sie nichts für mich sind. Auch bin ich innerlich nicht mehr so getrieben wie noch am Anfang meines neuen Lebens hier. Zu Beginn war ich häufig überzeugt, dass ich ganz schnell ganz viel erleben und ausprobieren muss: noch ein Event, noch ein Kurs, noch ein Ausflug. Als ob ich etwas verpassen könnte. Das war teils ganz schön anstrengend.

Doch glücklicherweise ist mir das irgendwann bewusst geworden: Wenn ich authentisch lebe und im Hier und Jetzt bin, kann ich nichts verpassen. Außer ich schiebe etwas, was ich gern tun würde oder tun sollte, aus Angst oder Bequemlichkeit ständig vor mir her. Aber sonst, so meine Erkenntnis, habe ich wesentlich mehr vom Leben und mir, wenn ich mich nicht ständig unnötig antreibe. Während ich im Reisfeld spazieren gehe, wird mir bewusst, dass es nicht darum geht, aus der Angst des Verpassens heraus zu handeln. Vielmehr sollte mein Maßstab mein wirkliches Bedürfnis sein und meine Intuition. Diese Erkenntnis war wichtig für mich. Wenn ich sie ein paar Monate früher gehabt hätte, hätte ich mir den einen oder anderen Moment innerer Anspannung und den Druck »Jetzt bin ich schon hier, dann mach ich das auch noch« erspart.

Aber es ist besser, dass ich es jetzt erkannt habe als noch später oder nie.

Nachdem mir das bewusst geworden ist, wird mein Leben noch eine Stufe authentischer und entspannter. Weil ich nur noch Dinge in meiner Freizeit angehe, auf die ich wirklich Lust habe. In manchen Momenten war ich mir unsicher, und fragte mich: Soll ich es machen oder nicht? Dann setzte ich mich hin, schloss meine Augen und fragte mich »Möchte ich jetzt wirklich mit jeder Faser meines Körpers mit Freunden zu diesem Wasserfall-Ausflug oder nicht?« Wenn ich ehrlich zu mir war, dann »hörte« ich in meinem Inneren immer eine Antwort.

Während ich an meinem Gate darauf warte, ins Flugzeug steigen zu können, fällt mir etwas auf: Ich trage seit Monaten das erste Mal wieder Schuhe und eine lange Hose. Ansonsten findet mein Leben barfuß oder mit Flipflops statt. Die Sneaker fühlen sich merkwürdig und ein wenig einengend an, obwohl sie bequem sind. Wie schnell sich doch Gewohnheiten ändern. Das Einzige, was ich nicht vermissen werde, ist der Regen. Die letzten Wochen war es hier in Ubud nass, passend zum Beginn der Regenzeit. Ansonsten waren diese ersten Monate auf Bali unglaublich schön, eindrucksvoll und glücklich. Ich kann mir vorstellen, dass ich wieder zurückkomme. Aber wer weiß, vielleicht gefällt es mir auf Koh Phangan oder woanders noch besser. Das Leben ist immer in Bewegung und für eine Überraschung gut. Daher bin ich einfach offen und warte ab, was passiert.

Insgesamt fühlt sich mein Leben an wie ein Traum – ein wundervoller Traum, den ich mir nicht schöner hätte ausmalen können. Jeder Tag ist ein Geschenk und ich freue mich schon beim Einschlafen auf den kommenden Tag. Ich bin dankbar für diese einzigartige Erfahrung, die kein festes Ende hat. Ich habe keinen Zeitplan oder einen wichtigen Termin, zu dem ich zurück in Deutschland sein muss. Bisher habe ich keine Sekunde bereut, diese Entscheidung getroffen zu haben. Natürlich gibt es auch Momente oder Tage, in denen ich emotional, müde oder genervt bin. Aber das gehört zum Leben dazu.

Der Großteil meines neuen Lebens ist ein Abenteuer, und bin ich mittendrin. Es ist so viel schöner, als ich es mir vorstellen konnte. Wobei, ich hatte keine genaue Vorstellung davon, wie sich dieses Lebensmodell anfühlen und ob es mir gefallen wird. Da ich mit meinem Leben in München zufrieden war und nicht aus Frustration oder Unzufriedenheit »geflüchtet« bin, hätte es gut sein können, dass ich bald wieder zurück möchte. Doch daran habe ich bisher nicht eine Sekunde gedacht. Weil es hier genau richtig ist.

Ich habe mein altes Leben, meine Heimat, Sicherheit, Routine und materielle Dinge losgelassen und wurde bisher reich beschenkt. Es sind Tage voller Zufriedenheit, Gesundheit und Glück, ein Leben wie im schönsten Traum. Und ich bin wach, sodass ich ihn hautnah, in Farbe und live erleben darf.

Einfach machen

Als ich auf Koh Phangan ankomme, fühle ich mich unwohl und bin traurig. Ob das an der Insel im Generellen liegt oder an der Unterkunft, welche ich für die ersten vier Nächte gebucht habe, weiß ich nicht. Meine Strandhütte sah auf den Bildern der Webseite schön und einladend aus. Nur wenige Meter vom weißen Sandstrand entfernt, ein kleines Häuschen aus Holz mit Blick über die malerische Bucht. Und meinen Lieblingsgegenstand gibt es auch: eine Hängematte. Doch als ich ankomme, ist es nicht das, was ich erwartet habe.

Es ist schon dunkel, als ich übermüdet in Sri Thanu an der Westküste Koh Phangans ankomme. Kein Schild weist auf die Unterkunft hin und ich muss mehrmals Einheimische fragen. Das fördert nicht meine gute Laune. In der Anlage geht die Suche weiter: Ich finde keine Rezeption oder Menschen, die mir weiterhelfen könnten. Nur eine Gruppe merkwürdiger Gestalten, die um ein Feuer sitzen, trinken und versuchen, einander zu übertönen. Mich fröstelt es, obwohl es trotz der späten Uhrzeit noch mild ist. Eine der Gestalten bringt mich zu meiner Hütte. Mit einem Bier in der Hand und einem Joint in der anderen. Meine erste Nacht hier ist kurz und meine Laune dementsprechend schlecht. Jetzt, am Morgen, sehe ich die ganze Anlage und deren Zustand. Voller Müll, die Gebäude heruntergekommen und die Gestalten vom Abend wirken auch tagsüber nicht besonders vertrauenerweckend. Es sind Franzosen, die hier schon Jahre leben und den Bezug zur Wirklichkeit ein wenig verloren haben. So ist zumindest mein Eindruck. Hier möchte ich nicht bleiben. Doch ich habe schon alle Nächte bezahlt. Ich nehme allen Mut zusammen und suche mir die am freundlichsten aussehende Person aus, eine Frau um die vierzig Jahre.

Aktuell lebe ich von meinem Ersparten und ein paar hundert Euro an Einnahmen meiner ersten Bücher. Daher möchte ich ungern das Geld zum Fenster hinauswerfen und doppelt für Unterkünfte bezahlen. Eigentlich bin ich ein sehr sicherheitsorientierter Mensch. Doch trotz der ausbleibenden Einkünfte im Vergleich zu meiner Zeit mit meiner Praxis in München bin ich entspannt. Ich weiß, dass ich immer genug Geld zum Essen und für eine Unterkunft haben werde. Im Notfall gibt es viele Menschen, die mir helfen würden. Tief in mir spüre ich zudem, dass ich in nächster Zeit wieder mehr Einnahmen generieren werde, auch wenn ich noch nicht weiß, wodurch. Ich schreibe aktuell an einem weiteren Buch, doch bis das fertig ist, dauert es noch eine Weile. Als Autor verdient man pro Buch nicht wirklich viel. Reich werden nur wenige. Bei einem Verkaufspreis von zwanzig Euro bleibt nicht viel beim Autor. Wenn man das Buch selbst verlegt, verdient man vielleicht vier bis fünf Euro, muss aber das Lektorat, den Buchsatz, das Coverdesign und Marketing selbst bezahlen. Bei der Zusammenarbeit mit einem Verlag bleibt etwa ein Euro fünfzig beim Autor. Der Rest geht an den Verlag, den Buchhandel, die Druckerei und den Staat in Form der Mehrwertsteuer. Wenn ich das Freunden oder Bekannten erzähle, sind alle erstaunt. Die meisten denken, dass man als Autor bei einem Verkaufspreis von zwanzig Euro mindestens die Hälfte oder sogar mehr erhält. Weit gefehlt.

Ich kann es mir selbst nicht erklären, wie entspannt und gelassen ich in die Welt ziehe. Ich spüre keine Angst. Weder vor finanziellen Engpässen noch dass ich einsam werde oder mir irgendetwas passiert: Schlangenbiss, Entführung, Ertrinken, Raub oder wovor sonst noch in Reiseblogs und Reiseführern gewarnt wird.

> Irgendetwas trägt mich, weil es möchte, dass ich diese Erfahrung mache.

Das ist die einzige Erklärung, die ich dafür habe. Ich freue mich darüber und versuche, mir nicht ständig Gedanken um meine Finanzen zu machen. Vertrauen zu haben, ist immer eine gute und hilfreiche Einstellung und das wird mir gerade geschenkt. Meine liebe und beste Lehrerin Rita Ludwig-Utz sagte immer: »Wieland, Vertrauen ist eine Entscheidung. Auch wenn dich jemand belogen oder betrogen hat, kannst du dich von jetzt an dafür entscheiden, diesem Menschen trotzdem zu vertrauen.« Ich werde mein Leben lang dem Universum dankbar sein, dass ich Rita vor vielen Jahren begegnet bin. Ohne sie wäre ich heute nicht da, wo ich bin, und nicht der, der ich bin. Einerseits war sie für mich da und hat mich begleitet, mich selbst wiederzufinden. Und andererseits durfte ich unglaublich viel von ihr lernen: fachlich und menschlich.

Auch wenn mir im Ausland schon einige krasse Dinge passiert sind, vertraue ich dennoch, vor allem mir selbst. Ausgeraubt? Ich finde eine Lösung. Von der Schlange gebissen? Ich finde eine Lösung. Kein Geld mehr? Ich finde eine Lösung. Ich hatte dieses Vertrauen, nachdem ich in Spanien von betrunkenen Holländern verprügelt wurde, in Italien von Engländern verfolgt wurde oder als ich in Ghana Malaria oder in Südafrika südafrikanisches Zeckenbissfieber hatte. Oder in Ghana, als ich von einem erzürnten Taxifahrer mit meiner Ermordung bedroht wurde. Es gab immer eine Lösung und ich lebe noch. Ich bin dankbar für diese innere Gelassenheit in der großen, weiten Welt. Von München nach Bangkok zu fliegen ist für mich, wie in den nächsten *Edeka* zu gehen. Einfach meine sieben Sachen packen und machen. Das ist auch eines meiner Mottos im Leben. Wenn mir Menschen von ihren Plänen erzählen, die sie immer noch nicht umgesetzt haben, und mich fragen, wie mir es gelingt, meine Pläne umzusetzen, sage ich immer:

Einfach machen.

Im Voraus weiß man nie, was auf dem Weg alles passiert. Wenn wir also so lang warten, bis wir jede Kleinigkeit geplant, jede Unsicherheit ausgeschaltet und jeden Schritt kontrolliert haben, liegen wir vielleicht schon unter der Erde. Mutig sein, vertrauen und der inneren Stimme zuhören, das leitet mich. Ein Leben nach dem Motto »einfach machen«. Der erste Schritt ist der erste und diesen können und sollten wir gehen, wenn wir ein Ziel haben.

Die Franzosen müssten der Stornierung nicht zustimmen, aber sie haben überraschenderweise kein Problem damit und erstatten mir die übrigen drei Nächte. Ich bin erleichtert. Einige hundert Meter weiter finde ich am Strand eine Hütte, in der ich mich wohlfühle. Eine saubere, freundliche und helle Unterkunft direkt im Sand. Vom kleinen Balkon mit Hängematte sieht man das Meer und die Palmen. Statt Drogen, Alkohol und merkwürdigen Gestalten gibt es hier nette Besitzer und freundliche Gäste. Als ich in meine neue Bleibe umgezogen bin, lege ich mich in die Hängematte und bin erleichtert.

Abends setze ich mich am Strand auf einen unbequemen Holzstuhl. Die Sonne geht langsam unter, das Meer schimmert blau, die Wolken färben sich rot, orange, gelb und ich warte auf mein grünes Thai Curry.

Irgendwo spielt jemand Gitarre und der Livegesang vermischt sich mit dem sanften Wellenrauschen zu einer schönen Abendmelodie. An meinem Tisch ist eine Stange mit einer Glühbirne befestigt. Der Lampenschirm bringt mich zum Schmunzeln. Es ist ein leerer, umgedrehter Langnese-Eisbecher. An meinem Tisch ist es Schokoladeneis, nebenan Vanille. Wie kreativ und pragmatisch die Menschen hier in Asien sind, das mag und bewundere ich. Einfach das zu nutzen, was da ist und hilft. Und genau das macht der Eisbecher bei Regen: Er schützt die Glühbirne.

Ich reflektiere über die letzten Tage und bin froh. Auch wenn ich spüre, dass mir etwas fehlt. Doch das verstehe ich erst, als ich wieder auf Bali bin. Noch weiß ich nicht, wann ich wieder in Ubud sein werde … Jetzt wird erst mal Torsten, ein guter Freund aus München, für einen Monat auf die Insel kommen.

Ein Sturm zieht auf

»Waaaas, ihr habt noch nicht von dem Jahrhundert-Tropensturm gehört?«, fragen uns die beiden Mädels und können es nicht fassen, dass wir derart ahnungslos sind. Mittlerweile ist Torsten da und wir haben eine schöne Zeit. Unsere Tage bestehen aus einem guten Mix aus Arbeiten, Schwimmen, Ausflügen, Massagen und leckerem Essen. Eines Tages sitzen Torsten und ich in einem Café in Sri Thanu, arbeiten am Laptop und bekommen zufällig das Gespräch der beiden mit. Sie unterhalten sich lautstark und emotional darüber, ob sie Koh Phangan verlassen oder sich als Alternative eine Unterkunft etwas höher auf der Insel suchen sollen. Wir kapieren nicht, worum es geht, und fragen sie. Ihren ungläubigen Blick werde ich nie vergessen. Sie erzählen uns, dass ein Tropensturm angekündigt wurde, welcher der schlimmste seit siebzig Jahren werden soll. »Es können meterhohe Wellen auf die Insel treffen.« Jetzt verstehen wir auch, warum mehr als dreißig große Fischerboote vor der Insel ankern und einige im Hafen dicht an dicht zusammengetaut sind. Und das seit zwei Tagen. Sonst haben wir die Boote vor allem nachts mit hellem Neonlicht kilometerweit draußen fischen sehen.

Wir beide arbeiten weiter, genießen den Marmorkuchen und Iced Cafe Latte. Irgendwann hören wir Sirenen aufheulen. Es ist ein Krankenwagen, der an unserem Café vorbeirast, auf dem Weg zu einem Motorroller-Unfall, direkt eine Kreuzung weiter. Ein junger Mann aus England, ohne Helm, hatte einem Thailänder die Vorfahrt genommen. Das erzählt uns ein weiterer Gast im Café eine halbe Stunde später. Wir hoffen, dass es gut ausgegangen ist und beide den Unfall überlebt haben.

Später recherchieren wir im Internet und lesen in allen großen Zeitungen, wie schlimm der Taifun werden wird und dass fast alle Touristen die Inseln verlassen haben. Es ist tatsächlich leer geworden auf Koh Phangan. Doch wir vertrauen mehr den Einheimischen als der internationalen Presse, die mit ihrer Berichterstattung häufig nur Angst erzeugt. Mit Torsten unterhalte ich mich über Angst und wir haben beide die gleiche Meinung:

Angst ist selten ein guter Ratgeber.

Außer man steht in der Savanne vor einem Löwen und möchte ihn mit einem *Bifi* füttern. Die meisten Situationen, vor denen wir heute in unserer modernen Gesellschaft Angst haben, treffen gar nicht ein. Sinnvoller wäre es, wenn wir mehr vertrauen und der Angst weniger Raum und Macht geben würden.

Unsere Angst auf Koh Phangan hält sich in Grenzen und wandelt sich eher in Neugierde und Abenteuerlust. Unsere Gast-Mama in unserer Strandhütte, eine liebenswürdige runde Thai, ist entspannt. »Bleibt hier, euch wird nichts passieren«, sagt sie und drückt uns eine Taschenlampe, Kerzen, Streichhölzer und einen Kanister Wasser in die Hand. Der Strom wird sicher ausfallen, und falls wir von der Umwelt abgeschnitten werden, haben wir Wasser für zwei Tage. Sicherheitshalber laufen wir noch in den nahe gelegenen kleinen Supermarkt und kaufen ein paar Snacks. Viel gibt es nicht, die Regale sind aufgrund der Panikkäufe fast leer. Wir vertrauen den Einheimischen, die nicht von der Insel flüchten und sich auch nicht auf den Bergen in anderen Unterkünften verschanzen. Sie bleiben. Wir bleiben. Und dann geht es los. Nachts rüttelt und schüttelt es extrem an unserer Holzhütte. Diese befindet sich etwa hundertfünfzig Meter vom Strand entfernt und ist gebaut wie eine Gartenlaube. Manchmal glauben wir, dass das Dach gleich wegfliegt oder irgendwelche Teile durch ein Fenster zu uns reinfliegen. Da es so laut stürmt, müssen wir schreien, um uns zu unterhalten.

Aber wir haben Glück: Das Dach bleibt an seinem Platz und keine Gegenstände sind in unsere Hütte geflogen. Viel Panikmache um nichts, denken wir uns am nächsten Tag. Der Sturm war heftig und hat einiges an Gebäuden und in der Natur beschädigt. Aber alles im Rahmen. Die Thais sind heute so pragmatisch wie vor dem Sturm: Sie räumen die abgeknickten Äste und Bäume, das Geröll, das mit den Wassermassen aus den Bergen ins Dorf gespült wurde, oder umherliegende Plastikteile auf, reparieren alles Beschädigte und das Leben geht weiter. Nach wenigen Tagen ist alles wieder wie vorher. Die internationale Presse berichtet dagegen, als sei die Welt hier untergegangen und alles zerstört worden – inklusive vieler Todesopfer. Doch es gab keine. Das ums Leben gekommene Kind ist nach dem Sturm beim Baden ertrunken, nicht währenddessen. Diese übertriebene bis unehrliche Berichterstattung ist mir schon öfter aufgefallen, wenn ich im Ausland vor Ort war und die tatsächlichen Ereignisse mit den Presseberichten verglich.

Am nächsten Tag kommen viele Touristen wieder vom Festland zurück auf die Insel. Alle haben es überlebt. Bis auf das Kind und den jungen Engländer, der an den Verletzungen des Rollerunfalls verstorben ist. Manchmal ist die Gefahr viel eher im Alltag zu finden als in einem Jahrhundertsturm.

Vieles kommt zurück

Mein Smartphone klingelt, als ich gerade ins Bett gehen möchte. Mein Bruder Max ist am anderen Ende der Leitung. »Was möchtest du?« Diesmal bin ich der, der sich so meldet. Manchmal gibt Max einem das Gefühl, dass ein Anruf gerade nicht willkommen ist. Nicht, weil er einen nicht mag. Vielmehr braucht er etwas Zeit, um sich zu sortieren, wenn man ihn aus irgendeiner Beschäftigung herausreißt. Wir müssen beide lachen. Er versteht den Witz sofort. Humor ist eine der schönsten und wichtigsten Sprachen und wir beide sprechen neben Deutsch und Englisch auch sehr gern – und fließend – »Sarkastisch«.

»Wieland, ich möchte mich von Mara trennen«, sagt er mit leicht fragender Stimme. So kenne ich ihn gar nicht. »Mir reicht es mit ihr, der ganzen Verantwortung, dem ganzen Stress und den Konflikten.« Kurze Pause. »Mich macht das nicht mehr zufrieden.« Ich bin perplex und weiß nicht, was ich sagen soll. »Du möchtest dich trennen?« Doch das ist gar nicht der Punkt, warum ich so erstaunt bin. Normalerweise erzählt er mir nicht viel von dem, was ihm auf der Seele liegt. Er trifft eine Entscheidung und setzt sie um. Er ist ein Macher. Ich mag diese neue Seite an ihm. Als Therapeut weiß ich, wie wichtig es ist, nicht alles mit sich selbst auszumachen. Der Kontakt und Austausch mit anderen ist Entlastung für die Seele und Verarbeitung zugleich. Die psychologische und therapeutische Erfahrung in meinem Leben hat zwei Seiten: das intuitive Wissen, die vielen Impulse und das offene Ohr. Aber auch die Gefahr, in normalen Unterhaltungen eine therapeutische Haltung einzunehmen. Das muss ich mir immer wieder ins Bewusstsein rufen. Mal gelingt es mir, mal nicht. Diesmal gelingt es mir, als Bruder für Max da zu sein. Ich bin gedanklich kurz abgeschweift und höre nur den zweiten Teil des Satzes »... was würdest du denn machen?« »Puh, das weiß ich auch nicht, Max«, ist die schlauste Antwort, die mir einfällt. »Seit wann läuft es denn nicht mehr gut?«, schiebe ich schnell hinterher. »Vielleicht seit eineinhalb bis zwei Monaten. Mara finde ich einfach nicht mehr attraktiv und alles ist irgendwie langweilig geworden, die Anziehungskraft ist weg«, erzählt er weiter. »Wir streiten uns zwar nicht ständig, aber ich begehre sie nicht mehr und da habe ich noch ...« Und jetzt lässt er die Katze aus dem Sack. »Ja, da ist noch Nadine.«

Jetzt kommt der Therapeut in mir wieder zum Vorschein. Ich frage ihn, ob er meine Meinung hören möchte. »Ja klar«, antwortet er. Ich empfehle ihm, dass er sich niemals wegen einer anderen Frau trennen sollte. »Das Karma wird es dir heimzahlen und zudem solltest du erst an der Beziehung und dir arbeiten.«

> Die Themen, denen wir in einer Partnerschaft ausweichen, indem wir uns trennen, zeigen sich häufig in der nächsten wieder.

Zumindest, wenn es unsere eigenen Themen und Wachstumsaufgaben sind. Das bedeutet für mich nicht, dass wir uns nicht trennen dürfen. Weise ist es jedenfalls, wenn wir das nicht aus einer Emotion heraus machen und auch nicht, wenn wir uns aus dem gleichen oder ähnlichen Grund trennen wie in einer vorherigen Beziehung. Das zeigt nur, dass wir die Lernaufgabe dahinter noch nicht verstanden oder erledigt haben. Wenn wir uns beispielsweise immer nach zwei bis drei Jahren trennen, wenn Routine und Langeweile Einzug halten, wie bei Max gerade. Die Lernaufgabe dahinter könnte sein: Auch in dieser Phase in der Partnerschaft zu bleiben und aktiv Möglichkeiten zu suchen und zu finden, wieder mehr Lebendigkeit in die Beziehung zu bringen. Oder das Aushalten, dass es auch solche Momente und Phasen in einer langfristigen Partnerschaft gibt und das kein Zeichen von fehlender Wertschätzung oder Liebe ist.

Ich sehe Max vor mir, wie er entspannt in seinem schwarzen Business-Sessel sitzt, die Füße auf dem Glasschreibtisch ausgestreckt, und bei meiner Antwort seine Augen verdreht. Er möchte das, vermute ich, gar nicht hören. Weil er es bereits weiß, aber nicht wissen möchte. Die Nebenbemerkung mit dem Karma hätte ich mir vielleicht sparen sollen. Aber Bali und der Hinduismus färben mittlerweile ab. Zudem glaube ich persönlich nicht erst, seit ich hier lebe, daran. Max muss los, »sonst komme ich zu spät zur Geburtstagsfeier von Matthias.« Ich ahne schon, was kommt und ich behalte recht: »Nadine ist auch da.« »Ciao Max.« »Ciao Wielando.« Einer meiner vielen Spitznamen, mein liebster.

Ich muss grinsen und wache in dem Moment auf. Schon wieder habe ich von ihm geträumt, ein ganzes Gespräch mit ihm. Aber es gibt Schlimmeres, als mit einem Lächeln auf den Lippen aufzuwachen. Obwohl ich jetzt halbwach bin, sehe ich ihn immer noch vor meinem inneren Auge auf seinem Schreibtischstuhl sitzen. Er hat auch ein Lächeln im Gesicht. Häufig kann ich mich an meine Träume nur halbwegs erinnern. Aber der von gerade eben ist deutlich und klar vor meinem inneren Auge. Warum auch immer.

Jetzt bin ich viel früher wach als üblich und freue mich über die zusätzliche Zeit an diesem Tag. Schon bald heißt es für mich Abschied nehmen von Koh Phangan und von Alexander. Die tollen Sandstrände, das leckere Essen und die Einheimischen werde ich vermissen. Die digitale Nomadencommunity hier auf der Insel dagegen weniger. Einerseits hatten wir nicht viel Kontakt und andererseits waren es für mich viele mit der inneren Haltung der Ubudians. Menschen, die den Eindruck machen, die Wahrheit und Weisheit gefunden zu haben, aber es in meinen Augen nicht authentisch leben. Damit kann ich auf meiner Liste neben Canggu einen weiteren Ort streichen, den ich bisher als möglichen »Hauptwohnsitz« in Südostasien in der Auswahl hatte: Koh Phangan. Diese Insel hat aber auch einen schweren Stand. Denn Ubud hat mich bisher sehr fasziniert und gefesselt und so ist es für jeden neuen Ort eine Herausforderung, diesen bislang ersten Platz einzunehmen. Dennoch möchte ich noch weitere Städte hier in Südostasien kennenlernen. Doch jetzt geht es für mich erst mal für einen Monat nach Australien zu meiner Verwandtschaft. Mein Onkel und seine australische Frau sind mit ihren drei Jungs vor vielen Jahren nach Down Under gezogen.

Dem Herzen folgen

Ich freue mich wie ein kleines Kind auf Weihnachten. Und den Geburtstag. Und den Osterhasen. Alles zusammen in einem. In mir feiert die Vorfreude eine große Party. Weil ich in wenigen Stunden wieder »zu Hause« bin. Der Abflugbereich in Perth – der größten Stadt in Westaustralien – ist brechend voll, und während ich warte, wird plötzlich mein Name aufgerufen. Mir schießen sofort alle möglichen Gedanken und Ängste durch den Kopf. Darf ich nicht nach Indonesien einreisen, liegt irgendein Strafbefehl aus Australien gegen mich vor, ist jemand gestorben oder habe ich mein Gepäck vergessen? Nein, ich habe alles bei mir. Oder habe ich mich vielleicht verhört? Wieland als Vorname ist schon äußerst selten und Stolzenburg als Nachname ebenso. Ich vermute, dass ich in der gesamten Welt der einzige mit dieser

Kombination bin. Während meine Gedanken rasen, kommt erneut die Durchsage: »Mister Wieland Stolzenburg, please come to our counter at Gate 55.«

Nervös laufe ich zum Schalter, hinter dem eine aufgeregte, gestresste Stewardess steht: »Wir brauchen dringend Ihren Ausweis. Sie haben online eingecheckt, richtig?« Da ich nur mit Handgepäck reise, war ich gar nicht am Schalter der Fluggesellschaft, sondern bin mit meinem Boarding-Pass auf dem Handy direkt durch die Passkontrolle und in den Abflugbereich. Und da stehe ich jetzt. »Was ist das Problem?«, frage ich sie und beruhige mich ein wenig. Wobei mein Verstand noch nicht aufgeben möchte, um doch noch etwas Negatives zu finden. Das macht er gern.

Der Verstand ist ein Problemlöse-Organ und ihm macht es große Freude, Probleme zu identifizieren und anschließend Lösungen dafür zu finden.

Damit hat er eine Beschäftigung und wird nicht nutz- oder arbeitslos. Er bleibt kreativ: »Vielleicht ist der Flug überbucht, und da ich nur online eingecheckt habe, darf ich nicht mit«, brabbelt er in meinem Kopf.

Doch letztendlich ist alles halb so schlimm. Mein Verstand hatte sich völlig umsonst Sorgen gemacht. Und ich frage mich: Warum ist ihm nichts Positives eingefallen, als mein Name aufgerufen wurde?

»Aus sicherheitstechnischen Gründen müssen wir Ihren Pass überprüfen, denn Sie hätten in der Abflughalle nochmals persönlich einchecken müssen.« Ich überreiche ihr meinen Pass und mein Puls beruhigt sich langsam. »Vielleicht können Sie den Kollegen sagen, dass die Information in deren App fehlerhaft ist. Dort steht, dass der Online-Check-In ausreicht.« Das gelte nur für australische Bürger, antwortet sie mir prompt.

Nach diesem kurzen Schreck setze ich mich auf eine der vielen unbequemen Bänke am Flughafen und lasse die letzten Monate in Perth Revue passieren. Es war eine neue Erfahrung für mich, einen Monat lang bei meiner australischen Verwandtschaft zu leben und ein Teil der Familie zu sein. Keine eigene balinesische Villa oder keine Strandhütte in Thailand, sondern mitten im Familiengeschehen. Wir hatten uns jahrelang nicht mehr gesehen; umso schöner war das Wiedersehen. Ich wurde unglaublich herzlich aufgenommen und hatte eine tolle Zeit. Mir kommen die stundenlangen *Wizzard*-Spiele mit ihnen in den Sinn, das Baden im Meer oder die Spaziergänge mit ihnen oder dem Hund. Mit einer Freundin aus Bali besuchte ich Margaret River, die Strände dort, wir kletterten durch riesige Höhlen und genossen den Austausch über Gott und die Welt. Ansonsten war ich fast jeden Tag in einem Café im Zentrum Perths, um weiter an meinem Trennungsratgeber zu schreiben. Ich denke auch an die offene und freundliche Art der Australier, die grundlegende »easy going«-Haltung. Diese Lebenseinstellung ist so anders als in Deutschland, aber auch anders als die auf Bali. Eine schöne Erfahrung.

Wir werden zum Boarding aufgerufen und sie nehmen mich mit. Alles gut gelaufen. Im Flugzeug blicke ich auf die ersten Monate meines neuen Lebens zurück, von Ubud in Bali, Koh Phangan in Thailand und jetzt die Zeit in Australien. Mittlerweile ist mein Abschied aus Deutschland viele Monate her. Ich bin immer noch unfassbar zufrieden mit meinem Leben und dankbar für diese einmalige Erfahrung. Dass ich diesen Schritt tatsächlich gegangen bin, ist eine der besten Entscheidungen meines Lebens.

Ich habe auf mein Herz gehört.

Und das hatte ich zwei Wochen vorher in Perth auch, als ich mir die Frage stellte, wohin ich nach Australien gehen möchte. Wieder nach Bali oder etwas Neues entdecken in Indien, Thailand oder Malaysien? Das erzählte mir zumindest mein Verstand, dass ich eine neue Stadt besuchen sollte. Doch mein Bauchgefühl war deutlich: zurück nach Ubud. Ich hatte Gänsehaut, als mir bewusst wurde, dass ich mit Ubud genau das gefunden hatte, was ich gesucht hatte. Mit dieser klaren Erkenntnis fiel eine große innere Anspannung von mir ab.

Ich habe eine neue Heimat gefunden, so fühlt es sich an. Dass es gleich meine erste Anlaufstelle auf meiner Reise war, hätte ich nicht erwartet. Umso schöner. Ubud, ich komme! Nur noch paar Stunden Flugzeit, dann eine Stunde mit dem Taxi und ich bin wieder in der Villa Kita – ich bin wieder zu Hause.

Einfach sein

Ich strahle wie ein Honigkuchenpferd. Häufig verwechsle ich solche Redewendungen und sage zum Beispiel »Das passt wie das Auge auf die Faust«. Doch mit dem Honigkuchenpferd bin ich mir sicher. Also fast. Balinesisch sicher. Einfach mal »Ja« sagen, auch wenn es dann doch anders ist. Wenn du nach dem Weg fragst, und ein Balinese keine Antwort weiß, sagt er häufig trotzdem »Ja«. Beim ersten Mal eines solchen »Ja« laufe ich noch in die falsche Richtung, beim zweiten Mal frage ich mich, ob ich richtig zugehört habe, und spätestens beim dritten Mal weiß ich, dass ein »Ja« manchmal aus Höflichkeit gegeben wird, aber nicht immer den Fakten entsprecht.

Andere Länder, andere Sitten und damit auch eine andere Art der Kommunikation und Arbeitsweise. Beim Geldwechseln musste ich gerade schmunzeln. Manchmal frage ich mich, ob dieses Schmunzeln ein Beispiel für diesen überheblichen westlichen Blick auf das Leben anderer Kulturen ist. In meinen Augen macht hier vieles keinen Sinn und könnte besser strukturiert, schneller umgesetzt oder effizienter gestaltet werden. Doch ist nicht jede Art, an Dinge heranzugehen, berechtigt?

Was aus der einen Perspektive ein Nachteil ist, ist vielleicht aus der anderen ein Vorteil.

Manche Klischees über Menschen aus Südostasien auf der einen Seite und die Deutschen auf der anderen passen ganz gut. Wir bauen die hochwertigeren Autos, aber – nach meiner persönlichen Wahrnehmung – tun wir das und alles weitere im Leben mit deutlich weniger Leichtigkeit und Lebensfreude. Wahrscheinlich können wir gegenseitig viel von uns lernen – von Ost nach West und von West nach Ost.

Ich sitze also grinsend auf dem Roller und freue mich: Ich bin zurück in Ubud! Gerade war ich beim Bäcker, bei welchem ich mir gern ein Brot backen lasse – individuell zusammengestellt mit Kernen, Nüssen und allem, was das Herz begehrt.

Als ich mich wieder auf den Roller schwinge und losfahren möchte, übersehe ich fast einen alten Balinesen auf seinem klapprigen Roller. Er muss bremsen und obwohl ich mich falsch verhalten habe, zeigt sein sonnengegerbtes Gesicht keine Spur von Ärger. Wir lächeln einander an und fahren beide weiter. Solche Momente machen mich glücklich. Das Rücksichtsvolle, Menschliche und nicht Ärger und Frust haben hier in Bali viel Platz. Die Menschen sind gelassener und nehmen das Leben so an, wie es kommt.

Auf dem Rückweg suche ich nach einer Wechselstube. Ich erreiche einen kleinen Holzverschlag an einer Hauptstraße. Der Wechselkurs ist gut. Hier in Asien habe ich selten Angst, dass mich jemand übers Ohr haut. Einerseits glaube ich grundsätzlich an das Gute im Menschen, insbesondere hier auf Bali, und andererseits kann ich rechnen und weiß, wie die Geldscheine aussehen. Doch die Wechselstube scheint verlassen. Ich rufe kurz ein lautes »Hello«. Eine Sekunde später raschelt es auf dem Boden der kleinen Hütte, ein dünner Junge im Alter von etwa siebzehn Jahren steht auf und blickt mich verschlafen an. Er scheint ein wenig peinlich berührt, dass ich ihn bei seinem Mittagsschlaf erwischt habe. Ich frage ihn, ob er gut geschlafen hat, und er grinst mich freundlich an. Leider hat er nicht genügend Geld da. Doch ich habe Glück, er greift zu seinem Smartphone und ruft jemanden an.

»Bin gleich zurück«, sagt er und lässt mich allein in der Sonne schmoren.

Wird er in wenigen Minuten zurückkommen oder erst in einer halben Stunde? Zeitangaben sind in südostasiatischen Ländern meist nur Vorschläge, keine Vereinbarung. Ich fange an, Fahrzeuge zu zählen, um die Zeit rumzukriegen, und gebe ihm innerlich so lang, bis fünfzig Autos oder Roller an mir vorbeigefahren sind. Wenn das nicht klappt, suche ich mir eine andere Wechselstube. Meine balinesische Gelassenheit ist noch nicht grenzenlos.

Schon kurz darauf ist der Geldwechsler zurück. Er tippt fleißig auf seinem Taschenrechner herum. Als er mir die Summe zeigt, stutze ich. Da stimmt irgendetwas nicht. Vielleicht sieht er das an meinem Gesichtsausdruck, jedenfalls rechnet er nochmals. Diesmal stimmt die Summe und er zählt vor mir die etwa hundertfünfzig Scheine händisch ab. Leider hat er nur 50.000-Rupiah-Scheine und nicht die mit dem größten Wert von 100.000 IDR. So viele Scheine passen nie in einen Geldbeutel, also lege ich sie ins Helmfach unter dem Rollersitz. Aber erst, nachdem ich sie vor seinen Augen nachgezählt habe. Alles passt. Ich schenke ihm einen kleinen Schein und er strahlt über das ganze Gesicht. Für mich ist es nicht viel Geld, aber für ihn bei einem geschätzten Monatslohn von 150 bis 200 Euro ist jeder zusätzliche Euro willkommen und macht das Leben leichter.

Außergewöhnlich und nicht von dieser Welt

Unbeschreiblich! Ist das ein Fake oder ist er wirklich ein Heiler? Der alte Mann mit fünf gelben Zähnen und einem strahlenden Lächeln wird mich noch eine Weile beschäftigen.

Ich sitze auf dem Beifahrersitz neben Meri. Mandy und Chloe sitzen auf der Rückbank und wir sind auf dem Weg zu dem Heiler mit den fünf Zähnen. Meri ist unser Taxi-Fahrer und wird für uns übersetzen, denn ich spreche nur ein paar Brocken Balinesisch und Indonesisch.

Mandy und Chloe haben in manchen Bereichen eine sehr ähnliche Lebensgeschichte und verstehen sich trotz knapp zwanzig Jahren Altersunterschied prächtig. Zwei australische Schönheiten, die in Ubud mit ihrem Aussehen eher untypisch sind: blondierte Haare, Nagellack, kurze Röcke, meist perfekt gestylt. Anders als die meisten westlichen Frauen, die mehrheitlich alternativ gekleidet sind. Ich bin glücklich, dass wir diesen besonderen Ausflug zusammen machen. Und gleichzeitig gespannt, was uns erwarten wird. Wir kommen nicht mit einem bestimmten Leiden, sondern eher aus Neugierde zu dem Heiler. Wir möchten einfach erleben, was bei einem traditionellen Arzt auf Bali passiert.

Kurze Zeit später sitzen wir auf dem staubigen, dreckigen Boden in einer offenen Hütte. Die Luft ist heiß und trocken und es riecht nach Bauernhof. Er ist keiner der bekannten Heiler, zu dem Menschen aus aller Welt kommen, um körperlich oder psychisch geheilt zu werden oder spirituell zu wachsen. Zu ihm kommen fast ausschließlich Einheimische. Und wir über einen Geheimtipp durch Mandy. Dieser Heiler praktiziert »Bali Usada«, auch »Balinese Healing« genannt. Es basiert auf der indigenen balinesischen Kultur und Spiritualität und kombiniert verschiedene Elemente wie Kräutermedizin, Massage, Energiearbeit, Gebete, Mantras, Rituale und spirituelle Praktiken, um das Gleichgewicht zwischen Körper, Geist und Seele wiederherzustellen und die natürlichen Heilungskräfte des Körpers zu unterstützen. Die traditionellen Heiler, die als »Balian« oder »Dukun« bezeichnet werden, werden häufig als Vermittler zwischen der spirituellen Welt und den Menschen angesehen. Auf der Insel der Götter suchen die Einheimischen bei gesundheitlichen Problemen oder Lebenskrisen häufig zunächst die Hilfe eines Balian, bevor sie andere medizinische Optionen, wie die Schulmedizin, in Betracht ziehen.

Die Gesichter von Chloe und Mandy verraten mir, dass sie nicht sicher sind, wie sie die Szene hier finden sollen: ein etwas ungepflegt aussehender Heiler zwischen gackernden Hühnern und neugierigen Kindern und wir, seine westlichen Patienten. Wir drei sind skeptisch, neugierig und hoffnungsvoll zugleich. Ich melde mich tapfer als Erster für die Behandlung. Er fragt mich, was mich zu ihm bringt, und ich erkläre ihm, dass ich manche Lebensmittel nicht mehr gut vertrage. Er bittet mich, mein T-Shirt auszuziehen.

Kurz später könnte ich vor Schmerz schreien. Doch mein Schamgefühl, meinen Gefühlen vor so vielen Menschen freien Lauf zu lassen, ist größer, also beiße ich die Zähne zusammen und bin still. Es fühlt sich an, als ob er mich verbrennt. »Er sollte mich heilen, nicht verletzen«, schießt es mir durch den Kopf. Ich weiß nicht, ob viele andere Psychologen diese Behandlung auf sich nehmen würden. Ich gehöre jedoch dazu. Unter anderem, weil ich in anderen südostasiatischen Ländern bereits bei traditionellen Heilern war und es jedes Mal faszinierend war und ich das Vertrauen habe, dass nichts Schlimmes passieren wird. Ich bin grundsätzlich für fast jeden Spaß zu haben und immer neugierig, was die Welt und das Leben zu bieten haben. Gerade bei Dingen, die ich aus meinem Land, meiner Kultur und Sozialisation noch nicht kenne. Ich weiß, dass mir die Behandlung nicht schadet, und so lasse ich mich darauf ein. Er bläst aus einem kleinen Gerät namens Kemenyan Panas heiße Luft durch einen Schlauch auf meine Haut. Im Bali Usada wird angenommen, dass heiße Luft blockierte Energie entfernt, den Körper reinigt, Entzündungen lindert und die Durchblutung fördert. Noch Wochen später wird man eine runde, rote, verbrannte Stelle so groß wie eine 2-Euro-Münze zwischen Brust und Schulter sehen.

Das Bizarre an der gesamten Zeremonie ist der Gesichtsausdruck des Heilers. Er grinst mich oder die anderen ein paar Sekunden an, hat dabei einen außergewöhnlich offenen, zugewandten und freundlichen Blick. Und dann, innerhalb eines Bruchteils einer Sekunde, gefriert sein Gesichtsausdruck. Plötzlich wirkt seine Miene ernst, sogar leicht böse und fanatisch. Als ob er zwischen zwei Personen wechseln würde. Plötzlich spritzt er einige Tropfen Flüssigkeit über mich, murmelt etwas in seine acht grauen Barthaare und füllt einiges von der nach Benzin riechenden Flüssigkeit in einen Plastikbeutel. Ich soll jeden Tag davon einen Esslöffel trinken und meine Brust mit dem Gebräu einreiben. Das brennt richtig, auf dem Körper und im Hals. Nach einigen Tagen werfe ich es weg.

Nachdem Mandy und Chloe mitbekommen, wie es mir während der Heilungszeremonie ergeht, sinkt ihre Motivation, sich behandeln zu lassen, deutlich. Mandy ist zwar skeptisch, lässt sich aber trotzdem als Zweite behandeln. Auch sie hat kein konkretes Behandlungsziel, sondern möchte einfach sehen, was der Heiler macht, was er sieht und heilt. Zu meiner Überraschung zieht er auch bei ihr eine Art Draht aus dem Oberkörper. Er drückt dabei mit seinen Fingernägeln des Daumens und Zeigefingers in die entsprechende Körperstelle und zieht dann das Etwas heraus. Es erinnert mich an die Operationen, die manche Heiler ohne Narkose und medizinische Hilfsmittel vornehmen. Erstaunlicherweise haben die Patienten dabei keine Schmerzen und sind danach wie von Zauberhand geheilt.

Bei mir hatte er ebenfalls ein fünf Millimeter langes und sehr dünnes Etwas herausgezogen. An der betreffenden Stelle habe ich eine kleine Schnittwunde und ich spürte einen kurzen, kleinen Schmerz.

Nun ist Chloe dran. Sie sitzt auf dem Boden und als der Heiler sich mit dem Rauchgefäß zu ihr dreht, springt sie plötzlich wie von der Tarantel gestochen auf und rennt auf die Straße.

Ich laufe ihr hinterher und nehme sie vorsichtig in den Arm. Sie hat Angst und ist überfordert. Wir sprechen über das, was gerade mit ihr passiert. Es scheint, dass ich die richtigen, beruhigenden Worte gefunden habe, denn einige Minuten später sitzt sie wieder beim Heiler. Sie möchte sich nicht von der Angst leiten lassen, sondern hofft darauf, dass durch den Heiler etwas Positives passiert. Er geht auf ihren Wunsch ein, nichts mit Rauch oder Hitze bei ihr zu machen. Der Heiler schaut Chloe halb erschrocken, halb liebevoll an und sagt: »Da ist eine dunkle Energie in dir und um dich herum.« Erst viel später verstehe ich, was er damit meint. Er sieht anscheinend die Schwere und Dunkelheit, die immer wieder Chloes Leben bestimmen. Was mich fasziniert, ist die Empathie, mit der er Chloe begegnet: So wie ein liebevoller Vater mit seiner Tochter umgeht. Auch aus ihrem Körper holt er ebenfalls kleine, dünne Fremdkörper. Sie zuckt kurz, aber hat keine großen Schmerzen dabei. Zudem reibt er sie mit verschiedenen Heilmitteln ein. Ob all diese Behandlungen erfolgreich sind?

> Wobei: Passiert nicht ein Großteil der Heilung im Kopf, wenn man daran glaubt?

Nach der Behandlung gibt es im Nebenzimmer noch eine kleine Zeremonie. Der Heiler zündet einige Räucherstäbchen an, die nach Muskatnuss riechen. Wir sitzen gespannt im Schneidersitz auf dünnen Kissen auf dem Boden und warten. Der Raum ist abgedunkelt, hat aber trotzdem eine angenehme Atmosphäre. Meri übersetzt wieder für uns. Der Heiler spricht zunächst ein paar Sätze, und wenn wir wollen, dürfen wir uns ebenfalls bei den hinduistischen Göttern bedanken. Anschließend dürfen wir unsere Spende in ein Gefäß legen. Es gibt keine Vorgabe, wie viel es sein soll, und der Heiler kontrolliert es auch nicht.

Noch heute weiß ich nicht, was ich von dem Heiler halten soll, aber es war mehr als reiner Hokuspokus. Wie seine Behandlung mir geholfen hat, kann ich jetzt noch nicht abschätzen. Aber dennoch bereue ich den Besuch bei ihm nicht. Meri, unser Fahrer, erzählt von seinem Vater. Der litt unter extremen Rückenbeschwerden und konnte kaum mehr laufen. Viele Schulmediziner und mehrere Kliniken konnten ihm nicht helfen. Als er schließlich diesen Heiler aufgesucht hatte, verbesserte sich seine Lage direkt und spürbar nach jeder Sitzung.

Einige Tage später treffe ich Chloe zum Abendessen. Anfangs weiß sie gar nicht, wo sie zu erzählen beginnen soll. »Seit dem Heiler ist bei mir sehr viel passiert«, sagt sie und schaut mich dabei müde an. »Es waren heftige Stunden danach.« Ich lasse sie in Ruhe reden: »Ich habe mich fast die ganze Nacht übergeben und fast nicht geschlafen.« Doch trotz der Augenringe hat sie eine frische Energie. Sie wirkt präsenter, ausgeglichener, und ihre Augen strahlen. »Doch es war kaum Essen, sondern schwarze Materie und Blut, das ich erbrochen habe.« Erschrocken denke ich, dass es doch keine gute Entscheidung war, sie mit zu dem Heiler genommen zu haben. Doch sie nimmt mir schnell mein ungutes Gefühl. »Ich konnte vieles aus meiner Vergangenheit loslassen und fühle mich heute emotional und körperlich befreiter.« Für sie und ihr Leben war es eine positive lebensverändernde Erfahrung.

Reeläääääääääääx

Ich liege auf meinem Kissenberg, welchen ich in den letzten Monaten immer weiter optimiert habe. Die Frösche quaken im Hintergrund, die anderen Teilnehmer in dem hohen Raum mit den großen Fenstern kommen langsam zur Ruhe. Obwohl wir uns mitten in Ubud befinden, ist es ringsherum ruhig. Mit mir liegen etwa fünfzehn andere auf ihren Yogamatten.

Ich schiebe das Kissen unter meinem Knie noch einen Zentimeter weiter nach unten, atme tief ein und aus und freue mich auf die nächsten neunzig Minuten. So lange dauert eine Yoga-Nidra-Stunde.

Nach etwa dreißig Minuten befinde ich mich meistens in einem Zustand, der sich am besten mit »zwischen Schlafen und Wachsein« beschreiben lässt. Der Verstand ist aus. Dennoch bekomme ich noch ein wenig von dem mit, was um mich herum geschieht. Was die Yoga-Nidra-Lehrerin erzählt oder wenn einer der anderen Teilnehmer anfängt, laut zu schnarchen. Manchmal erlebe ich einen ähnlichen Zustand frühmorgens, wenn ein Teil von mir schon wach ist, während der andere noch zwischen den Wolken schwebt. Doch dieses Gefühl ist beim Yoga Nidra intensiver und länger. Jeder, dem ich von Yoga Nidra erzähle, hat sofort das klassische Yoga mit verschiedenen Bewegungsabfolgen im Kopf. Yoga Nidra macht man dagegen im Liegen und ist dabei still. Es ist die Meditation der Yogis. Die Stille des Geistes ist das Ziel. Es ist wie eine geführte Meditation, bei der es um die Wahrnehmung der eigenen Körperempfindungen geht. Wir werden angeleitet, uns nur auf unseren Körper zu fokussieren und alle Empfindungen wahrzunehmen. Das kann ein Kribbeln oder Ziehen sein, aber auch Wärme oder Anspannung. Angeleitet von der Yoga-Lehrerin wandert die Aufmerksamkeit vom linken Daumen über die Finger, den

Unterarm zum Ellenbogen und zur Schulter. Und anschließend durch den gesamten Körper auf der linken Seite und dann die gleiche Reihenfolge nochmals rechts.

In der Yoga-Nidra-Gruppe im Yoga Barn sind wir zwischen fünf und zwanzig Menschen, die alle diese innere Ruhe schätzen und gemeinsam in ferne Welten tauchen. Ich kenne mittlerweile alle Lehrer in diesem bekannten Yoga-Studio und habe meine Lieblinge. Der einzige männliche Yoga-Nidra-Lehrer kommt aus Indien und wird in diesem Leben nicht mehr mein Freund. Yoga Nidra bedeutet für mich, in die Stille zu kommen, abzuschalten und nicht ständig eine quakende Stimme zu hören.

Ein lautes und langes »Reeläääääääääääx, just reelääääääääääääx« führt bei mir zum Gegenteil. Ich habe mich schon nach Minuten auf diese etwa zehn Sekunden lange Aufforderung, doch endlich zu relaxen, eingeschossen. Wie soll das gehen, wie soll ich mich entspannen, wenn er ständig laut und penetrant »Reeläääääääääääääx« ruft? Aus diesem Kopfkino komme ich heute nicht mehr raus. Ich hänge zwischen Wut, dass er mir die Stunde versaut, und der Frage, ob das Universum mir diesen Lehrer mit Absicht geschickt hat, damit ich lerne, auch unter unangenehmen Umständen loszulassen. Doch das gelingt mir heute nicht. Zudem tut es mir für zwei Freunde leid, denen ich oft von Yoga Nidra vorgeschwärmt habe und die ausgerechnet heute das erste Mal mitgekommen sind. Was für ein schlechtes Timing. Immerhin weiß ich jetzt, nach welchem Namen ich am Stundenplan Ausschau halte und welche Einheiten ich zukünftig vermeiden werde.

Das klappt meist, aber nicht immer. Denn manchmal gibt es bedauerlicherweise einen spontanen Wechsel, weil eine der Lehrerinnen verhindert ist. So liege ich ein paar Wochen später wieder auf meiner Kissenburg, doch statt Leah, die auf dem Stundenplan steht, begrüßt uns der indische Yogalehrer. Kurz überlege ich, ob es unhöflich ist, jetzt aufzustehen, Kissen und Matten zusammenzupacken und wieder zu gehen.

> Es tut mir leid für ihn, aber ich darf mich und meine Bedürfnisse auch wichtig nehmen.

Ein wenig habe ich ein schlechtes Gewissen. Auf meine Bedürfnisse hören oder höflich sein? Ich entscheide mich für ersteres und erinnere mich daran: Es ist nicht meine Aufgabe, andere Menschen glücklich zu machen, wenn ich mich damit selbst unglücklich mache. Es gibt Situationen, in denen ich nicht den Mut habe. Doch ich übe. Ich verletze ihn ja nicht, beschwichtige ich mich. Wenn er enttäuscht ist, ist es seine Enttäuschung. So verlasse ich tatsächlich den Raum und frage ab diesem Zeitpunkt vor jeder Stunde an der Rezeption, ob heute nicht zufällig doch der »Reeläääääääääääx«-Mann dran ist. Das kommt nicht häufig vor. Aber in diesen Fällen nutze ich meine Zeit lieber für etwas anderes. Für etwas, das mich weniger frustriert.

In allen anderen Stunden wache ich am Ende der Yoga-Nidra-Stunde aus dieser inneren Reise langsam auf, bin glücklich und bleibe noch so lang liegen, wie es geht. Ich genieße die Stille im Außen, wenn alle anderen aus dem Raum sind, und vor allem genieße ich die Ruhe und den Frieden in meinem Inneren. So stelle ich mir den Zustand kurz vor der Erleuchtung vor: im Reinen mit sich und der Welt. Der Verstand ist entspannt und jagt nicht von einem Gedanken zum nächsten. Ich bin einfach zufrieden, ohne dass im Außen etwas passiert ist. Ich habe nicht im Lotto gewonnen oder eine Anfrage für ein TV-Interview über Bindungsängste erhalten, sondern die Zufriedenheit ist einfach da, weil ich da bin.

Wenn ich irgendwann aufstehe, meine Sachen aufräume und das Yoga Barn verlasse, setze ich mich glücklich und zufrieden auf meinen Roller, düse nach Hause oder hole mir auf dem Weg noch ein Eis. Was für ein königliches Leben, das ich hier führen darf!

Perfektion macht nicht glücklich

Obwohl ich die meiste Zeit auf Bali lebe, liebe ich zwei Dinge aus Thailand besonders: das Essen und die Thai-Massagen. Zufällig habe ich über Freunde von einem Thai-Restaurant gehört, welches sich nur ein paar Straßen weiter von mir befindet: Birds Nest. Nachdem ich einige andere Thai-Restaurants in Ubud ausprobiert habe, steht es definitiv auf Platz eins und wird zu einem echten Stammlokal.

Authentisches Thai-Food wie in Bangkok oder Chiang Mai. Als ich das erste Mal in meinem Leben ein thailändisches Gericht gegessen habe, das war als Jugendlicher in Stuttgart, war ich sofort verliebt. Diese intensiven Geschmäcker mag mein Gaumen. Die Köchin im Birds Nest ist Thailänderin, deshalb schmeckt es dort wohl so authentisch. Das Restaurant im Norden Ubuds ist zwar nicht das gemütlichste, was die Einrichtung betrifft: unbequeme Stühle, helles Licht und es gibt nur Sitzplätze drinnen mit Klimaanlagenluft. Trotzdem gehe ich hier mehrmals in der Woche essen, weil es einfach fantastisch schmeckt. Ich bringe seit meinem ersten Besuch dort viele Freunde mit oder setze mich nach einem vollen Tag allein ins Birds Nest, reflektiere den Tag und genieße die Stille und das Essen. Während ich mit meinen Gedanken irgendwo hänge, kommt die Bedienung vorbei und strahlt mich an: »Here is your Phat Thai.« Das ist neben Red Curry und Fried Rice mein Lieblingsgericht.

Nach dem Essen gehe ich ins Gloria Spa im Zentrum Ubuds. Eine Massage ist ein Luxus, den ich mir mehrmals in der Woche gönne. Gloria Spa ist kein Spa, sondern ein einfacher Massagesalon. Kunden könnten sich hier auch die Haare schneiden lassen.

Über eine enge, steile Treppe gelangt man in den ersten Stock. Falls man sich traut. Richtig schwer wird vor allem der Rückweg. Kunden, die über fünfzig Jahre alt sind oder mehr als achtzig Kilo wiegen, steigen die etwa zwanzig Stufen rückwärts hinunter.

Oben im Gloria Spa gibt es vier Massage-Betten, die nur durch dünne, vergilbte Vorhänge abgetrennt sind. Es gibt keine Fenster, dafür können sich die Kunden über eine Klimaanlage freuen. Daher hört man, neben dem stotternden Rattern der Klimaanlage, genau, wie es den anderen mit der Massage geht; von schmerzhaftem Stöhnen bis hin zu unsäglichen Schnarch-Geräuschen. Aber die Massagen sind göttlich. Abgesehen von der Freundlichkeit der Angestellten und der hohen Qualität der Massagen, ist es jedoch eher ein ungepflegtes Studio. Doch das ist mir lieber als eine Massage in einem Fünf-Sterne-Hotel, in dem alle nur freundlich sind, weil sie es müssen.

Lieber authentisch und ein wenig
heruntergekommen als ein erzwungenes
Lächeln und eine aufgesetzte
Perfektion ohne Herz und Seele.

Das Schöne an Ubud ist: Jeder Mensch findet das, womit er sich wohlfühlt. Echte Freundlichkeit besteht für mich vor allem aus Authentizität: sich so zu zeigen, wie man ist, ohne Maske. Eine Rolle zu spielen, wirkt berechnend und unehrlich. Klar sollte man den Frust über den Partner nicht an seinen Kunden auslassen. Aber mir ist es lieber, wenn man an einem solchen Tag kein Dauergrinsen aufsetzt, sondern ehrlich mitteilt, dass man gerade einen schwierigen Tag hat. Geht es nicht darum, dass wir uns gegenseitig den Raum für unsere menschlichen Schwächen und Herausforderungen ermöglichen – selbst wenn wir in einem Kunden-Dienstleister-Verhältnis stehen?

Das Unvorstellbare

Ich kenne Maria erst seit knapp einer halben Stunde. Sie hat sich mir gegenüber auf die Couch im Zest, meinem Lieblingsrestaurant, gesetzt. Es ist mein Wohlfühlort Nummer eins auf ganz Bali. Das Zest ist mein Wohnzimmer, Esszimmer und Arbeitszimmer zugleich. Ich verbringe hier nahezu jeden Tag mehrere Stunden, kenne alle Angestellten und jedes Gericht auf der Karte. Das Zest ist schön und einladend eingerichtet: viele Pflanzen, bequeme Sofas, gemütliche Tische und überall der Blick ins Grüne. Alles ist stylisch, aber nicht übertrieben. Manchmal wenn ich hier bin, möchte ich einfach nur meine Ruhe haben und mich mit niemandem austauschen. Dann setze ich meine Sonnenbrille auf und stecke den Kopfhörer ins Ohr. Diese Methode wirkt bei etwa achtzig Prozent der Menschen. Manche fangen dennoch ein Gespräch an, so wie Maria heute. Normalerweise lasse ich andere freundlich wissen, dass ich gerade nicht auf Austausch aus bin. Aber wie sie mich anstrahlt, macht mich neugierig. Wir kommen schnell vom üblichen Smalltalk über die eigene Heimat, Reisetipps oder den Beruf auf tiefere Themen.

Maria hat in Ubud ihren Wohlfühlort gefunden. Sie schaut mich, während sie von ihrem Leben hier erzählt, mit diesem »Ich liebe das Leben«-Strahlen an. Das Gespräch mit ihr bringt mich zum Nachdenken über die vielen Menschen, die ich auf meinen Reisen kennengelernt habe, und ich sinniere, wie sie wohl alle so geworden sind, wie sie sind. Bei meiner Arbeit als Therapeut habe ich von vielen schlimmen Schicksalen gehört. Der junge Mann, der sich mit sechzehn

Jahren umbringen wollte. Den Abschiedsbrief geschrieben, die Schlinge schon um den Hals, stößt er den Hocker unter sich um und fällt. Doch statt in den Tod kracht er mit einem lauten Knall auf den Boden. Das Seil war gerissen. Oder die Klientin, die fast täglich von ihrer Mutter hören musste, welcher Fehler sie war und dass sie es bereute, sie nicht abgetrieben zu haben. »Du hast mir mein Leben geraubt«, war der Standardsatz, wenn die Mutter schlecht gelaunt oder wütend war. Eine fast tägliche Aussage, die verletzend war, sich tief einbrannte und ihr heutiges Leben immer noch in vielen Bereichen beeinflusst – insbesondere ihren eigenen Selbstwert. Oder von einem Mann, der von seiner Mutter in seiner Kindheit und Jugend jeden Tag zu hören bekam, dass er alles falsch macht, sie ihm nichts zutraute, ihn klein, unselbstständig und unsicher hielt und damit an sich band.

Wenn wir auf die Welt kommen, sind wir zu hundert Prozent abhängig von anderen Menschen, im besten Fall von liebevollen Eltern. Ohne deren Schutz und Fürsorge würden wir sterben. Wie kein anderes Lebewesen sind wir jahrelang auf andere angewiesen, um zu überleben. Ich stelle mir uns Menschen dabei immer so vor:

> Jede positive, stärkende oder liebevolle Erfahrung fügt eine dünne, schützende Schicht um unseren Körper. Wie eine zweite Haut auf unserer echten Haut.

Jedes Stillen, wenn ich als Säugling nach Nahrung schreie, jedes In-den-Arm-Nehmen, wenn ich Halt und Wärme brauche, oder jedes authentische Lächeln stärkt diese emotionale Haut. Mit jedem positiven Erlebnis wird unsere emotionale Haut stabiler und widerstandsfähiger. Erfahrungen, die weniger gut sind, verkraften und integrieren wir dann besser. Sie gehen uns nicht direkt unter die Haut beziehungsweise unsere emotionale Haut regeneriert schneller.

Wenn wir jedoch von jungen Jahren an viele negative Erfahrungen machen, kann diese emotionale Schutzhaut nicht wachsen und wir sind allem gegenüber sensibler. Wenn wir beispielsweise die Erfahrung gemacht haben, dass wir laufend kritisiert werden, wir unsere Eltern glücklich machen müssen, um Liebe und Zuneigung zu erhalten, oder erfahren haben, dass Nähe etwas Schmerzvolles ist, dann schützen wir uns davor, verschließen unser Herz.

> Nicht, weil etwas nicht mit uns stimmte, verschließen wir uns, sondern weil etwas mit unserer Umgebung für uns nicht stimmte.

Wir sind vielleicht anderen Kindern gegenüber verschlossener und können daher weniger gut neue Erfahrungen sammeln. Oder als Erwachsene fällt es uns schwer, uns in einer Beziehung fallenzulassen und uns zu öffnen. Wir gehen keine feste Partnerschaft ein, weil wir uns vor der Nähe schützen möchten. Weil wir in jungen Jahren gelernt haben, dass das nicht gut ausgeht. Das bedeutet, dass sich die negativen Erfahrungen fortsetzen können, weil wir es auch in Beziehungen schwerer haben, gute und heilsame Erfahrungen zu machen. Daher ist es so wichtig, dass wir in jungen Jahren von unseren Eltern oder anderen Hauptbezugspersonen gut begleitet werden und behütet, sicher und liebevoll aufwachsen können. Das wäre der Best Case.

Doch diesen gibt es leider selten. Auch wenn wir häufig denken, dass es andere viel besser erwischt haben, täuscht dieses Bild der glücklichen Kindheit der anderen häufig. Wir zeigen den Schmerz selten und kämpfen einen einsamen Kampf. Ich kenne zumindest niemanden, der keine schmerzhaften Erfahrungen in der Kindheit gemacht hat. Das ist die Zeit, die uns am stärksten prägt. Und dieses Päckchen tragen wir mit uns, bis wir uns damit befassen. Weil uns das Leben über Schicksalsschläge, durch Einsicht und Wunsch nach

Wachstum und Heilung dazu bringt. Manche Menschen bekommen dabei vom Schicksal nur ein bisschen Drama, Trauma und Schmerzen, andere dagegen eine große Menge. Steht ein Plan, eine Absicht dahinter? Ich glaube, dass alles seinen Sinn im Leben hat, auch wenn wir diesen häufig erst später erkennen.

Jeder hat sein Schicksal aus einem Grund,
den wir häufig nicht verstehen.

Das Leben bleibt in vielen Aspekten ein großes Rätsel. Und das Beste, was wir mit unserem Schicksal machen können, ist, es anzunehmen, die Wunden zu heilen und unsere Stärken und Fähigkeiten in die Welt zu tragen. Gerade Menschen mit einem harten Schicksal tragen eine besondere Tiefe, Empathie, Intuition, Wärme oder Liebe in sich.

Neuanfang in der Stille

Heute ist Nyepi auf Bali, der höchste hinduistische Feiertag und ein allgemeiner Feiertag in Indonesien. Er wird auch Silent Day genannt und ist meist im Februar oder März. Es ist der Tag der Stille, des Fastens und des Meditierens. Schon Wochen vorher werden die Vorbereitungen dazu überall auf der Insel sichtbar: Kinder und Jugendliche bereiten die »Ogoh-Ogoh« vor. Das sind bis zu zehn Meter hohe Figuren, die die bösen Geister symbolisieren. Sie werden in liebevoller Handarbeit über Wochen hergestellt und haben einen Tag vor Nyepi ihren großen Auftritt.

Ich darf das Spektakel jetzt selbst erleben: In der Dämmerung sind fast alle Straßen auf Bali für die Ogoh-Ogoh-Umzüge gesperrt. Jede Gemeinde hat ihren eigenen. Den größten im Zentrum von Ubud möchte ich mir ansehen und denke mir nicht viel dabei, mit dem Roller in die Stadt zu fahren. Neben den vielen Fußgängern kämpfe ich mich zu einem freien Parkplatz durch und merke mir in etwa, wo ich den Roller abgestellt habe. Gemeinsam mit Freunden mache ich mich auf den Weg, noch einen guten Platz zu erwischen. Und dann warten wir. Und warten. Es hätte schon vor einer Stunde losgehen sollen. Hier gehen die Uhren einfach anders. Doch irgendwann hören wir in der Ferne den ersten Trommelwirbel.

Die ersten dämonischen Statuen werden sichtbar. Je nach Größe werden sie von etwa vier bis zwanzig jungen Menschen getragen – teilweise ein echter Knochenjob. Die größten Figuren wiegen mehrere Hundert Kilo. Dabei läuft die Truppe nicht einfach nur geradeaus, sondern tanzt: vor, zurück, rechts, links, wieder vor und wieder zurück, dann im Kreis, stehen bleiben und so weiter und so fort. Dann ertönt erneut lauter Trommelwirbel und einige verkleidete Kinder und Jugendliche haben ihren großen Auftritt: Sie fauchen, schreien, trommeln und wirbeln umher. Langsam zieht ein Ogoh-Ogoh nach dem anderen an uns vorbei. Wir stehen an einer großen Kreuzung. Gegenüber sitzt die königliche Familie aus Ubud auf ihren festlich geschmückten Sesseln. Nach mehreren Stunden sind wir erschlagen von den Eindrücken und müde vom Stehen in der Menschenmasse. Wir beschließen, nach Hause zu gehen. Die Ogoh-Ogohs ziehen weiter zum großen Fußballplatz, wo sie später angezündet werden. Das Dämonische und Böse wird verbrannt, damit am nächsten Tag, an Nyepi, ein neues Jahr ohne Altlasten beginnen kann.

Meinen Roller finde ich erst nach langem Suchen. Es ist dunkel, und alle sehen gleich aus. Sie stehen auch nicht mehr schön nebeneinander, wie noch vor einigen Stunden, sondern wie bei einem Mikado-Spiel. Nach mehr als zehn Minuten finde ich meinen und freue mich darauf, gleich ins Bett fallen zu können. Doch für die kurze Strecke brauche ich eine Dreiviertelstunde, statt den üblichen fünf Minuten. Denn einige Ogoh-Ogohs werden anscheinend doch nicht auf dem Fußballplatz verbrannt, sondern in den jeweiligen Stadtteilen, in die sie nun wieder zurückgetragen werden. Es ist ein Wirrwarr aus Fußgängern, Ogoh-Ogohs und Rollern. Es geht ein paar Meter voran und wenn man mutig und ein wenig dreist ist, auch ein paar mehr. Es ist wie ein *Tetris*-Spiel: Jede Lücke wird sofort von irgendeinem Roller gefüllt. Was für ein Spaß! Dafür habe ich morgen vierundzwanzig Stunden Zeit, um mich auszuruhen.

Denn es ist Silent Day: Und das ist er wirklich. Ab fünf Uhr morgens steht Bali still. Nicht halbherzig, wie bei uns am Sonntag, sondern komplett. Das Handynetz wird abgeschaltet, das WLAN sowieso. Lichter dürfen nur gedimmt eingeschaltet werden. Und auch nur, wenn sie von außen nicht sichtbar sind. Lärm ist untersagt, Musik verboten. Flughafen, Restaurants, Läden, Yoga-Studios und was es sonst noch gibt, alles ist geschlossen. Man darf seine vier Wände oder Innenhöfe nicht verlassen. Außer bei einem medizinischen Notfall. Wer das missachtet und erwischt wird, zahlt oder landet im Gefängnis.

Am nächsten Tag regnet es vierundzwanzig Stunden durch, ohne eine Minute Pause. Als ob die Natur uns Menschen hier auf Bali dabei unterstützt, das Alte wirklich abzuspülen. Üblicherweise regnet es hier in Ubud zwanzig Minuten, dann gibt es eine Pause, bevor es weiterschüttet. In der Hauptregenzeit kann es auch mal mehrere Stunden durchregnen. Doch dass der ganze Tag verregnet ist, hat es noch nie gegeben, seit ich hier bin.

Wie schön es doch wäre, mal nichts zu tun. Wir alle wünschen uns das manchmal. Doch wenn wir die Möglichkeit haben, wirklich in die innere Stille zu kommen, überfordert es uns meist und wir werden gleich wieder aktiv. Zumindest, wenn wir keine Übung mit Meditation oder Achtsamkeit haben, und noch mehr, wenn das eigene Leben immer voll ist: denken, machen, planen, tun … Für die Kinder, den Schatz, den Chef oder die Eltern da zu sein, Hobbys nachgehen, Social Media checken, einkaufen, E-Mails beantworten, duschen, aufräumen oder mit dem Hund Gassi gehen. Diese Dauerbeschäftigung führt zu vielen schönen Momenten, zu Erfolg und Wachstum, zum Gefühl, gebraucht zu werden und einen Sinn im Leben zu spüren. Doch sie hat auch eine Nebenwirkung: Wir entfernen uns von uns selbst, von unserem Kern. Wenn wir dann, gewollt oder ungewollt, plötzlich in die Stille kommen, fühlen wir uns häufig leer, unruhig und ungeduldig. Das ist ungewohnt. Wir spüren unseren eigenen Wert, der sich bisher größtenteils über das Tun definiert hat, nicht mehr. Der Verstand sucht also wieder das Übliche, den Kick, die Beschäftigung. Und er möchte uns aus der Stille ziehen. Zudem kommen in diesem Zustand häufig Erinnerungen, Gefühle und Emotionen an die Oberfläche, die sonst durch Dauerbeschäftigung und Ablenkung unterdrückt werden. Alte ungelöste Verletzungen, die wir nicht spüren möchten, unangenehme Gefühle, die wir weggeschoben haben, weil wir nicht wissen, wie wir mit ihnen umgehen sollen. Die Stille kann uns ganz schön überfordern. Sie kann ganz schön laut sein. Ich selbst liebe auch das Tun, das Erschaffen, das Kreieren und Machen. Das ist mein Naturell und ich werde wohl in diesem Leben kein meditierender Mönch. Aber was mir hilft, für meine innere Zufriedenheit und psychische Gesundheit: regelmäßig meditieren.

Ganz simpel hinsetzen, Augen schließen
und den Atem beobachten,
wie dieser die Bauchdenke bewegt:
nach oben und dann nach unten.

Das beobachte ich dann für zehn bis zwanzig Minuten. Währenddessen versucht mein Verstand, mich abzulenken, an etwas zu erinnern, sich Sorgen zu machen, Pläne zu schmieden oder an gestern zu denken. Ich höre ihn, versuche jedoch, meine Wahrnehmung wieder auf meinen Atem zu richten. Das ist nicht immer leicht und angenehm, aber wichtig und hilfreich. Heute habe ich die Möglichkeit, in die innere Stille zu gehen. Ich habe viel Zeit, um mich mit mir selbst zu beschäftigen.

Ich lese, meditiere ein wenig und unterhalte mich mit meinen Nachbarn – obwohl Stille angesagt ist. Doch die fünf Häuser in der Villa Kita befinden sich alle hinter den gleichen Mauern und das ist erlaubt. Leise natürlich. Ich traue mich sogar, im Pool zu schwimmen, mit einer kleinen Prise schlechten Gewissens. Doch die Regentropfen und das Wasser im Pool waschen dieses schnell ab.

Nachts verwandelt sich der Regen in ein einmaliges Hörspiel. Keine Ablenkung durch singende Menschen, die auf dem Roller sitzen und einen Ohrwurm zum Besten geben, keine knatternden Motoren, die mal zur Inspektion sollten, keine Touristen, die lachend nach Hause laufen. Nur die Regentropfen auf dem Dach meiner Villa, den Blättern der Palmen, Bäume und Sträucher, dem Wasser im Pool oder dem Blechdach des Nachbarn. Es ist magisch. Ich liege unter meiner dünnen Decke und lausche. Ich höre, wie die Lautstärke in der Ferne anschwillt und langsam näher kommt. Dann stelle ich mir vor, wie die Wolken, die noch mehr Regen in sich tragen, über dem Nachbargrundstück sind und gleich bei mir vorbeischauen und die Tropfen loslassen.

Nach der inneren und äußeren Stille folgt am nächsten Morgen das Gegenteil: Die Internetleitungen explodieren. Alle warten gespannt vor ihren Geräten auf all das, was sie »verpasst« haben. Doch letztendlich wäre es nicht schlimm, ein paar weitere Tage auf E-Mails, WhatsApp und andere News zu verzichten, denn das Leben hört nicht auf, wenn wir nichts tun oder nur mit uns selbst in Verbindung sind.

Home, Sweet Home

Aufgrund der Visa-Bestimmungen Indonesiens muss ich anfangs alle zwei Monate raus aus Bali. Ich lande häufig auf dem Flughafen Ngurah Rai in Denpasar, wenn ich nach einem Visa-Run zurückkomme. Und mein Herz macht Sprünge, weil es wieder dort angekommen ist, wo es am liebsten ist.

Als ich aus dem Flieger steige, riecht es nach Kerosin und der feuchten Schwere nach einem Regenguss. Ich freue mich auf die Herzlichkeit und Unaufdringlichkeit der Balinesen. Grinsend laufe ich durch den Flughafen, rieche, sehe, höre – und bin einfach happy und dankbar für mein Leben hier.

Bei meinem Roller angekommen, setze ich den Helm auf und stelle meinen Rucksack zwischen meine Beine. Und dann geht es los. Es gibt wohl Verkehrsregeln, aber diese haben eher den Charakter einer Empfehlung als einer verbindlichen Vorschrift. Rollerfahrer fahren in Bali einfach dort, wo Platz ist. Links vorbei im Stau, hundert Meter auf dem Gehweg, dann schnell zwischen zwei Autos durch auf die rechte Seite, fünf Fahrzeuge überholen, anschließend wieder links zwischen zwei Autos einscheren, um dem entgegenkommenden Lastwagen auszuweichen, oder eine halbe Vollbremsung hinlegen, damit sie nicht in eines der Taxis krachen, das plötzlich und unangekündigt seine Richtung ändert. Es hupt auch niemand, um sich über den anderen aufzuregen. Einfach das Vertrauen haben, dass alles gut läuft und sich von nichts aus der Ruhe bringen lassen, das ist das Motto im Verkehr.

Vom Flughafen Ngurah Rai geht es für mich je nach Uhrzeit und Wetterbedingungen in etwa einer Stunde nach Ubud. Anfangs mitten durch die volle, laute, pulsierende Stadt. Links und rechts kleine Tante-Emma-Läden, duftende Imbissbuden und spielende Kinder. Plötzlich kommt der Verkehr fast zum Erliegen, weil ein Opa einen Handwagen, von dem er Bakso, kleine Fleischbällchen, verkauft, an der Hauptverkehrsstraße vor sich herschiebt.

Alle bleiben entspannt: die Lastwagenfahrer, die Polizei und alle anderen Verkehrsteilnehmer. Sobald es eine Möglichkeit gibt, wird der Bakso-Verkaufswagen überholt und weiter geht es. Ohne Hupen, ohne Groll oder Vorwürfe.

»Just follow the life« ist in meinen Augen das Lebensmotto der Balinesen.

Folge dem Leben und dem, was passiert. Mach dir nicht zu viele Gedanken über die Zukunft oder Vergangenheit, lebe hier und jetzt, und wenn eine Herausforderung kommt, kümmern wir uns darum, wenn sie da ist. Und nicht schon vorher in Form von Sorgen und Ängsten. Das liebe ich an Bali, aber auch an den anderen südostasiatischen Ländern: weniger Vorschriften, mehr Individualität und Freiheit. Das ermöglicht, das Leben zu führen, das man führen möchte, das dem eigenen Naturell entspricht. Natürlich braucht eine Gesellschaft Rücksicht aufeinander, und Menschen, die diese Freiheit nicht egoistisch ausnutzen. Doch das scheint hier meist gut zu gelingen. Weil alles noch persönlicher ist und weniger anonym. Weil man auf das Gesamte schaut und nicht nur auf sich.

Hier kann ich über eine rote Ampel fahren, wenn weit und breit kein anderes Fahrzeug kommt. Ich kann um drei Uhr morgens in einem Supermarkt einkaufen gehen, wenn der Verkäufer Lust hat, seinen Laden um diese Zeit zu öffnen. Oder ich darf meinen Gartenzaun in Rot streichen, ohne die Hausverwaltung um Genehmigung zu fragen. So stellen sich Lebensfreude und Leichtigkeit viel besser ein. Wenn es unzählige Vorschriften und ständige Kontrolle gibt, führt das – aus psychologischer Sicht – bei vielen Menschen zu einem Gefühl der Einschränkung und Frustration. Anderen Menschen gibt das dagegen Sicherheit. Für mich persönlich geht die Leichtigkeit verloren, wenn alles im Detail geregelt ist. Ich habe den Eindruck, dass man den Menschen hier in südostasiatischen Ländern mehr Verantwortung gibt: Nicht jeder kleine Pfad muss links und rechts mit einem Zaun abgesichert werden. Man passt einfach selbst auf. Fast keine Kreuzung hat Ampeln oder Vorfahrtsregeln. Man regelt es einfach untereinander. Es gibt kein Gesundheitsamt, das vorschreibt, wie man in einem Restaurant arbeiten muss und was es zu beachten, zu notieren und zu kontrollieren gibt. Man kocht einfach.

Die Menschen nehmen Rücksicht aufeinander und klären Meinungsverschiedenheiten persönlich – und benötigen nicht für jede Kleinigkeit ein Gesetz, eine Verordnung oder eine Richtlinie. Das Loslassen von starren Vorschriften und das Zulassen von individueller Entfaltung schafft eine Atmosphäre, in der Lebensfreude und Leichtigkeit auf natürliche Weise erblühen und jeder mehr Verantwortung für sich und andere übernimmt.

Der Weg ist das Ziel

Es hat drei Jahre gedauert, bis ich dieses Ziel rund um einen Friseurbesuch erreicht habe. Heute ist es so weit. Es ist nicht *das* Ziel in meinem Leben. Vielmehr ist es eines aus Freude an kleinen Herausforderungen, welches ich seit einigen Jahre mit mittelmäßiger Zielstrebigkeit verfolge. Damals war ich mit Torsten auf den Philippinen. Dumaguete, in der Provinz Negros Oriental auf der Insel Negros, besitzt den größten Handelshafen im Südosten der Insel und bietet vor allem wenig Tourismus, ein paar Auswanderer und viel authentisches Leben. Die meisten Westler nutzen es als Durchreiseort, denn Dumaguete hat einen Flughafen und bringt alle Reisenden mit Booten auf die umliegenden Inseln. So wie uns auf Siquijor, die Insel der Heiler.

Gerade haben wir eine der leckersten Mahlzeiten auf den ganzen Philippinen in einer Straßenbude genossen. Eine Seltenheit, hier etwas Köstliches und Gesundes zu finden. Für weniger als zwei Euro sind wir mehr als satt. Direkt nebenan entdecken wir zwei junge Männer, die die Haare zweier anderer junger Männer kürzen. Sollen wir es wagen? Unsere Haarstruktur unterscheidet sich deutlich von jener der Einheimischen und wir hoffen, dass sie es einigermaßen hinbekommen. Wir trauen uns – und bereuen es nicht. Unser Geldbeutel freut sich ebenfalls, umgerechnet zahlen wir 67 Cent für den Haarschnitt.

Ich mag Herausforderungen im Leben. Demzufolge sage ich zu Torsten: »Irgendwann werde ich hier in Asien einen noch günstigeren Friseur finden.« Einfach aus Spaß an der Freude. Dabei geht es mir nicht um das Geld, sondern um die Erfahrung. Auf Bali komme ich, einige Jahre nach dem Friseurbesuch in Dumaguete, meinem Ziel sehr nahe. Ich mache mit einem Freund eine Tagestour mit unseren Rollern durch den Norden der Insel und erzähle ihm unterwegs von meinen Friseurerlebnissen in Asien und meiner persönlichen Challenge. Plötzlich bleibt er mitten im Nirgendwo stehen und fuchtelt wild mit dem Arm. Ich fahre zurück und frage ihn, was los ist.

Kurz später sitze ich in einem kleinen Häuschen, das aus einem einzigen Raum besteht, mit einer Tür, einem Fenster, einem Stuhl und einem Spiegel an der Wand. Und einem Poster mit Cristiano Ronaldo und David Beckham. Es ist tatsächlich ein Friseursalon. Der Friseurmeister ist Anfang zwanzig und ich frage ihn, ob er mir meine Haare schneiden kann und was es kostet. 15.000 Indonesische Rupia, das sind umgerechnet etwas mehr als 67 Cent. So nah bin ich meiner Friseur-Challenge schon lang nicht mehr gekommen.

Ein kleiner Junge läuft neugierig und aufgeregt die ganze Zeit um den Stuhl, den Friseur und mich herum. Er hat am nächsten Tag seinen Freunden sicher viel zu erzählen – ein Tourist in seinem Dorf auf dem Stuhl des einzigen Friseurs. Auch wenn ich den philippinischen Preis nicht getoppt habe, habe ich ein anderes Ziel erreicht: eine schöne Begegnung mit dem Friseur und einem kleinen Jungen. Keiner von ihnen sprach Englisch.

Doch Freundlichkeit und ein offenes Herz brauchen keine Worte.

Hände und Füße und ein offenes Lächeln schaffen genug Verbindung. Mein Ziel kommt mir langsam näher. Oder ich ihm? Egal. Wenn ich in Ubud 20.000 Rupia zahle, auf dem Land 15.000, werde ich vielleicht noch einen Friseur finden, der nur 10.000 verlangt. Auch wenn ich dann gern ein großzügiges Trinkgeld geben werde.

Diesmal bin ich mit Paul aus dem Vereinigten Königreich im Nordwesten Balis unterwegs. Nicht, um einen Friseur zu finden, sondern um das Land zu erkunden. Es geht über Stock und Stein, Berge und Täler. Innerhalb von zwanzig Minuten kommen Paul und ich auf unseren Rollern in gefühlt mehrere Klimazonen. Oben auf dem Berg frieren wir uns trotz Jacke alles ab. Unten auf Meereshöhe wird es dafür schlagartig heißer und heißer und die Haut wird röter und röter.

Ich liebe die Landschaft, das satte Grün, die vielen kleinen Tempel und Dörfer unterwegs. Die meisten Häuser auf Bali sind in Richtung Gunung Agung gebaut, dem heiligen Berg der Balinesen. In den Augen der balinesisch-hinduistischen Kultur gilt der Gunung Agung als Wohnsitz der Götter und als Heimstätte der Geister der verstorbenen Ahnen. Es ist ein Vulkan, der immer noch aktiv ist und schon einige Naturkatastrophen ausgelöst hat. Zuletzt brachte er 2017 den Flugverkehr vollständig zum Erliegen Von fast überall auf der Insel aus kann man den Agung sehen, auch von vielen Nachbarinseln. Nicht nur die Häuser, Straßen und Tempel sind in seine Richtung ausgerichtet, die Menschen schlafen sogar mit dem Kopf in Richtung ihres heiligen Berges.

Paul und ich sind zu weit westlich, sodass wir nicht am Gunung Agung vorbeifahren. Dafür fahren wir in Richtung Gilimanuk, einer Stadt im Nordwesten Balis. Paul, mit seinem typischen britischen Humor, und ich verstehen uns blendend. Wir lachen viel und können uns über die gleichen Dinge amüsieren. Auch über seine Frisur, die er bald stolz über die Insel tragen wird. Bis es so weit ist, müssen wir den Friseursalon aber erst einmal finden. »Potong Rambut« stand in ausgebleichten Großbuchstaben auf einer Tafel an der Hauptstraße und ein Pfeil zeigte den kleinen Holperweg runter. Wir fahren an einer langen Steinmauer entlang, die nach einiger Zeit eine schmale Öffnung hat. Kein Schild, keine Menschen, nur ein großer verlassener Innenhof. Dennoch stellen wir unsere Roller ab und treten ein. Wir rufen Selamat Siang, guten Tag, doch niemand erscheint. Wir schauen durch jede offene Türe. Küche, Abstellraum, Rumpelkammer. Und dann: Haare auf dem Boden! Ein Kind kommt auf der indonesischen Variante eines Bobbycars angerobbt, erschrickt bei unserem Anblick und schreit laut. Das Kindergeschrei kommt genau richtig für uns, denn jetzt erscheint ein Mann mittleren Alters und strahlt uns herzlich an.

Je einsamer die Dörfer und je ärmer die Menschen, desto größer ist die Gastfreundschaft, desto offener sind ihre Herzen und desto großzügiger sind sie meist.

Und umso breiter und ehrlicher ist ihr Lächeln. Hier fühle ich mich wohl. Es scheint, dass Menschen in ärmeren Gegenden gern von dem wenigen, das sie haben, geben. Vielleicht spielt hier die Gemeinschaft noch eine größere Rolle, weil man mehr aufeinander angewiesen ist, weil das Zwischenmenschliche noch zentraler und wichtiger ist und weil man nicht so anonym lebt wie in unseren individualistischen Gesellschaften in Europa und Nordamerika.

Mit Händen und Füßen kommen wir unserem Ziel näher: Wir möchten beide kürzere Haare. Englisch spricht er nicht und unser Balinesisch beziehungsweise Indonesisch ist nicht gut genug. Ich bin zufrieden mit meinem Haarschnitt und freue mich nicht nur deswegen. Auch diese schöne, wortkarge zwischenmenschlichen Begegnung macht mich froh. Und: Ich habe mein Ziel erreicht und den Preis des philippinischen Haarschnitts getoppt. Stolze 63 Cent hat mich meine neue Frisur gekostet. Trinkgeld nicht eingerechnet. Paul zahlt das Gleiche, hat aber weniger Glück. Seine Haare haben eine unterschiedliche Länge und sie stehen ungleichmäßig in die Luft.

Noch Monate später ist es immer noch unser Running Gag. Wir beide sind sicher, dass er mit dieser Frisur das Herz jeder Frau gewinnen wird. Die eine sieht den mutigen Trendsetter in ihm, der etwas Neues, Unbekanntes wagt. Die nächste erkennt den selbstbewussten Mann in ihm, dem die Meinung anderer egal ist, und eine dritte Frau hat Mitleid und möchte ihn liebevoll trösten. Was haben wir Stunden darüber gelacht!

Wer ein Ziel hat, findet einen Weg

Mein Leben fliegt hier in Bali nur so dahin. Das Zeitgefühl verschwimmt immer mehr. Ob es Montag oder schon Mittwoch ist, Wochenende oder Feiertag, weiß ich häufig nicht oder nicht einmal, welchen Monat wir haben. Hier ist das Leben so nah, so real. Zudem sind die Jahreszeiten so ähnlich, dass diese mir auch weniger Orientierung geben als in Europa.

Dass die meisten Menschen ein anderes Lebensmodell leben als ich, wird mir vor allem dann deutlich, wenn ich Freunde und Bekannte aus Deutschland, Österreich und der Schweiz auf Bali treffe. Dafür nehmen sie sich zwei bis vier Wochen Urlaub und freuen sich lang im Voraus darauf. Für sie ist es eine schöne Zeit zum Durchschnaufen und Loslassen vom Beruf und den täglichen Verpflichtungen. Für mich gibt es dagegen keinen Urlaub, weil ich keinen brauche. Ich bin schon im Urlaubsparadies und strukturiere mein Leben so, dass nie das Bedürfnis nach Ruhe und Entspannung aufkommt, weil ich jeden Tag Zeit für mich und schöne Dinge habe. Zudem habe ich das Glück, dass ich meine Arbeit liebe und sie mich selten nervt oder anstrengt. Ich bin demnach weder im Stress noch mache ich etwas, was mir nicht gefällt und wovon ich Abstand bräuchte. Was für ein Privileg. Um mir das immer wieder ins Bewusstsein zu rufen, helfen mir Gespräche mit Freunden.

So treffe ich hier eine Freundin aus der Krabbelgruppe, als ich ein Kleinkind war, Kollegen aus meiner Zeit nach der Schule in einer Werbeagentur, Kommilitonen aus meinem BWL-Studium, Freunde aus meinen therapeutischen Ausbildungen und dem Psychologiestudium, Freunde von Freunden, die mich als »Anlaufstelle« und Tippgeber nutzen, Bekannte aus Urlauben, Nachbarn aus meiner Münchner Zeit und Freunde von digitalen Nomadentreffen. Es wird mir nie langweilig. Und manchmal sogar zu viel an sozialem Leben. Ich habe hier mein Leben, meine Freunde und häufig gar nicht die Zeit und Energie, mich darüber hinaus ausgiebig zu treffen oder zusammen auf und um Bali zu reisen. Doch für ein Essen reicht es immer und dann bin ich froh, mal wieder Deutsch zu sprechen, mich über die guten, alten

Zeiten auszutauschen und einander auf den neuesten Stand des Lebens zu bringen.

Wenn sie von meinem Lebensmodell hören, wie ich hier lebe, sagen viele: »Oh, das möchte ich auch, das ist ja ein Traum.« Ich halte mich mit einem Kommentar zurück. Ich bin der Meinung, dass alles möglich ist im Leben. Fast alles. Ich kann als Mann kein Kind gebären, ich kann meine Hautfarbe nicht ändern und auch nicht mit Margot Robbie verheiratet sein, wenn sie das nicht möchte. Auch kann ich mit meinem Talent kein Fußballprofi werden, Witze machen wie Hape Kerkeling oder rappen wie Sido. Aber wir können so viel mehr erreichen, als wir uns für gewöhnlich vorstellen.

Wenn wir etwas wirklich möchten, dann finden wir einen Weg. Oder eine Ausrede.

Denn häufig möchten wir am Ziel sein und nicht den oft anstrengenden, beschwerlichen und unsicheren Weg dorthin gehen. Wir sehen, was andere Menschen erreicht haben, und hätten das auch gern. Aber wir sehen nicht, was sie dafür gegeben oder aufgegeben haben. Wenn wir nicht aus reinem Ego etwas möchten und wir unserer tiefen Intuition zuhören und dieser folgen, ist meiner Meinung nach alles möglich – weil uns das Universum dann unterstützt. Doch dafür müssen wir zunächst unseren eigenen Weg finden und diesen gehen. Im wahren Leben und nicht nur in der Wunschvorstellung.

Für mich ist Cliff Young das beste und faszinierendste Vorbild, dass alles möglich ist. Als damals 61-Jähriger stand der Kartoffelbauer in Overall und Arbeitsstiefeln an den Startblöcken eines Ultramarathons. Neben vielen jungen, trainierten und professionell ausgestatteten Vollzeitprofis. Er wurde von den anderen Teilnehmern und Medien belächelt. Wie soll dieser alte Mann das knapp 900 Kilometer lange Rennen bewältigen? Das Sydney-Melbourne-Rennen galt damals als eine der schwierigsten körperlichen Prüfungen der Welt: Die flache bis hügelige Strecke zu bezwingen dauerte etwa sechs bis sieben Tage. Die Teilnehmer konnten nach Belieben essen und schlafen. Cliff Youngs Lauferfahrung konzentrierte sich auf das Zusammentreiben von Schafen als Kind auf seiner Familienfarm. Berichten zufolge sagte er der Presse, dass die harte Arbeit ihm alle Fähigkeiten und Ausdauer verlieh, die er brauchte, um das Rennen zu beenden. »Ich bin auf einem Bauernhof aufgewachsen, auf dem wir uns weder Pferde noch Traktoren leisten konnten, und während meiner Kindheit musste ich immer, wenn der Sturm hereinbrach, rausgehen und die Schafe zusammentreiben. Wir hatten 2.000 Schafe auf 2.000 Hektar. Manchmal musste ich diese Schafe zwei oder drei Tage suchen. Es hat lang gedauert, aber ich habe sie immer erwischt. Ich glaube, ich kann dieses Rennen zu Ende bringen.«

Auf den ersten Meilen des Rennens fiel Cliff schnell hinter seinen erfahreneren Konkurrenten zurück. Die begeisterte Menge, die am Straßenrand und auf der ganzen Welt zusah, war amüsiert und gleichzeitig fasziniert. Cliff schien nicht einmal richtig zu laufen – es war eher ein langsames Schlurfen. Um den australischen Ultra-Marathon zu beenden, müssen Läufer im Allgemeinen mindestens achtzehn Stunden am Tag laufen. Dadurch haben die meisten Teilnehmer nur vier bis sechs Stunden Schlaf pro Nacht. Als unerfahrener Neuling hielt sich Cliff nicht an diese Regel. In der ersten Nacht lief er mit seinem langsamen Schlurfen die ganze Nacht bis in den frühen Morgen. Als die Morgendämmerung anbrach, waren die anderen Läufer erstaunt, dass er immer noch dabei war. Laut Cliff war das alles Teil seines Plans. Er beabsichtigte, ständig zu laufen und den Marathon ohne Unterbrechung zu beenden. Indem er sich weigerte, zum Schlafen anzuhalten, verkleinerte Cliff seinen Abstand zu den anderen Läufern und rückte immer näher an die Spitze. Nach dem zweiten Tag ununterbrochenen Laufens schlief

Young eine Stunde lang, stand auf und schlurfte weiter. Am dritten Tag war Young auf den Titelseiten der Zeitungen abgebildet, die Zuschauer bejubelten ihn und sein Vorsprung wurde größer und größer.

Am vierten Tag hatte Young die Aufmerksamkeit der internationalen Medien auf sich gezogen. Einen Tag später überquerte er als Erster die Ziellinie, ganze zehn Stunden vor dem Zweitplatzierten! Unfassbar. Ich bekomme Gänsehaut, wenn ich daran denke. Er hatte buchstäblich einen der größten Runs der Geschichte gemacht und brach den bisherigen Rennrekord um mehr als zwei Tage. So stellte Cliff Young, ein 61-jähriger Bauer, einen neuen Weltrekord für einen der härtesten Ultramarathons der Welt auf. Als er das Preisgeld von zehntausend Dollar überreicht bekam, war Cliff überrascht. Er wusste nicht einmal, dass es um Preisgelder ging. Anstatt seinen Gewinn einzustecken, teilte er ihn mit seinen Mitläufern. 2003 starb Cliff Young im Alter von 81 Jahren, doch seine Legende lebt weiter – vor allem in Australien. Viele Läufer nutzen inzwischen diese energieeffiziente Art des Laufens und schlafen ebenfalls weniger. Seine Geschichte ist ein schönes Beispiel, dass wir alle scheinbar Unmögliches möglich machen können, wenn wir an uns selbst glauben, unseren eigenen Weg finden und ihn gehen.

Wisch und weg

Ich habe es gewagt. Auf meinem Smartphone strahlt mir eine neue App entgegen, die ich gerade installiert habe, während ich in meiner Hängematte hin- und herschaukle: Tinder. Die berühmt-berüchtigte Dating-App mit dem roten Flammen-Herz-Logo. Möchte ich wirklich über diesen Weg meine Zukünftige kennenlernen? Diese Art des Datens hat viele Vorteile und genauso viele Nachteile. Auf jeden Fall sitze ich jetzt jeden Tag mit meinem Handy da und wische Frauen nach links – kein Interesse – oder nach rechts – bin interessiert. Wenn mich eine ebenfalls nach rechts wischt, haben wir ein Match und können uns gegenseitig schreiben. Tindern macht ein wenig süchtig. Zum einen ist es die Hoffnung auf ein Match bei jedem Wisch nach rechts, zum anderen macht es einfach Spaß, viele verschiedene Frauen anzuschauen. Es gibt sympathische und für meine Augen attraktive Frauen, aber auch unfassbar viel Selbstinszenierung, Show und Fake und Frauen, die ich optisch nicht attraktiv finde. Ein paar Wochen bin ich aktiv und treffe immer wieder Matches.

Doch bis es so weit ist, ist es häufig ein mühseliger und frustrierender Weg. Matches habe ich viele, aber das wirkliche Interesse am Austausch, am Kennenlernen ist eher rar. Viele sammeln einfach nur Matches für ihr Ego, wie andere Überraschungseier oder Briefmarken. Auch bei einer freundlichen Nachricht antworten einige gar nicht. Oder sie schreiben von sich aus direkt: »Wie geht's?«, und antworten nach einer Antwort ebenfalls nicht mehr. Je länger ich auf Tinder bin, desto mehr gewinne ich den Eindruck, dass es eine virtuelle Einkaufsliste für Menschen ist. Wie bei Amazon können User nur statt Koffer, TV oder Sportschuhe potenzielle Dates auf ihre Einkaufsliste setzen. Und die bleiben dort gespeichert, weil man sie ja vielleicht irgendwann benötigt. Mich interessiert, ob es nur mir so geht. Vielleicht habe ich ja ein komisches Profil, seltsame Fotos oder mache unbewusst ständig Fehler beim Schreiben. Ich zeige mein Profil befreundeten Frauen. Sie geben mir kleine Tipps zum Optimieren, haben aber nichts Grundlegendes daran auszusetzen, auch nicht an meinen Nachrichten. Von anderen Tinder-Usern höre ich ebenfalls, dass die Antwortmoral nicht die höchste ist und der Respekt und das Zwischenmenschliche häufig auf der digitalen Strecke bleiben.

»Man ist ja nur online miteinander verbunden, da muss man sich nicht freundlich und wertschätzend wie im wahren Leben verhalten«, fasst es ein Freund zusammen. »Vor Kurzem habe ich mit einer netten Italienerin hier auf Bali geschrieben«, erzählt er mir weiter, »wir haben bestimmt zwanzig Nachricht hin und her geschrieben, nett, offen, ehrlich, und irgendwann hat sie nicht mehr geantwortet. Nichts kam mehr. Kein »Ich habe jemanden kennengelernt« oder irgendetwas anderes.« Das ist Alltag in der App und hat mich am Ende auch dazu gebracht, sie wieder zu löschen. Aber bis es so weit ist, genieße ich den schönen Austausch, denn diesen gibt es auch.

Zu meinem Lebensstil passt für mich nur eine Frau, die einen ähnlichen hat. Von der Nationalität habe ich keine feste Vorstellung, vielmehr möchte ich eine Frau, die ebenfalls ein freies Leben führt und Asien liebt. Ob wir dann irgendwann wieder in ein westliches Land ziehen, lasse ich offen. Aber zumindest jetzt weiß ich, dass ich nicht nach Frankfurt, Salzburg oder Bern ziehen würde.

Los geht es.

Ich wische links und rechts und links und links und beim nächsten rechts habe ich ein Match mit Rina. Ein paar Tage später lernen wir uns persönlich kennen. Wir verstehen uns auf Anhieb und verbringen einen schönen Nachmittag. Wir haben uns in einem Café verabredet, zu dem man nur mit dem Roller oder zu Fuß kommt. Hier war ich noch nie, es war Rinas Vorschlag. Wir sitzen auf großen Sitzkissen, blicken über weitläufige Reisterrassen und lernen uns kennen. Für mich ist ein erstes Date immer ein wenig aufregend. Doch auch wenn wir viel lachen und gute Gespräche haben, merken wir beide, dass wir kein partnerschaftliches Interesse aneinander haben. Dafür entsteht eine enge Freundschaft mit vielen gemeinsamen Unternehmungen auf und rund um Bali. Das fängt ja gut an, ich freue ich mich.

Ich wische weiter nach rechts und links und links und rechts und sehe Svetlana aus Russland als einen Vorschlag. Sie macht einen sympathischen Eindruck. Später habe ich ein

Match mit ihr. Erst dann lese ich ihren Profiltext und lösche sie gleich wieder. »Ich suche einen reichen Mann, der mir ein angenehmes Leben ermöglicht. Ich liebe Reisen, Yoga, Shoppen und Monaco.« Auch wenn ich extrem reich wäre, sind das nicht die Werte, die ich mir von meiner Partnerin wünsche. Klar ist Geld schön, denn es macht das Leben leichter. Aber ich würde wie eine Zimmerpflanze ohne Licht und Wasser eingehen, wenn ich eine Partnerin hätte, die nur darauf fokussiert wäre. Mit der ich mich nicht mental, emotional und spirituell verbunden fühlen würde.

Weiter geht es mit rechts, links, rechts, links, links und rechts. Und ich freue mich: Susan ist mir beim Wischen direkt ins Auge gesprungen und sie hatte ich noch im Kopf, als mir mein Handy einige Zeit später das Match mit ihr anzeigt. Wie schön! Genau mein Typ Frau, vom Aussehen und den paar Worten in ihrer Beschreibung. Ich schreibe ihr, gebe mir besonders Mühe dabei, eine persönliche und sympathische Nachricht zu verfassen. Und … erhalte nie eine Antwort. Diese indirekte Ablehnung versuche ich nicht persönlich zu nehmen, auch wenn ich es unfreundlich finde, nicht zu antworten. Häufig erzählt uns unser Verstand die wildesten Geschichten, warum wir nicht gut genug sind, was bei uns nicht stimmt und was wir alles an unserem Äußeren und Inneren verändern müssten – als Hintergrund für die fehlende Antwort. Doch viel häufiger sind es Gründe, die beim anderen liegen. Klar wäre eine Antwort wertschätzend, aber ein Schweigen sollten wir nicht persönlich nehmen. Das gelingt mir anfangs weniger gut, aber mit jedem Mal besser.

Ich wische weiter: links, links, rechts, links, links, links und rechts. Mit Raja aus Bali habe ich ein Match. Sie macht einen witzigen und offenen Eindruck. Wir haben viel Spaß beim Schreiben und ich freue mich, sie persönlich kennenzulernen. Wenn wir schon so gut beim Schreiben harmonieren und beide sarkastischen Humor lieben, kann es ja nur gut werden. Beim Treffen ist sie jedoch nicht der Mensch, den ich erwartet hatte: Sie ist nervös, schwitzt stark und trinkt ein Bier nach dem anderen. An fast allem in ihrem Leben gibt es etwas auszusetzen. Ich habe Mitgefühl mit ihr, sie scheint eine schwere Geschichte mit sich zu tragen. Aber ich habe kein Interesse an einer Partnerschaft oder Freundschaft. Auch nicht an einer neuen Klientin und möchte das Treffen daher kurz halten. Das gelingt leider nicht, denn in dem Moment, als wir uns ans Zahlen machen, kommen Freunde von mir zufällig ins gleiche Restaurant und setzen sich an unseren Tisch. Was für ein Timing, denke ich zunächst. Doch letztendlich freue ich mich darüber. Der Abend entwickelt sich immer besser, wir unterhalten uns lautstark kreuz und quer über den Tisch, mittlerweile sind wir zu zehnt. Die meisten kenne ich. Hier in Bali gibt es in Restaurants häufig lange Tische, die sich verschiedene Gäste teilen und damit schnell in Austausch miteinander kommen. Livemusik bringt zusätzliche Stimmung ins Café Vespa und Raja fühlt sich wohler und wohler. Ob wegen des Alkohols oder der Musik, weiß ich nicht. Als der Sänger später fragt, ob jemand von uns Gästen ein Lied singen möchte, ist sie sofort dabei. Ein paar Augenblicke später steht sie bereits auf der kleinen Bühne. Sie singt schön, auch wenn der Alkohol ein wenig in ihrer Stimme mitschwingt. Dennoch bleibt es bei dem einmaligen Treffen. Doch wie soll ich es ihr sagen? Ablehnung ist nie einfach, aber wir können sie möglichst einfühlsam verpacken, um unser Gegenüber nicht unnötig zu verletzen. Ich glaube, dass es immer hilfreich ist, wenn wir von unseren Gefühlen berichten, dass es für uns nicht passt. Aber dass das nicht bedeutet, dass der andere nicht in Ordnung ist. Diese Differenzierung auszudrücken, ist in meinen Augen wichtig. Zudem kann es helfen, wenn wir positive Eigenschaften des anderen hervorheben und Wertschätzung für die gemeinsam verbrachte Zeit ausdrücken. Dennoch, und das möchte ich gerade bei Raja vermeiden, möchte ich mit einer freundlichen Absage keine Hintertür offenhalten. Dem anderen Hoffnung zu machen, macht alles nur noch komplizierter. So schreibe ich ihr ein paar nette Worte und bedanke mich für den gemeinsamen Abend.

Ich wische wieder links und links und rechts und schreibe mit einem weiteren Match: Sari aus Australien. Sie macht mir jedoch recht schnell klar, dass sie hier Kunden für ihr horizontales Gewerbe sucht und keinen Partner fürs Leben. Das erinnert mich an ein Date, welches ein Freund von mir hier auf Bali vor Kurzem hatte. Er trifft eine Französin, die er auf Tinder kennenlernte. Nach einem gemeinsamen Abendessen gehen sie noch zu ihm, sitzen auf der Terrasse und trinken etwas. Plötzlich klingelt ihr Handy und sie sagt ihm, dass sie kurz ein paar Fotos machen muss. Und ob sie dafür in sein Zimmer gehen kann. Zwanzig Minuten später kommt sie zurück. Er ist neugierig und möchte wissen, was sie eben gemacht hat. »Ich bin bei *Onlyfans* und ein Mann hat ein paar individuelle Nacktfotos gebucht, die ich schnell machen wollte. Leicht verdientes Geld.« Sie lebt auf Bali und finanziert, wie immer mehr junge Frauen, ihren Lebensunterhalt damit, erotische Fotos zu machen und an Männer auf der gesamten Welt zu verkaufen. Schöne neue Welt, denke ich mir und frage mich, wie diese jungen Frauen ihren Eltern erzählen, was sie beruflich machen … Oder Papa nutzt *Onlyfans* selbst und sieht eines Tages plötzlich seine neunzehnjährige Tochter nackt oder halbnackt neben einem Pool auf Bali liegen.

Das Wischen geht weiter: links, links, rechts, rechts, links und wieder rechts. Mit Jackie aus Kanada verabrede ich mich nach nur wenigen Nachrichten. Sie ist eine Tantralehrerin, wie sie mir bei unserem Treffen erzählt, und einige Jahre älter als ich. Sie reist mit ihrer kleinen Tochter durch Asien und hat für heute Abend eine Babysitterin gefunden. Bevor ich sie fragen kann, was das konkret bedeutet, schießt sie schon los: Als Tantralehrerin geht es nicht nur um Sex, sondern um eine ganzheitliche Praxis, die Yoga, Meditation und tantrische Philosophie kombiniert, um das Bewusstsein zu erweitern, die Energiezentren im Körper zu aktivieren und eine tiefere Verbindung zur eigenen Spiritualität und zur universellen Energie herzustellen. Jetzt weiß ich Bescheid. Aber ich bin dennoch überfordert mit ihr. Dafür ist die Location wunderschön, in der wir uns treffen. Wir sitzen in einer von vier kleinen Holzhütten, Kissen sind liebevoll ausgebreitet. Kleine Springbrunnen verbreiten eine angenehme Ruhe, Enten im benachbarten Reisfeld quaken fröhlich und wir unterhalten uns angeregt. Sie würde mich am liebsten direkt hier im Restaurant vernaschen. Grundsätzlich habe ich nichts dagegen, sie ist attraktiv. Aber die Direktheit und Vehemenz lassen mich einen Schritt zurückgehen. Und das sage ich ihr auch. Dennoch möchte sie nach dem Essen unbedingt noch meine Villa sehen. Langsam fühlt es sich nach vertauschten Rollen an. Meist ist der Mann der, der mehr pusht, der schneller ins Bett hüpfen möchte und der häufiger eine Möglichkeit sucht, noch auf einen Kaffee oder Nachtisch in die Wohnung mitzukommen. Jetzt kann ich mir immerhin besser vorstellen, wie es sich für Frauen mit einem aufdringlichen Mann anfühlen mag. Ich zeige ihr mein Reich und sie macht es sich gleich auf meinem Bett bequem.

Weiter geht es: rechts, links, links, rechts Match: Ich schreibe mit Eka aus der Nähe von Sanur, im Süden der Insel. Es ist die typische Unterhaltung, welche mit den meisten Balinesinnen ähnlich abläuft. Die komplette Initiative kommt von mir. Sie stellt maximal die gleiche Frage zurück, aber ansonsten kommt kein Interesse, keine Frage, keine Interaktion, maximal eine Reaktion mit fünf Worten. Es scheint, dass sie dem Mann alles überlässt und sie keine Lust hat, sich selbst einzubringen – oder sie erwartet aufgrund ihrer kulturellen Prägung, dass der Mann alles leitet. Ich übernehme gern die Führung beim Kennenlernen. Aber mir ist es zu anstrengend, wenn ich sie zu hundert Prozent trage. Wie soll daraus später eine Beziehung auf Augenhöhe entstehen? Wenn ich irgendwann keine neue Frage mehr stelle, kommt nach einer Woche einfach nur die Frage: »Wie geht's?« Und nicht mehr.

Ein weiteres Match habe ich mit Azza aus den USA, mit der ich einen schönen Abend im Yellow Flower Café in Penestanan, im Westen von Ubud, verbringe. Ich fühle mich wohl mir ihr, eine sympathische und inspirierende Frau. Ich mag ihren gelassenen Blick auf das Leben, ihren schönen Mix aus Leichtigkeit und Tiefgang. Und sie sieht umwerfend aus. Genau mein Typ. Sie hätte ich gern nochmals gesehen und besser kennengelernt. Aber sie schreibt mir nach dem Treffen, dass es für sie nicht so ist und wir uns aber gern freundschaftlich treffen können. Schade.

Links, rechts, rechts, rechts und noch ein Match: Ich lerne Mylena aus Australien kennen, eine supernette Powerfrau, die mir jedoch zu spirituell ist und ich ihr zu wenig. Sie hat das Sayuri vorgeschlagen, ein veganes Restaurant, das sehr bekannt ist. Mein Ort ist es nicht, zu viele Ubudians und das Essen liegt mir eher schwer im Magen. Mylena passt gut in diese Location. Sie kennt nur Liebe und Licht, Freude und Leichtigkeit, was an sich etwas Schönes ist. Das Leben besteht jedoch bei keinem Menschen nur aus dem Positiven.

> Ich habe den Eindruck, dass sie versucht, alles Schwere und Schmerzhafte mit glitzernder Regenbogenfarbe anzupinseln, in der Hoffnung, dass es dann verschwindet.

Das funktioniert vielleicht kurzfristig, aber langfristig ist es in meinen Augen keine empfehlenswerte Strategie. Klar ist es positiv, optimistisch zu sein und in den Schicksalsschlägen das Gute zu suchen. Aber Gefühle wie Trauer oder Wut gleich und dauerhaft lila oder rosa anzumalen, ist der psychischen

Gesundheit nicht förderlich. Zudem versucht sie mich ständig von irgendetwas zu überzeugen, was ist richtig, was ist falsch, was ist gut, was ist schlecht. Ich freue mich immer über andere Ansichten. Aber nicht, wenn damit die direkte oder indirekte Aufforderung einhergeht, es ebenfalls so sehen zu müssen.

Gefühle auf der Rennbahn

Ich wache auf und spüre dieses ungute Gefühl im Magen. Mein Verstand sucht kurz nach der Ursache und findet sie. Und damit verstärkt sich das Gefühl und breitet sich im gesamten Bauchbereich aus. Das fühlt sich nicht gut an und ich würde den unangenehmen Druck am liebsten wegschieben.

Einen positiven Gefühlscocktail mögen wir alle. Wenn sich auf dieser Gefühlsparty aber auch unangenehme Emotionen dazugesellen, möchten wir die Party am liebsten verlassen. So wie ich jetzt. Dabei war es nur ein Satz eines Freundes ...

Josi, die auch eine Villa in der Anlage bewohnt, hat Geburtstag und wir feiern ihn zu fünfzehnt. Im Pool wird Wasser-Volleyball gespielt, aus den Boxen tönt leichter Beat und das Buffet biegt sich unter unzähligen verschiedenen Speisen. Jeder hat etwas mitgebraucht: vegetarische Auberginen-Lasagne, veganen Fried Rice mit Tempeh und Tofu, Chicken-Wings in scharfer Barbecue-Soße oder vegetarische Chicken-Wings aus Blumenkohl, die fast wie die echten schmecken. Als Nachtisch gibt es glutenfreie Muffins, Melonenschnitze oder Kokosnuss-Eiscreme. Ein Fest für alle Sinne: Es riecht köstlich, schmeckt einzigartig und sieht schön aus. Die Stimmung ist entspannt, wie die meisten Menschen – und dann dieser eine Kommentar. Wie ein paar Worte meinen Gefühlszustand verändern können. Auch wenn es nur Worte sind und diese nicht mal der Wahrheit entsprechen müssen, wühlt es mich auf.

> Unsere Gefühle sind manchmal wie wilde Pferde. Bei einem kleinen Auslöser rasen sie los.

So wie Pferde plötzlich losgaloppieren, wenn es irgendwo leicht im Gebüsch knackt oder raschelt. Und im Nachhinein erkennen wir häufig, dass wir uns umsonst Sorgen gemacht haben, uns viel zu sehr aufgeregt haben oder andere unangenehme Emotionen unser Wohlbefinden zu stark beeinflusst haben – weil mit der Zeit, neuen Erkenntnissen oder mehr Gelassenheit alles nur halb so schlimm ist. Und die Zeit Wunden heilt. Doch in dem Moment, wenn es bei uns emotional im Gebüsch knackt, rennen wir los und überlassen unseren Gefühlen die Kontrolle. So wie ich gerade, wenn ich an das Gespräch von gestern denke.

Wie schön wäre es, wenn es in der Schule ein Unterrichtsfach zur mentalen Gesundheit gäbe. Das ist doch mindestens so wichtig wie Mathematik oder Geometrie. Nicht als Ersatz dieser Fächer, aber als Basis für einen gesunden und stabilen Selbstwert, für ein zufriedenes Leben. Damit wir in jungen Jahren lernen, wie wir mit unseren Gefühlen und den täglichen Herausforderungen im Leben am besten umgehen: Wie können wir auf Kritik reagieren, was können wir mit Frustration machen, wie können wir uns bei Unsicherheiten verhalten? Wenn ich über all die Verbesserungspotenziale nachdenke oder mich mit anderen darüber unterhalten, hätte ich gern so viel Macht, dass ich diese Aspekte sofort umsetzen könnte. Doch wäre ich dann innerlich stark genug, dass ich mit dieser Machtfülle wirklich das Gute fördere oder es mir dann nur noch um mich, meine Familie und Freunde geht – und natürlich um meinen Machterhalt und Machtausbau? Das würde ich gern einmal ausprobieren. Allein um zu sehen, ob meine Persönlichkeit und meine

Werte stabil genug wären und ich mich wirklich konsequent dem Guten verschreiben würde. Und die Maximierung der Zufriedenheit und Gesundheit aller und nicht nur weniger mein Tun bestimmen würde. So versuche ich eben im Kleinen mein Bestes. Mal gelingt es mir, mal weniger.

Auch wenn ich ein Psychologe bin, bin ich genauso ein Mensch wie jeder andere. Viele denken, dass wir Therapeuten und Psychologen mit allem entspannt zurechtkommen, weil wir alle Tools und Methoden kennen. Das wäre schön. Aber das Wissen und die Erfahrung im Umgang mit psychischen Herausforderungen schützen uns nicht davor, selbst Negatives oder Herausforderndes zu erleben. Vielleicht helfen uns die vielen Selbsterfahrungen, welche wir in Studium, Aus- und Fortbildung machen, sowie das ständige Reflektieren und Wachsen dabei, schneller durchzukommen. Aber sie verhindern nicht die unangenehmen Gefühle wie Frustration, Trauer, Ohnmacht oder Wut.

Andere vermuten, dass Therapeuten und Psychologen alle eins am Rad haben. Sicherlich gibt es welche, aber gibt es diese nicht in jeder anderen Berufsgruppe auch? Was allen Psychologiestudenten klar ist, ist, dass das Studium nicht dazu da ist, um sich selbst zu heilen. Vielleicht gibt es einen größeren Anteil an Menschen, die Psychologie studieren, die eine schwere Lebensgeschichte haben. Was ich persönlich als Vorteil ansehe für diesen Beruf – und im besten Fall Berufung: Wer selbst erlebt hat, wie schwer, frustrierend, verletzend oder gemein das Leben sein kann, muss Empathie und Mitgefühl nicht in der Theorie lernen. Sie ist in der Arbeit mit den Klienten einfach da. Ich persönlich sehe es als wichtig an, seine eigenen Verletzungen mehr und mehr aufzulösen, und damit freier und heiler zu werden. Sowohl im privaten als auch im beruflichen Leben.

Während ich über das Bild, das andere Menschen von Psychologen haben, sinniere, spüre ich den Druck in meiner Magengegend wieder. Ich liege noch im Bett und bin mit meinen Gedanken und Gefühlen bei dem Gespräch von gestern. Am liebsten würde ich die Gefühlsparty verlassen, aber es gelingt mir nicht. In solchen Momenten versuche ich mir immer vorzustellen, wie ich mit Klienten arbeiten würde. Und diese Impulse und Gedanken dann selbst zu befolgen.

Gefühle möchten gefühlt werden, rufe ich mir in Erinnerung, und versuche, nicht mehr dagegen anzukämpfen. Ich schließe meine Augen, atme tief ein und aus und beobachte einfach, was in meinem Körper passiert.

Ich akzeptiere einfach, dass diese Gefühle gerade da sind, und nehme sie an.

Mein Verstand wird zwischendurch immer wieder aktiv und brabbelt vor sich hin. Ich versuche, das einfach wahrzunehmen und mich dann wieder auf meinen Körper zu konzentrieren und diesen zu fühlen. Das zu fühlen, was in meinem Bauch passiert. Nach fünf Minuten geht es mir besser. Der Schmerz ist nicht weg, aber kleiner und weniger scharf. Das ist das Paradoxe, dass Empfindungen gehen, wenn wir sie wirklich fühlen. Wir können sie nicht wegdenken. Kurzfristig gelingt das manchmal, aber langfristig werden sie irgendwann wieder anklopfen und möchten gefühlt werden. Das wirkliche Fühlen ist so einfach und doch so schwer zugleich. Wieder ein Thema, zu dem es ein Unterrichtsfach geben sollte.

Ich habe genug gefühlt, fühle mich wesentlich leichter. Langsam strecke und recke ich mich. Ich ziehe mich an und freue mich auf meinen morgendlichen Spaziergang durch die Reisfelder. Die Natur wird mich auch unterstützen. Denn sie ist einer der besten Orte, um zu heilen. Dazu gibt es mittlerweile unzählige Studien und erstaunliche Ergebnisse. Beispielsweise heilen Menschen in einem Krankhaus besser, wenn vor ihrem Fenster ein Baum steht. Dann kann es ja nur gut für mich sein, wenn ich gleich barfuß zwischen den Reisfeldern und unter Palmen laufe.

Das Wischen geht weiter

Weiter geht das Wischen auf meinem Handy. Aus psychologischer Sicht sehe ich viele Vorteile, aber auch Nachteile in Dating-Apps. Wir haben die Möglichkeit, auf potenzielle Partner zu treffen, denen wir im wahren Leben nie begegnet wären oder die wir uns nicht getraut hätten anzusprechen. Doch gleichzeitig hat diese große Auswahl auch den Effekt, dass man häufig denkt: Da gibt es noch jemand Besseren oder Passenderen und aufgrund dieser großen Verfügbarkeit an Alternativen will man sich nicht festlegen. Zudem verleitet dieser anonyme Umgang dazu, dass wir uns nicht immer wertschätzend verhalten und damit andere verletzen. Wir sind mehr eine »Ware«, wie auf einem großen Wochenmarkt.

Links, rechts, links, rechts, Match. Ich date Juli aus Slowenien. Als ich den verabredeten Treffpunkt erreiche, kommt eine Frau auf mich zu und fragt mich, ob ich Wieland bin. »Ja, der bin ich.« Bevor ich sie fragen kann, woher sie mich kennt, sagt sie: »Schön, dich kennenzulernen, ich bin Juli.« Ich mustere sie, um irgendeine Ähnlichkeit mit den Fotos auf Tinder zu finden. Die Frau, die kurz darauf mit einem Matcha Latte neben mir sitzt, ist geschätzte zehn Jahre älter, gefühlt doppelt so schwer und hat in den Jahren wohl Dinge erlebt, die nichts mehr mit der leichten, freundlichen und positiven Frau auf den Bildern gemein hat. Mich stört nicht, dass sie ist, wie sie ist. Mich stört, dass sie mich und alle anderen Männer anlügt und ausschließlich Bilder aus einem anderen Leben hochgeladen hat. Wir alle kennen kleine Alltagslügen und nutzen diese. Aus Höflichkeit, Angst oder Egoismus erzählen wir nicht immer die ganze Wahrheit. Doch im Vergleich zu einer kleinen Unwahrheit ist das Verhalten von Juli für mich weitreichender, fast schon manipulativ. Klar möchten wir uns alle von unserer Schokoladenseite zeigen. Aber wenn es zwischen der Frau auf den Bildern und der im realen Leben keine Gemeinsamkeiten mehr gibt, geht mir das zu weit. Soll ich ihr das sagen? Ich weiß es nicht, traue es mich irgendwie nicht und lasse es schließlich. Wahrscheinlich hat sie es bereits an meinem verdutzten Gesicht gesehen.

Rechts, links, links, rechts ... Laut einer Studie haben bereits viele Menschen aufgrund der häufigen Smartphone-Nutzung einen Daumen, der bis zu fünfzehn Prozent länger ist als der andere. Eine Entwicklung, die zeigt, wie sich unser Körper an neue Gewohnheiten anpasst – Evolution durch Technologie. Ich date Valeria, die nur noch für wenige Tage in Ubud ist und dann wieder nach Mexiko zurückfliegt. Wir treffen uns im Biah Biah, einem Warung im Zentrum Ubuds. Wir hätten uns bestimmt noch häufiger getroffen, da wir uns beide sehr sympathisch finden, viel lachen und auf einer Wellenlänge schwimmen. So stelle ich mir mein perfektes Date vor. Was mir dabei bewusst wird:

> Menschen, die zufrieden mit sich und ihrem Leben sind und diese Fröhlichkeit und Zufriedenheit ausstrahlen, sind meistens die attraktivsten.

Diese positive Energie haben wir alle gern um uns. Einerseits verlieben wir uns häufig in unseren eigenen Entwicklungswunsch. Und andererseits zeigt diese positive Ausstrahlung, dass wir – zumindest auf den ersten Blick – nicht in die »Gefahr« kommen, für den anderen die Verantwortung für sein zufriedenes und erfülltes Leben tragen zu müssen. Klar sollten wir in einer Beziehung für den anderen da sein, wenn er uns braucht. Aber wir sollten nicht vollständig dafür verantwortlich sein, den anderen glücklich zu machen. Diese Aufgabe sollte in einer Partnerschaft jeder selbst übernehmen.

Wow, was für eine tolle Frau, da wische ich natürlich nach rechts. Leider kein direktes Match, aber zwei Tage später wird es zu einem. Und ich kann mit Salla schreiben, einer nordischen Blondine. Sie ist noch in Finnland, hat aber ihren Suchradius auf Bali beschränkt, da sie bald hier ankommen wird und hier länger leben möchte. Als sie hört, was ich beruflich mache, passiert das, was häufig passiert: Sie erzählt mir etwas Persönliches über sich, ohne dass ich sie danach gefragt habe. Wenn ich neue Menschen kennenlerne und sie mich nach meiner Arbeit fragen, gibt es darauf meist zwei Reaktionen: eine große Offenheit kombiniert mit dem Erzählen einer persönlichen Geschichte oder Fragen zu meiner Arbeit. Oder Schweigen im Walde und der Wechsel zu einem anderen Gesprächsthema. Salla gehört zur ersten Gruppe. Von ihr lerne ich etwas, das mir nie in meinem Psychologiestudium oder einer Fortbildung begegnet ist. Ich kannte nicht mal das Wort: Trichotillomanie. Sie erzählt mir offen, dass sie unter Trichotillomanie leidet. Bei dieser Störung ist man unfähig, dem Impuls zum Haareausreißen zu widerstehen. Das Ausreißen der Haare am Kopf oder der Augenbrauen, Wimpern oder Achselhaare ist häufig mit dem Gefühl wachsender innerer Spannung verbunden und einem anschließenden Gefühl von Erleichterung und Befriedigung. Natürlich möchten sich Betroffene die Haare nicht ausreißen, aber es gelingt ihnen oft nicht, diesem Impuls zu widerstehen. Daher gehört Trichotillomanie zum Spektrum der Zwangsstörungen.

Zwänge wie diesen gibt es häufiger, als wir denken. Sie bleiben jedoch häufig unsichtbar. Am verbreitetsten sind Wasch-, Kontroll- und Ordnungszwänge. Obwohl Zwangserkrankungen nach Depression, Angsterkrankungen und Süchten die vierthäufigste psychische Erkrankung sind, ist vergleichsweise recht wenig darüber bekannt. Mich haben Studien und die Theorie noch nie groß interessiert. Sie können wichtige Erkenntnisse liefern, aber ich beschäftige mich lieber mit den Menschen und wie uns Veränderungen im echten Leben gelingen, anstatt Studien zu designen oder durchzuführen. Veränderungen sind der Kern meiner Arbeit. Niemand kommt zu mir, der sagt: »Ich bin unzufrieden mit mir und ich möchte so bleiben.« Wer zufrieden und glücklich ist, hat wenig Grund und Motivation, sich zu verändern. Daher bringen uns Trauer, Frust, Ärger oder Ohnmacht in eine Beratung oder Therapie. Veränderung ist nicht immer einfach und leicht. Diese kann frustrieren, wehtun, Angst machen oder uns dazu bringen, dass wir etwas Gewohntes oder Sicheres aufgeben oder loslassen müssen. Diesen Prozess finde ich faszinierend. Wie gelingt diese Veränderung und wie kann ich Menschen mit meiner Arbeit dabei begleiten, ob persönlich, mit Büchern oder Onlinekursen.

Salla schreibt mir später, dass sie bereits als kleines Kind mit dem Haareausreißen angefangen hat. Heute kann sie darüber reflektieren, es passiert vor allem in stressigen und überfordernden Phasen.

> »Wenn ich wieder damit anfange,
> weiß ich, dass ich etwas in meinem Leben
> ändern muss. Es ist ein hilfreicher Maßstab
> für meinen psychischen Zustand.«

Ich mag Menschen, die offen und ehrlich sind. Zum einen sind mir Menschen sympathisch, die auch zu ihren Schwächen stehen. Und zum anderen entsteht mehr Nähe und Vertrauen, wenn man sich gegenseitig seine Licht- und Schattenseiten zeigt. Wir schreiben lange Nachrichten und telefonieren irgendwann. Ich auf Bali, sie noch in Finnland. Später schreibt sie mir, dass sie doch nicht kommen kann. Es soll wohl nicht sein.

Irgendwann reicht es mir. Ich höre auf zu wischen und schreibe nur noch mit vereinzelten, bereits vorhandenen Matches. Es ist ein netter Zeitvertreib, der Freude, aber auch Frustration verursacht. Die Liebe meines Lebens habe ich hier bisher nicht kennengelernt, aber viel über Menschen,

Online-Dating und mich. Über mich habe ich gelernt, dass Online-Dating nicht meine Lieblingsbeschäftigung werden wird, ich möchte den Menschen live sehen und erleben. Zudem hatte ich die Möglichkeit, mit Frust und Ablehnung einen Umgang zu finden, und habe erkannt, wie herausfordernd das Dating sein kann, wenn Menschen nicht wertschätzend miteinander umgehen. Ich bin lieber in der realen Welt unterwegs und lerne da Frauen kennen, die zu mir passen und ich zu ihnen. Das spart Zeit und Nerven, weil beide von vornherein den realen Menschen sehen und schneller erkennen können, ob die Wellenlänge grundsätzlich stimmt. So ist zumindest meine persönliche Erfahrung mit Tinder.

Es soll wohl nicht sein, dass ich mich aktuell verliebe. Die meiste Zeit bin ich im Reinen damit, dass ich aktuell Single bin. Das erlaubt mir auch, leichter dieses freie Leben ohne Wohnsitz und Verpflichtungen zu leben. Manchmal sehne ich mich jedoch nach einer Beziehung und dem Gemeinsamen, der Nähe und dem Vertrauen. In diesen Momenten frustriert es mich, dass ich ihr noch nicht begegnet bin. Irgendwas wird sich das Universum schon dabei gedacht haben, versuche ich, mir gut zuzureden, und widerstehe dem Impuls, Tinder nochmals herunterzuladen. Wenn es sein soll, wird sie in mein Leben treten, auch ohne Dating-App.

Die kleinen Momente

Ein paar Tage später fliege ich nach Singapur, um Freunde zu treffen und mein Visum zu erneuern. Ich sitze im Flugzeug von AirAsia, das mich für nur 22 Euro transportiert. Der Preis ist gering, die Beinfreiheit dafür aber auch. Während ich mit meinen Knien an den Vordersitz stoße und ein paar Erdnüsse knabbere, will es mir einfach nicht einfallen. Schräg vor mir sitzt ein Typ, der mich an jemanden erinnert.

Doch ich weiß nicht, an wen. Das macht mich halb verrückt. Doch je mehr ich mich anstrenge, desto weiter entfernen sich meine Gedanken von der Lösung.

Ich döse weg und lausche dem monotonen Geräusch der Flugzeugturbinen. Irgendwo vorn brüllt ein Kind und ich erinnere mich an den schlimmsten Lärm meines Lebens während eines Fluges. Von Bishkek in Kirgisien nach Istanbul in der Türkei. In der Reihe vor mir sitzt eine Mutter, die ihr etwa einjähriges Kind auf dem Arm hält. Den ganzen Flug in der gleichen Position: Der Kopf des Babys schaut zwischen den Vordersitzen zu uns nach hinten. Es hört sich an, als ob mir das Kind direkt ins Ohr brüllt. Fast die gesamte Flugdauer von knapp sechs Stunden. Die Mutter scheint es nicht zu stören. Das eigene Kind im Arm zu halten ist an sich etwas Schönes. Körperkontakt ist für Kinder nachgewiesenermaßen sehr förderlich, denn das gibt Sicherheit und stärkt das Urvertrauen. Doch für mich und meine Schwestern, die auf den beiden Plätzen neben mir sitzen, ist in diesen Stunden nicht an Schlaf zu denken. Und vielleicht hätte sich das Kind auch ein wenig beruhigt, wenn es nicht die gesamte Zeit wie ein Sack auf der Schulter der Mutter gehangen und ein wenig Aufmerksamkeit bekommen hätte.

> Manchmal reicht eine Kleinigkeit,
> wie ein schreiendes Kind, die einen
> emotional richtig herausfordert.

Während ich an dieses Ereignis denke, weiß ich plötzlich wieder, an wen mich der Inder vor mir erinnert. Wie das Gehirn eine solche Information plötzlich wiederfindet, obwohl es in dem Moment gar nicht mehr im Fokus ist, bleibt mir ein Rätsel.

Doch zurück zur eigentlichen Geschichte von dem vor mir sitzenden Typen auf meinem Flug von Bali in den knapp zweieinhalb Stunden entfernten Insel- und Stadtstaat. Einmal sitze ich in Thailand am Strand und esse ein mäßig leckeres Kokosnuss-Eis. Irgendwie scheint dem Hersteller bei der Produktion der gesamte Sack Zucker in den Topf gefallen zu sein. Während ich abwäge, ob ich den gefrorenen Zuckerberg aufesse oder wegschmeiße, schlendern zwei Typen an mir vorbei. Links läuft ein Inder, etwa Mitte zwanzig, daneben ein Weißer, ebenfalls etwa in seinem Alter. Sie unterhalten sich auf Englisch, sodass ich ihre Unterhaltung für wenige Augenblicke verfolgen kann. Der Inder blickt den anderen an und fragt ihn in leicht vorwurfsvollem Ton: »Warum trägst du heute kein Blumen-T-Shirt?« Gleichzeitig zupft er stolz an seinem Shirt, welches vorn und hinten von oben bis unten mit hübschen Blumenmotiven versehen ist. Leider sind der Wind und das Meeresrauschen zu laut, sodass ich die Antwort nicht mehr verstehen kann. Ich höre nur noch ein »weil …« in entschuldigendem Tonfall, kombiniert mit einem Achselzucken.

Ich liebe solche kleinen, eigentlich unbedeutenden Alltagssituationen, freue mich des Lebens und schlecke weiter an meiner kalten Zuckermasse.

> Es müssen nicht immer die großen Momente sein. Manchmal reicht ein Blumenmuster auf einem T-Shirt, das einem das Leben versüßt.

Schlaf, Kindlein, schlaf

Singapur erschlägt mich jedes Mal. Es ist, als käme ich aus einem ruhigen Bergdorf in der Schweiz nach München in die Maximilianstraße, wenn verkaufsoffener Sonntag ist. Zwei Welten, die nicht unterschiedlicher sein könnten. Der Reichtum, der Protz, der Überfluss, das ist mir alles zu viel. Zu laut, zu schnell, zu getrieben. Und doch faszinieren mich die

Stadt und das Leben dort, weil es mir etwas deutlich macht: Wir Menschen führen verschiedene Leben und haben unterschiedliche Werte – und das alles auf diesem kleinen Planeten Erde. Nach ein paar Tagen reicht es mir und ich freue mich, wenn ich zurück nach Bali darf. In die Welt, in der ich mich zu Hause und wohl fühle. Vielleicht zeigt uns dieses Gefühl »Ich will nach Hause, ich vermisse es«, wo unsere Heimat ist. Heimat ist für mich nicht mehr die Stadt, die im Pass steht, oder unser Geburtsort, sondern der Ort, an dem mein Herz anfängt, vor Freude zu singen.

Bei diesem Kurztrip nach Singapur treffe ich mich mit einem guten Freund und seiner Familie. Wir krabbelten schon als Babys zusammen auf dem Boden, spielten in der Jugend gemeinsam Fußball und blieben unser Leben lang in Kontakt.

Die Hotels sind ausgebucht oder unbezahlbar und so buche ich eine Schlafkapsel. Sie ist etwa 2,10 Meter lang, 1,60 Meter breit und ebenso hoch. Etwa 80 Euro zahle ich dafür pro Nacht. Doch für mich ist es das erste und letzte Mal. Es ist zwar gemütlich, in so einem Kokon zu schlafen, und alles ist neu, sauber und bequem. Aber leider auch laut. Ich höre sprichwörtlich jeden Pups der Bewohner der anderen Kapseln. Die Hotelangestellten habe zudem große Freude daran, nachts um drei Uhr noch etwas zu kochen. Nach meiner eindringlichen Bitte sind sie immerhin zehn Minuten etwas leiser, aber diese Zeit reicht mir nicht, um in den Tiefschlaf zu finden. So verbringe ich wohl oder übel diese Nächte größtenteils im müden Wachzustand. Und bekomme eine Nachricht in einer WhatsApp-Gruppe aus Bali. Eine Freundin von Freunden liegt mit schwersten Verletzungen im Krankenhaus. »Wer kann sie in Sanur besuchen?« Da ich zwei Tage später sowieso zurückfliege und das Krankenhaus nicht weit vom Flughafen ist, biete ich meine Unterstützung an. Auch wenn ich sie nicht kenne, gibt es hier diesen Zusammenhalt der digitalen Nomaden oder Touristen. Wir alle sind in der Ferne und gern füreinander da.

Während ich an sie denke und versuche, endlich Schlaf zu finden, kommt mir eine andere besondere Schlafsituation in den Sinn und ich überlege mir, welche mir lieber war: Die Kabine, in der ich gerade in Singapur liege, oder die Betonpritsche in einem Meditations-Seminar vor einigen Jahren. Die Schlafkoje gewinnt mit hauchdünnem Vorsprung. Denn das Betonbett mit einer dünnen Schaumstoffunterlage und einem Hauch von nichts zum Zudecken war zwar etwas größer, hatte dafür aber einige andere Nachteile.

Das »Zimmer« damals in Sri Lanka hatte zwar Wände, aber keine Decke. Nur ganz oben das Dach. Das schützte uns vor Regen, aber sonst vor nichts. Nachts ist es richtig kalt und die dünne Bettdecke hält die frische Bergluft nicht ab. Ich breite mein dünnes Reisehandtuch zusätzlich über mir aus, friere aber dennoch. Zudem schläft der Weltmeister des Schnarchens direkt neben mir. Doch das ist nicht das einzige Problem. In der dritten Nacht wache ich auf, nachdem ich irgendwann doch noch in den Schlaf gefunden habe. Doch nicht der Schnarcher nebenan ist der Grund, sondern ein fieser Gestank. Müde reibe ich mir die Augen. Verdammt, warum sind meine Haare nass, mein Kissen und meine Zudecke ebenso? Schlaftrunken bin ich jetzt nicht mehr. Welches Tier auch immer das war, es hat es tatsächlich geschafft, mich um eine halbe Nacht zu bringen.

Aber ich bin zu müde, um mich darüber aufzuregen. Mir fehlt die Kraft, aktiv zu werden. Ich schlurfe zwar zur stinkenden Toilette und der verdreckten Dusche und versuche, mir den Kopf und die Hände zu waschen. Mit mäßigem Erfolg, der Gestank wird weniger, ist aber immer noch präsent. Zum Glück bin ich zu platt und habe keinen Antrieb. Ansonsten hätte ich wahrscheinlich meine sieben Sachen gepackt und wäre in ein Hotel gezogen. Wobei das gar nicht möglich war, wir hatten ja unsere Ausweise abgeben müssen, damit wir eben nicht aus einer Emotion heraus das Schweigeretreat verlassen. Und die nächste Behausung wäre zu Fuß mindestens eine Stunde entfernt. Ich bleibe also hier. Es sind mit die herausforderndsten Nächte in meinem Leben. Nicht ohne Grund wird Schlafentzug als Foltermethode genutzt. Ohne ausreichend Schlaf nimmt beispielsweise unsere körperliche und geistige Leistungsfähigkeit ab, wir sind sensibler und schneller gestresst, unser Immunsystem wird geschwächt, unser gesamtes Wohlbefinden leidet. So weit ist es bei mir zum Glück nicht, aber trotzdem: Ich habe keine Ruhe wegen meines schnarchenden Nachbarn. Ich liege nicht gemütlich – die dünnste vorstellbare Schaumstoffmatratze fordert meinen Rücken und Nacken. Es ist nicht angenehm warm – die Kälte nachts in den Bergen Sri Lankas, ohne eine richtige Zudecke, lässt mich frieren. Und dazu gesellt sich der beißende Gestank, der mir schon fast Tränen in die Augen treibt.

Manchmal wird mir erst im Nachhinein bewusst, was ich eigentlich durchgemacht habe.

Währenddessen bin ich so damit beschäftigt, mit allem klarzukommen, dass ich die Tragweite oder die Tiefe der Erfahrung erst später erkenne. Am nächsten Tag werfe ich mein Handtuch weg und werde damit in den nächsten Nächten noch mehr frieren. Zudem verfasse ich eine Bitte auf einem kleinen Zettel und werfe ihn in die dafür vorgesehene Box. Sprechen dürfen wir ja nicht auf dem zehntägigen Schweige-Seminar. Später am Tag zeigt mir ein Mönch schweigend eine andere Schlafkabine. Zwei Türen weiter als meine vorherige. Auf der anderen Seite des Schnarchers. Aber immerhin bleibe ich hier in den darauffolgenden Nächten von einer weiteren Urindusche von oben verschont.

Irgendwann komme ich zurück von meinem Gedankenausflug zu meiner Betonpritsche in Sri Lanka ins Hier und Jetzt in meine Schlafkapsel in Singapur. Die Angestellten haben weiterhin Freude an einer lauten Unterhaltung. Mir ist es mittlerweile zu blöd, mich zum dritten Mal zu beschweren, und ich finde irgendwann in den frühen Morgenstunden doch noch eine halbe Mütze Schlaf.

Schwere Zeiten überstehen

Das Krankenhaus sieht aus wie in einer amerikanischen Daily Soap. Neu, modern und toporganisiert. Besser, als ich es von Deutschland in Erinnerung habe. Glücklicherweise kenne ich diese Gebäude nicht gut von innen. In meiner Jugend befand ich mich das allererste Mal in meinem Leben in einem. Ein Fußballspiel bescherte mir einen Kapselriss. Ich weiß es noch wie heute, nicht aufgrund des Schmerzes im Fuß, sondern weil an diesem Morgen die Flugzeuge ins World Trade Center flogen. Ein einschneidendes Erlebnis für viele. Aber das Leben geht weiter. Vor allem, wenn man nicht persönlich betroffen ist, rücken solche Katastrophen mit der Zeit immer mehr in den Hintergrund. Doch auch für die direkt Betroffenen geht das Leben weiter. Zwar anders, aber das Leben bleibt nicht stehen. Im besten Fall finden Betroffene mit der Zeit mehr und mehr Akzeptanz dem Schicksal gegenüber und Frieden im Herzen.

Der Geruch hier im Krankenhaus in Sanur auf Bali erinnert mich an den Flughafen in Singapur, nur etwas intensiver. Reinigungs- und Desinfektionsmittel in vertrauter Zweisamkeit. Am Empfang treffe ich eine Freundin, mit der ich die Verletzte besuche. Diese ist vollgepumpt mit Morphium und anderen Medikamenten. Sie hatte Glück im Unglück, da der Unfall nicht weit weg von dieser modernen Privatklinik passierte und sie gleich hierhergebracht wurde. Aber das hat seinen Preis. Tausend Dollar kostet eine Nacht nur für Bett, Essen und Pflege. Die OP und die Arztvisite kommen noch extra dazu. Trotz ihres Dämmerzustandes freut sich die junge Frau über unseren Besuch. Sie ist voller Emotionen: Wut, dass sie jetzt wieder zurückfliegen muss zu ihrer verhassten Familie und erneut von dieser abhängig sein würde. Dankbarkeit, dass sie ihr rechtes Bein doch nicht verloren hat. Angst, wie sie die Operationen bezahlen soll, denn sie hat keine Krankenversicherung. Verzweiflung, weil sie erst seit zwei Tagen auf der Insel war, als dieser schreckliche Unfall mit dem Roller geschah.

Manchmal scheint das Leben komplett andere Pläne zu haben als wir selbst.

Während der Chefarzt zu seiner Visite vorbeikommt, warte ich draußen und denke über die junge Frau und das Leben nach. Sie hatte einen schweren Unfall und hat jetzt mit all den Folgen zu kämpfen. Aber das Kostbarste besitzt sie noch: ihr Leben. Wie oft passiert etwas in unserem Leben, womit wir nicht gerechnet haben? Wir haben einen Unfall, wir verlieren unseren Job, unsere Partnerschaft geht in die Brüche oder unser Kind wird unheilbar krank. Wie wir mit diesen Schicksalsschlägen umgehen, ist individuell. Aus Praxis und Forschung weiß man jedoch, dass es einige Aspekte gibt, die uns das Schwere leichter überstehen lassen. Dazu gehört die soziale Unterstützung: Wer Halt bei Familie, Freunden, in der Gemeinschaft oder bei einer Therapie findet, profitiert davon. Akzeptanz ist ebenso wichtig: Wenn wir den Schicksalsschlag annehmen lernen, können wir Schritt für Schritt aus der Ohnmacht, der Wut und der Trauer herauskommen. Diese Gefühle zu fühlen, ist richtig und wichtig. Und irgendwann hilft es uns, wenn wir inneren Frieden damit finden und sagen: Das Geschehen war nicht mein Wunsch, aber ich akzeptiere es – oder ich bin gewillt, es immer mehr zu akzeptieren. Letzteres allein kann schon viel verändern. Auch einen Sinn in der schwierigen Situation zu finden, hat eine direkte positive Wirkung. Das kann bedeuten, dass wir in dem Schicksalsschlag die Möglichkeit der persönlichen Entwicklung erkennen, es als eine Lernaufgabe des Lebens ansehen und nicht als eine Bestrafung. Das alles nimmt uns den Schmerz nicht innerhalb von Minuten, Stunden oder Tagen. Aber es verändert ihn fortwährend und es verändert unseren Blick auf das Leben und die Herausforderungen. In meiner Erfahrung ist es auch hilfreich zu erkennen, dass jeder Mensch im Leben vor Herausforderungen steht und Krisen erlebt. Wir sind also nicht allein damit. Ohne Schmerzen – ob körperlich oder seelisch – geht es für niemanden im Leben.

Nach eineinhalb Stunden verlassen wir das Krankenbett. Einmal tief ein- und ausatmen. Die Schwerstverletzte ist noch weit davon entfernt, ihre ungewünschte Situation zu akzeptieren, was völlig normal ist. Vielleicht wird es in Wochen, Monaten oder Jahren so weit sein. Davor ist es wichtig, wirklich alle Gefühle zuzulassen, sei es die Wut auf das Universum oder die Trauer über das Schicksal. Da ich selbst gern schnell mit dem Roller unterwegs bin, ist das für mich eine gute Warnung, mein Tempo etwas zu verringern. Mal sehen, wie lang das anhalten wird.

Zwischen Faszination und Angst

Der kleine blau-gelbe Fisch mag es anscheinend nicht, wenn ich ihm folge. Ich möchte ihn nur beobachten, nicht fangen und verspeisen. Aber das weiß er ja nicht. Für ihn wirke ich groß und bedrohlich. Obwohl ich im Vergleich zu ihm langsam und schwerfällig bin und keine Chance hätte, ihn mit bloßen Händen zu fangen. Er ändert in wenigen Augenblicken fünfmal seine Richtung. Meine Augen können ihm folgen, mein Körper nicht mal ansatzweise. Zum Glück gibt es hier sehr viele Fische und meine Augen können sich an anderen Meeresbewohnern sattsehen. Das Schnorchel-Equipment ist schon in die Jahre gekommen und zwingt mich immer wieder über Wasser.

Amed im Nordosten Balis ist ein verschlafenes Fischerdorf, das sich über einige Kilometer zwischen dem Sandstrand und den grünen Bergen erstreckt. Auf beiden Straßenseiten gibt es Unterkünfte, kleine Warungs und Tauchschulen. Der Sandstrand ist schwarz und wird daher sehr heiß. Als ich vor dem Schnorcheln meine Flipflops ausziehe, verbrenne ich mir in der Mittagssonne meine Fußsohlen. Der Sand stammt vom Vulkan Mount Agung, der majestätisch in die Wolken ragt. Er ist der höchste und aktivste auf Bali. Bei Sonnenuntergang sieht die Kulisse vom Sandstrand mit dem Vulkan und dem Meer malerisch aus. Ein paar Auswanderer leben hier, sonst sind es Touristen, die hauptsächlich zum Schnorcheln und Tauchen hergekommen sind. Verglichen mit Ubud sagen sich hier Hund und Katze gute Nacht.

Während ich gemütlich die Fische und Korallen beobachte, sehe ich unter mir plötzlich eine schnelle Bewegung. Diese katapultiert mich gedanklich aus meinem entspannten Schnorcheln. Dorthin, als ich fast mein Leben im Meer gelassen hatte. Damals bin ich weit draußen vor der australischen Küste im weltberühmten Korallenriff geschnorchelt. Bunte Fische, soweit das Auge reicht, und wunderschöne Korallen. Wir sind seit zwei Tagen mit einem Segelschiff im Great Barrier Reef unterwegs. »Hier braucht ihr keine Angst vor Haien zu haben«, hat uns unser Guide und Segelmaster direkt zu Beginn unseres dreitägigen Segelausflugs beruhigt. Ich kann hier demnach entspannt schnorcheln, tauchen und mit meiner geliebten Arschbombe vom Schiff in den Ozean springen. Ich puste den Schnorchel leer, setze die Maske auf und lasse mich von den Wellen immer weiter vom

Schiff wegtragen. Ab und zu schaue ich mich um. Solange ich es noch sehe, bin ich beruhigt. Sekunden später sieht es dagegen anders in mir aus. Etwas großes Dunkles, das sich schnell und für einen Augenblick unter mir bewegt, lässt mich innerlich aufschrecken. Wird schon nichts sein, versuche ich mich selbst zu beruhigen. Haie gibt es hier nicht und vielleicht war es nur der Schatten eines Vogels, welcher über mir flog.

Ich bestaune die Schönheit und Farbenfreude der Unterwasserwelt. Ich liebe es, wenn ein Fischschwarm tanzt, das könnte ich Stunden beobachten. Zudem ist die Ruhe hier draußen unbeschreiblich. Doch leider ist es jetzt vorbei damit: Etwa fünf Meter unter mir schwimmt ein Hai. Es ist meine erste Begegnung mit diesem Raubfisch. Er zieht unter mir ruhig seine Kreise. Jetzt wäre ein guter Zeitpunkt, zurück zum Schiff zu schwimmen, kommt mir in den Sinn. Mein Verstand funktioniert demnach noch. Ich hoffe, dass es nicht zu weit entfernt von mir ist, und strecke meinen Kopf kurz über die Wasseroberfläche. Zweihundert Meter sind es etwa. Während mein Kopf noch oben ist, frage ich mich, ob es eine gute Idee war, den Hai für diese zwei Sekunden aus den Augen zu lassen. Was, wenn er genau diesen Augenblick ausnutzt und mich angreift? Doch ich habe Glück, er ist weiterhin direkt unter mir und dreht gemütlich seine Runden. Es scheint, dass er ein wenig höher gekommen ist. Aber die Entfernungen unter Wasser abzuschätzen, ist nicht leicht. Ich kann mich auch irren. Ich mache mich auf den Rückweg und paddle mit meinen Schwimmflossen seelenruhig Richtung Segelboot.

Meter um Meter komme ich meiner Rettung näher. Mein neuer neugieriger Freund bleibt mir auf den Fersen. Was für eine Naturgewalt dieser Hai ist, wie anmutig und stolz er sich bewegt, erzählt mir mein Verstand. Besser ein bisschen Geplapper in meinem Kopf als Panik. Noch fünfzig Meter, schätze ich, und bleibe in meinem Paddelrhythmus. Der Hai scheint mich zu mögen, denn er bleibt weiterhin bei mir, und er verschont mein Leben. Bis jetzt zumindest. Noch zehn Meter, dann habe ich es geschafft. Noch fünf, noch zwei, dann halte ich die Leiter in der Hand, ziehe mich aus dem Wasser und klettere aufs Schiffsdeck. Wie ein Roboter laufe ich zum Kapitän, der gerade das Abendessen zubereitet. Ich erzähle ihm, was eben passiert ist, und er schaut mich mit großen Augen und offenem Mund an. »Yes«, versichere ich ihm, »that's not one of my German jokes.« »Die Beute zu umkreisen, ist in der Regel die Vorbereitung auf einen Angriff«, erzählt uns der Kapitän. Mittlerweile sitzen alle um mich herum und lassen sich meine letzten zehn Minuten schildern. Zum Glück waren es nicht tatsächlich meine letzten. Erst jetzt wird mir das alles richtig bewusst. Glücklicherweise, denn das kann meine Rettung gewesen sein. Wenn ich in Panik geraten wäre und im Wasser wild, schnell oder laut um mich gepaddelt und geschlagen hätte, wäre ein Angriff viel wahrscheinlicher gewesen.

Die Aussage »In der Ruhe liegt die Kraft« hat noch nie besser zu meinem Leben gepasst. Und es mir gerettet.

In einem panischen Zustand wäre ich wahrscheinlich nicht in der Verfassung gewesen, das Schiff direkt anzusteuern. Ich wickle mein großes oranges Badhandtuch um mich. Mir ist kurz kalt geworden, obwohl wir um die achtundzwanzig Grad Lufttemperatur haben. Meine Schutzengel sind gute Begleiter, nicht nur auf dem Roller und Motorrad, sondern auch im großen weiten Ozean. Ich schicke ein großes Dankeschön hoch ins Universum.

Das Leben ist kein Wettbewerb

Zurück von meinem kurzen Ausflug nach Amed, wagte ich in Ubud einige Tage später etwas Neues: Meine erste Yogastunde steht an. Für andere ist das etwas Entspanntes und Gewöhnliches. Aber ich bin nervös. Nachdem ich schon seit längerer Zeit mehrmals in der Woche Yoga Nidra mache, besuche ich heute meine erste »richtige« Yogastunde.

Der Lehrer, ein durchtrainierter Typ mit Tattoos, tiefer Stimme und Muskelshirt, ist mir gleich sympathisch. Jemand, der auf dem Boden geblieben ist und kein übertriebenes spirituelles Dauergrinsen im Gesicht trägt. Ich nehme mir eine Yogamatte, ein Kissen und zwei Blocks und suche mir einen freien Platz. Nervös setze ich mich auf das Kissen und bin gespannt, was jetzt folgen wird. Etwa zwanzig andere befinden sich in der Yoga-Stunde und ich habe das Gefühl, der einzige Anfänger zu sein. Ich bin in Badehose und T-Shirt hier und nicht mit passender Yoga-Kleidung. Auch kann ich nicht, wie viele andere, entspannt für lange Zeit aufrecht im Schneidersitz sitzen. Dazu ist mein Körper nicht flexibel genug. Doch bevor ich mir noch mehr Sorgen machen kann, geht es los. Zum Glück. Ich schaue immer wieder um mich, um zu sehen, wie man die Posen richtig macht. Meine Vorderfrau, braun gebrannt, blonder Pferdeschwanz und in Yogapants, verdeckt mir zwar meist die Sicht auf den Yoga-Lehrer, aber ich schaue sie gern an.

Ich gebe mein Bestes. Und dennoch komme ich mir bei manchen Posen und Bewegungsabläufen wie der größte Vollpfosten vor. Bei den anderen sehen die Übungen harmonisch, sportlich und einfach aus. Mich überfordern sie teilweise. Ich weiß gar nicht, worauf ich achten soll: meine Beine, meine Arme, meine Atmung, meine Gedanken, den Schmerz oder doch auf das, was meine Augen vor mir sehen. Zudem bin ich immer wieder erstaunt, welche Muskeln es in meinem Körper gibt und wie unterschiedlich diese wehtun können. Alles ist neu für mich. Vielleicht verfliegen genau darum die sechzig Minuten so schnell. Vor dem Ende der Stunde liegen wir alle beim sogenannten »Shavasana« bewegungslos auf dem Rücken und entspannen Körper und Geist. Mein Körper ist entspannt, die Erholung hat er sich wirklich verdient. Doch mein Geist ist noch wach und fragt sich, was wir da gerade gemacht haben. Warum habe ich mich mit den anderen ständig verglichen und mich dabei bewertet und abgewertet? Es ist meine erste Yogastunde, aber auch wenn es die fünftausendste wäre, war ich gerade nicht sehr freundlich zu mir selbst. Mein Körper ist mein Körper, meine Geschichte ist meine Geschichte und niemand ist in meinen Fußstapfen gegangen. Und solange ich mich vergleiche, bin ich nicht bei der Sache, nicht bei mir, sondern bei anderen.

Das Leben ist kein Wettbewerb, sondern eine Erfahrung. Und jeder macht seine eigenen.

Mit etwas mehr Mitgefühl mir selbst gegenüber verlasse ich das Yoga Barn und habe nicht nur etwas über Yoga gelernt, sondern auch über meinen Verstand und inneren Kritiker.

Diese innere Stimme haben wir alle in unserem Kopf. Sie beurteilt uns selbstkritisch oder formuliert negative Gedanken und Überzeugungen über uns. Sie kann uns im Leben eine Hilfe sein: indem sie uns antreibt, motiviert und zum Reflektieren anspornt, wenn wir mit uns oder mit anderen nicht gut umgegangen sind. Doch viel häufiger schaden wir uns selbst damit: Sie erzählt uns, dass wir nicht gut genug sind, dass wir Fehler gemacht haben oder dass wir versagen werden. Dieser innere Kritiker kann dazu führen, dass wir uns ständig mit anderen vergleichen und uns damit minderwertig fühlen.

Häufig finden wir die Ursache dieser negativen Denkmuster mit ihren unrealistischen Standards und Erwartungen in unserer Kindheit: In der frühen Kindheit prägen uns Ablehnung, Kritik und Leistungsdruck, sei es von Eltern, Mitschülern oder Lehrern. Das Gehirn eines Kindes bis etwa zum siebten Lebensjahr kann diese Aussagen nicht filtern und nimmt sie ungefiltert als Wahrheit an. Es fehlt eine Instanz, die überprüfen kann, ob das Gesagte tatsächlich stimmt. Als Erwachsene haben wir die Fähigkeit, solche Kommentare zu hinterfragen. Wenn uns Mama sagt, dass wir faul sind, oder Papa, dass wir dumm sind, neigen wir als Kind dazu, ihnen zu glauben, da sie unsere Eltern sind und vermeintlich die Wahrheit über uns kennen. So nehmen wir diese Aussagen als Realität an und entwickeln negative Denkmuster, die sich immer tiefer in uns festsetzen. Irgendwann glauben wir selbst, dass wir faul und dumm sind, was wiederum unser Verhalten beeinflusst. Wir trauen uns weniger zu, weil wir uns als unfähig wahrnehmen, beispielsweise eine einfache Rechenaufgabe zu lösen.

Es gibt verschiedene Ansätze, um mit unserem inneren Kritiker umzugehen und ihn zu überwinden. Eine effektive Strategie besteht darin, uns bewusst zu machen, dass die negativen Gedanken und Überzeugungen nicht zwangsläufig der Wahrheit entsprechen, sondern das Ergebnis ungünstiger Erfahrungen sind. Indem wir uns in den Momenten, in denen der Kritiker aktiv wird, dieser Tatsache bewusst werden, nehmen wir ihm Macht und Einfluss. Anschließend können wir unserem inneren Kritiker auf humorvolle Weise begegnen und zum Beispiel sagen: »Hallo, da bist du ja wieder. Ich habe gehört, was du eben über mich gesagt hast. Ich habe geprüft, ob da etwas dran ist, und bin zu dem Schluss gekommen, dass es auch eine andere Sicht, eine andere Bewertung gibt. Und dieser möchte ich heute zuhören.«

Es ist ein Prozess, unseren inneren Kritiker zu erkennen, zu verstehen und zu überwinden. Dieser erfordert Geduld, Selbstreflexion und die Bereitschaft, unsere negativen Denkmuster bewusst zu hinterfragen und zu verändern. Genau das werde ich mir für meine nächste Yoga-Einheit vornehmen. Jetzt habe ich auch mehr Mut, mich einer weiteren Stunde zu stellen.

Beziehungsglück ist Arbeit

Es regnet in Strömen. Nicht die niedlichen, sympathischen Tropfen. Nein, das hier ist die aggressive Variante. Seit ich die Regenzeit in Indonesien, Malaysien oder Thailand kenne, ist der Regen, den ich aus Deutschland kenne, für mich die homöopathische Variante davon. Meine Hängematte schwingt langsam hin und her und der Duft des Regens liegt in meiner Nase. Der erste kleine Regenbach bahnt sich seinen Weg auf den rötlichen Fliesen unter meiner Hängematte Richtung Esstisch und weiter zur Außenküche.

Obwohl der Strom und damit das Internet bei Starkregen häufig ausfällt und ich bei dem lauten Hintergrundgeräusch nicht immer alles höre, möchte ich probieren, ob ich mit jemandem telefonieren kann. Ich erreiche Ellen, meine Ansprechpartnerin bei einer der größten deutschsprachigen Frauenzeitschriften. Wir haben uns zu einem Interview verabredet. Sie schreibt einen Artikel mit Beziehungstipps aus der internationalen Perspektive: Wie verbessern Paare in verschiedenen Ländern ihre Partnerschaft? Von den USA über Frankreich bis nach Indien trägt sie die besten Tipps zusammen. Ich warne Ellen gleich vor, dass wir hier in Ubud ein Gewitter erwarten und die Verbindung ausfallen könnte.

Bei meinen ersten Interviews war ich angespannt und bereitete mich lange auf die Gespräche vor. Ich weiß noch, wie die Redakteurin vom FOCUS in meinen Beratungsräumlichkeiten saß, kurz nachdem ich diese eröffnet hatte. War ich damals nervös! Gleich das Magazin der FOCUS als mein allererstes Interview, ich konnte es kaum glauben. Mittlerweile bleibe ich entspannt. Die Erfahrung, mit allen großen Medien, ob TV, Zeitungen, Magazine oder Online-Medien, gesprochen zu haben, brachte mir die innere Ruhe und nötige Selbstsicherheit. Heute bleibe ich sogar in meiner Hängematte und führe das Gespräch während eines Regengusses.

Mittlerweile prasselt der Regen noch stärker. Ich muss meine Hängematte mit meinem Schreibtischstuhl tauschen, der im ersten Stock auf dem Balkon steht. Von hier oben habe ich den Blick auf den blauen Pool und viele grüne Palmen und Bäume. Es gibt sicherlich unangenehmere Orte zum Arbeiten.

Gerade beantworte ich die Frage von Ellen, wie Paare in einer langfristigen Beziehung durch Gespräche verbunden bleiben können. »Ich empfehle Paaren häufig die Zwiegespräche nach Michael Lukas Moeller«, beginne ich meine Antwort. Weiter komme ich nicht, denn ein Donnerschlag lässt mich gefühlte zehn Zentimeter auf meinem Stuhl hochfliegen. Die Telefonverbindung ist getrennt, doch ich versuche es gleich wieder bei ihr.

Die Zwiegespräche sind eine wundervolle Gesprächsmethode für Paare, unabhängig davon, ob sie sich erst seit Kurzem kennen oder schon viele Jahre in einer Partnerschaft sind. Sie bieten eine klare Struktur, bei der jeder Partner insgesamt dreimal für jeweils fünfzehn Minuten das alleinige »Sprechrecht« hat. Währenddessen hört der andere Partner aufmerksam zu, ohne zu reagieren: keine Fragen, kein genervtes Ausatmen, keine Wiederrede, keine mimischen Rückmeldungen, keine Kommentare. Nach dem Wechsel bezieht sich der Zuhörer nicht inhaltlich auf das, was der Partner davor gesagt hat. Er erzählt von sich und maximal, was die Aussagen in ihm ausgelöst haben. Am leichtesten gelingt es, wenn beide in der Ich-Form kommunizieren. Es muss dabei nicht nur um Beziehungsthemen gehen, auch Beruf, Gesundheit, Freundschaften oder Familienleben sind willkommen. Die Zwiegespräche sollten regelmäßig einmal pro Woche am gleichen Tag zur gleichen Zeit stattfinden. Dabei ist es wichtig, eine ruhige Umgebung ohne Ablenkungen zu schaffen. Durch diese strukturierte Kommunikationsmethode können Paare eine bessere und tiefere Verbindung zueinander aufbauen, Verständnis füreinander entwickeln und Konflikte effektiver lösen. Es bietet zudem einen sicheren Raum, um persönliche Bedürfnisse, Wünsche und Gefühle auszudrücken. Häufig braucht es einige Termine, bis Paare die Methode verinnerlicht haben und wirklich davon profitieren.

Was Beziehungen oft schwierig und anstrengend macht, ist der weitverbreitete Glaube, dass eine Partnerschaft einfach so funktionieren sollte. Leider klappt das bei den wenigsten Paaren. Um das etwas anschaulicher zu erklären, vergleiche ich eine Beziehung gern mit einem Auto. Dieser Vergleich spricht vor allem Männern an und darum wähle ich ihn auch gern. Weil diese im Allgemeinen weniger an Beziehungsarbeit interessiert sind und sie es für weniger relevant, interessant oder notwendig erachten, über die Partnerschaft zu sprechen und daran zu arbeiten. Zumindest erlebe ich es in meiner Arbeit meistens so.

Doch ich sehe es nicht allein als männliches Problem. Warum sind Männer in der Kommunikation und dem Ausdrücken von Gefühlen häufig den Frauen unterlegen? Unter anderem, weil wir unterschiedlich aufwachsen. Mädchen erleben in anderen Frauen häufig Vorbilder, sich über Bedürfnisse, Gefühle und das Seelenleben zu unterhalten. Sie wachsen damit auf und diese Art der Kommunikation wird für viele normal. Männer hingegen lernen diese Sprache meist nicht. Schon in jungen Jahren geht es bei ihnen weniger um Gefühle und den Austausch darüber, sondern mehr um Handeln und Tun. Zudem interessieren sich Männer oft mehr für Dinge, während Frauen mehr an zwischenmenschlichen Beziehungen interessiert sind. Wer mehr an Menschen interessiert ist, unterhält sich auch mehr mit ihnen.

In meiner Erfahrung besitzen viele Männer im Durchschnitt nicht die gleichen ausgeprägten Kommunikationsfähigkeiten wie Frauen. Doch das bedeutet nicht, dass sie blöd sind, sondern einfach, dass sie anders sind. Es ist verständlich, dass viele Frauen frustriert über die mangelnde Kommunikationsfähigkeit ihrer Partner sind. Gleichzeitig sind viele Männer ohnmächtig, da sie plötzlich eine Sprache in der Beziehung sprechen sollen, die sie nie gelernt haben. Und die viel Zeit und Übung braucht, um sie sich später noch anzueignen. Den anderen in seiner Welt kennenzulernen und nicht davon auszugehen, dass die eigene die einzige oder richtige ist, hat schon vielen Paaren geholfen.

Viele Frauen und noch mehr Männer wünschen sich, dass eine Beziehung einfach funktioniert. Im besten Fall ohne Frustrationen und ohne dass man an sich selbst und an der Partnerschaft arbeiten muss. Viele versuchen dagegen, an ihrem Partner zu arbeiten, diesen umzuformen. Verständlicherweise mit wenig Erfolg. Niemand lässt sich gern von jemand anderem verändern.

> Eine Beziehung ist wie ein Auto. Mit diesem haben wir auch länger Freude, wenn wir es pflegen, regelmäßig in die Inspektion bringen und das richtige Benzin tanken.

Bei diesem Gebrauchsgegenstand wissen wir alle, dass er bei Vernachlässigung kaputt geht. Aber bei einer Beziehung vermuten viele Menschen unbewusst, dass diese einfach so laufen wird. »Sonst ist es ja keine Liebe«, höre ich häufig. Eine Partnerschaft ist jedoch wie ein eigenes Wesen, um das sich beide Partner liebevoll kümmern sollten. Ansonsten kann es auch hier zu einem plötzlichen Totalschaden kommen oder einem langsamen Verschleiß, dessen Reparatur sehr aufwendig ist. Das klingt unromantisch und nicht nach einem typischen Happyend-Hollywood-Film. Denn das sind meist

Idealvorstellungen und nicht das normale Beziehungsleben. Eine Beziehung ist nur so gut, wie sich die beiden Hauptakteure darum kümmern und diese pflegen. Mit Einsatz, mit Kompromissbereitschaft, mit emotionalem Schweiß, mit Rücksicht, mit persönlicher Entwicklung und im besten Fall mit viel Liebe – sich selbst gegenüber und dem Partner.

Allein nicht einsam sein

Ich stehe etwa fünf Sekunden auf dem Surfboard. Kurz bevor ich wieder im Wasser lande, grinse ich noch stolz. Es ist meine allererste Surfstunde. Und schon beim siebten Anlauf bleibe ich länger auf dem Board stehen und surfe auf einer Welle am Strand von Canggu. Naturtalent? Nicht ganz. Denn bei den nächsten Anläufen schaffe ich es erst gar nicht auf das Surfbrett und die Wellen rauschen erbarmungslos über mich und drücken mich auch mal unter Wasser. Oder ich stehe gerade eine halbe Sekunde auf dem Board, bevor ich wieder runterfalle. Neben mir gibt es unzählige andere Anfänger, die ebenfalls versuchen, nicht gegen die Wellen zu kämpfen, sondern sich von ihnen tragen zu lassen. Kurz nach meinem einen erfolgreichen Wellenritt höre ich Sash laut »Geil, Wieland, richtig geil!« rufen. Sash, der Surfprofi, steht fast jeden Tag im Morgengrauen auf dem Surfboard und ist dort voll in seinem Element. Zwanzig Minuten zuvor hat er mir am Strand und im Wasser eine kurze Einweisung gegeben und mich dann auf Entdeckungstour geschickt. Ich bin ganz schön aus der Puste vom ständigen Paddeln.

Nach zehn weiteren Anläufen und zwei halbwegs gelungenen Wellenritten reicht es mir für heute. Sash schaut mich mit erwartungsvoller Miene an und klopft mir auf meine schmerzende Schulter. »Na, ziehst du jetzt endlich von Ubud nach Canggu?«, fragt er mit einem breiten Grinsen. Damit ich jeden Tag surfen kann, ohne den langen Anfahrtsweg aus Ubud. Leider muss ich ihn enttäuschen. Mich hat es nicht gepackt. Es hat Spaß gemacht, aber zumindest in diesem Leben werde ich wohl kein Surfer mehr. Mit ein paar aufgeriebenen Stellen an der Schulter und den Knien schleppe ich mich zu einem Sitzsack, Sash läuft entspannt nebenher. Wir machen es uns bequem und bestellen etwas zur Stärkung. Ich liebe es, den Vögeln und den Wellen zuzusehen und zu lauschen. Schweigen im Sand. Wie angenehm es ist, wenn man nicht immer etwas sagen muss und beide das Schweigen »ertragen« oder gar genießen. Für mich ist das immer ein Zeichen dafür, dass man sich gut genug kennt und die Stille nicht unangenehm wirkt und mit irgendeiner Frage unterbrochen werden muss.

Später fahre ich allein weiter in den Süden Balis. Ich möchte mir Uluwatu und die vielen Strände dort ansehen. Dafür habe ich zwei Tage eingeplant, denn hier ist alles weit verstreut. Die Atmosphäre ist entspannt. Ich liege oft am Strand und genieße die Ruhe. Mein Leben in Ubud ist nicht stressig, aber irgendetwas ist immer los.

Freiwillig allein sein ist schön. Es zu müssen, ist dagegen schwerer.

Bis auf die allerersten Tage auf Bali fühle ich mich selten einsam. Ich habe tolle Freunde hier und in Deutschland, mit denen ich mich verbunden fühle und Zeit verbringe. Ich habe einen Beruf, der mich erfüllt und mir einen größeren Sinn im Leben gibt. Ich habe Hobbys und Interessen, die mir Freude bereiten. Dennoch gibt es Momente, in denen ich mich allein fühle. Doch diese gab es auch in Deutschland: Nach einem vollen Tag mit Freunden abends nach Hause und plötzlich in die Stille zu kommen. Oder in einer unbekannten Gegend, wie jetzt in Uluwatu, allein unterwegs zu sein und andere Menschen, ob Paare oder Freude, gemeinsam lachen zu sehen. Wie so häufig verdirbt uns der Vergleich mit anderen die Zeit und die Laune.

Der Melasti Beach ganz im Süden hat es mir besonders angetan. Ich fahre mit dem Roller direkt auf das weite, blaue Meer zu. Kurz bevor ich die Küste hinunterstürzen würde, macht die Straße einen Knick und ich muss die in den Felsen gehauenen Straßen hinab zum Strand fahren. Teils geht es steil bergab, teils gibt es trotz neuer Fahrbahn große Schlaglöcher. Meine volle Konzentration ist gefragt. Vor allem, weil ich die Strecke nicht kenne. Die Straße im Felsen ist ein tolles Fotomotiv und viele halten an, um Bilder zu machen. Unten angekommen, finde ich einen ewig langen Sandstrand mit einigen Liegestühlen und Sonnenschirmen vor. Drei kleine provisorische Warungs verkaufen Nasi Goreng und andere Snacks. Ein paar Balinesen laufen am Strand entlang und verkaufen Eis, gekühlte Getränke und Kokosnüsse oder bieten eine Massage an. Urlaubsfeeling im Paradies.

Während ich es mir auf einer Sonnenliege bequem mache, reflektiere ich meinen bisherigen Tag. Bevor ich hier an den Strand gekommen bin, habe ich in der Früh noch den Pura-Luhur-Tempel besucht. Einen balinesisch-hinduistischen Meerestempel in Uluwatu direkt an der steilen Küste. Auf dem großen Parkplatz vor dem Tempel warnen große Schilder vor Affen. Später verstand ich auch, warum. Während ich den Parkplatz überquerte, hörte ich plötzlich einen lauten, verzweifelten Schrei einer Frau. Sie war aufgeregt und zeigte mit ihren Händen immer wieder auf einen Baum. Ihr Smartphone lag nicht mehr in ihrer Hand. Neuer, stolzer Besitzer war einer der Affen, der damit schnell auf einen Ast geklettert war, erwartungsvoll nach unten schaute und wartete. Ein Wärter bot ihm ein Tauschgeschäft an: Futter gegen Handy. Der Affe ging darauf ein, und sobald er das Futter hatte, ließ er das Handy fallen und kletterte mit seinem »Lösegeld« flink davon. Alles noch mal gut ausgegangen für die Touristin. Die Affen stehlen Smartphones, Brillen, Hüte,

Haarschmuck oder Kameras vom Kopf, aus offenen Taschen oder aus der Hand von entspannten Touristen. Ein smartes und effektives Geschäftsmodell, um an Nahrung zu kommen. Ich packte meine Sonnenbrille in den Rucksack, prüfte dreimal, ob alles sicher verstaut und verschlossen war, und umklammerte mein Smartphone fest.

Während ich an die Affen von heute Vormittag denke, brutzle ich weiterhin unter dem Sonnenschirm am Melasti-Beach, denn auch im Schatten ist es noch extrem warm. Glücklicherweise musste ich kein Lösegeld an unsere nächsten Artverwandten zahlen. Das vom Bauch-auf-den-Rücken-Drehen und zurück ist neben ein paar Tagträumen gerade das Anstrengendste. Doch dann höre ich ein paar Liegestühle weiter zwei Franzosen streiten. Während ich die beiden Streithähne neugierig beobachte, bin ich froh, dass ich gerade allein am Strand liege. Manchmal hat der Vergleich mit anderen auch einen positiven Einfluss darauf, ob wir unsere Einsamkeit schätzen oder nicht. Es ist, wie so vieles, eine Frage der Perspektive.

Kurz vor der Erleuchtung

Was in den letzten Monaten passiert ist, ist schwer in Worte zu fassen. Einerseits ist mein Leben hier bunt, voll und schön, andererseits hat sich in mir viel verändert. Wenn ich mich mit Freunden treffe und wir uns über unseren Tag hier auf der Insel der Götter austauschen, antworten wir meist mit «Bali busy« auf die Frage: »Wie war dein Tag heute?« Das bedeutet, dass heute viel passiert ist, aber man gar nicht weiß, wohin die Zeit geflogen ist. Obwohl hier niemand einen Nine-to-five-Stundentag in einem Großraumbüro verbringt, sondern meist flexibler und weniger arbeitet, ist ein Tag immer unglaublich voll und schnell vorbei. Plötzlich ist es schon wieder Abend, obwohl ich doch gerade erst aufgestanden bin und gefühlt nicht viel gemacht habe. Aufstehen, im Reisfeld spazieren, kurz in den Pool, duschen, in einem Café arbeiten, das ist ein üblicher Vormittag bei mir. Und dann gibt es so viele Möglichkeiten: Yoga Nidra, Freunde treffen, Tischtennis spielen, Kaffee trinken, schwimmen, Ausflug, nochmals arbeiten ... Und dann, zack, ist es Abend. Obwohl die Tage hier gefühlt schneller vorbei sind und nicht viel passiert ist, war es jeder Tag wert, gelebt zu haben.

Vielleicht sollte sich ein Tag auch genau so anfühlen. Nicht im Stress und nicht in der Langeweile, sondern lebendig, inspirierend und mit Freude im Herzen.

Meine innere Haltung hat sich in den letzten Monaten ebenfalls verändert. Ich habe einen inneren Frieden mit mir und allem um mich herum erlangt, wie ich ihn noch nie zuvor gespürt habe. Ohne diesen Zustand geplant oder forciert zu haben. Ich bin rundum entspannt, gelassen und ich bewerte fast nichts mehr. Kommt das von der vielen Zeit, die ich mit mir selbst verbringe? In den letzten drei Monaten habe ich weniger gearbeitet als üblich und hatte viel Zeit für anderes: Ich schaukle einfach ewig in meiner Hängematte, schreibe Gedanken, Erlebnisse und Erkenntnisse in mein Tagebuch, beobachte Kinder beim Spielen, lese oder höre Podcasts und bin viel in der Natur unterwegs. Alles, was ich tue, mache ich mit einer größeren Präsenz. Ich esse, wenn ich esse, und schaue nicht gleichzeitig einen Film oder lese Nachrichten. Ich telefoniere mit Freunden und mache nicht gleichzeitig etwas am Laptop. Oder ich schwimme und spüre das Wasser, anstatt mir zu viele Gedanken über dies und jenes zu machen. Durch diese gelebte Achtsamkeit im Alltag entdecke ich eine neue Tiefe und Schönheit in den einfachen Momenten. Sei es der Geschmack einer Tasse Tee, das Gefühl des Windes auf meiner Haut oder der Klang des Taubengurrens am Morgen – all diese kleinen Details werden zu wertvollen Geschenken. Die bewusste Zeit, die ich mir nehme, und das langsamere Tempo sind wahrscheinlich die Hauptgründe für diese tiefe innere Ausgeglichenheit, die ich zurzeit erlebe. Obwohl ich von Natur aus bereits gelassen bin und selten aus der Fassung gerate, fühle ich in den letzten Monaten etwas vollkommen Neues in mir. Es ist eine tiefe Ruhe und Zufriedenheit, die ich bisher noch nie zuvor in meinem Leben erfahren habe.

Andere zu bewerten ist ebenfalls nahezu aus meinem Leben verschwunden. Ich akzeptiere andere Menschen, so wie sie sind. Ich nehme die Situationen, so wie sie sind. Manchmal kann ich kaum glauben, in welchem neuen Zustand ich mich aktuell befinde. Ich bin noch ich, aber die Brille, mit der ich ins Leben blicke und andere Menschen anschaue, hat keinen Bewertungsfilter mehr. Statt zu bewerten, beobachte ich neutral, was ich sehe oder erlebe. Es entstehen kaum Gedanken in meinem Kopf, die andere Menschen oder bestimmte Situationen be- oder abwerten. Statt »Der hat aber eine komische Hose an«, denkt mein Kopf neutral: »Das ist eine interessante Hose.« Wenn andere viel zu spät kommen oder ich mich ungerecht behandelt fühle, springt kein Trigger in mir an, dem das nicht gefällt. Ich beobachte einfach, dass andere zu spät kommen, ohne dass ein unangenehmes Gefühl in mir aufsteigt. Und wenn doch, dann beobachte ich dieses.

> Es ist ein Frieden in mir, der Situationen und Menschen nicht mehr die Macht gibt, mich zu triggern.

Mit mir zu streiten, ist aktuell schwierig, weil ich keine Lust darauf habe und mich nichts aus der Ruhe bringen kann. Egal, was im Außen passiert, ich bleibe in meiner inneren

Mitte. Alle sind so, wie sie sind, und wenn mich jemand stresst, kostet es mich keine Mühe, damit umzugehen. Ich muss keinen Frieden mit anderen finden, weil der Frieden in jedem Augenblick in mir ist.

Ist das die Vorstufe zur Erleuchtung? Ich glaube nicht. Aber es fühlt sich unglaublich leicht und friedlich an. Es ist kein reines Glücksgefühl, vielmehr eine innere Zufriedenheit, die viel tiefer und beständiger ist. Ich vermute, dass dieser schöne Zustand nicht mein Leben lang so bleibt. Denn alles ist immer und jederzeit im Wandel. Irgendwann werde ich wieder mehr arbeiten und am Laptop sitzen. Vielleicht löst sich dann einiges meiner inneren Ruhe auf. Aber dieser Gedanke macht mir keine Sorge. Denn das liegt in der Zukunft und jetzt bin ich hier. Jetzt ist alles gut, so wie es ist. Solange ich diesen inneren Frieden und diese innere Gelassenheit habe, genieße ich jeden Augenblick im Hier und Jetzt. Alles andere, was vielleicht irgendwann einmal kommen mag, ist unwichtig.

Weihnachtsessen im September

Eines Tages sitze ich nichtsahnend in einem Café und arbeite. Plötzlich kommt eine junge Frau mit einem schüchternen, aber breiten Grinsen auf mich zu: »Hi, ich bin Katelin. Wie heißt du?« Eigentlich möchte ich meine Arbeit am Laptop fertigstellen. Aber es kommt nicht jeden Tag vor, dass ich von einer Frau so nett angesprochen werde. Also klappe ich ihn zu und unterhalte mich mit ihr. Wir verstehen uns auf Anhieb und haben viel zu lachen. Sie erzählt mir nach einigen Minuten, dass das Ansprechen eine Aufgabe war, die sie in einem Coaching aufgetragen bekommen hat. Wir freunden uns an und sitzen nach einer Zeit jede Woche mehrfach zusammen in einem Café und arbeiten. Jeder für sich, doch wir tauschen uns immer wieder aus und bitten den anderen um seine Meinung. Ich liebe diese Co-Working-Zeiten mit. Dieser Austausch bringt jedes Mal neue Perspektiven, Ideen und Inspirationen. Sowohl Katelin als auch ich sind nicht an einer Beziehung interessiert. Wenn diese Fronten geklärt sind, macht es alles noch entspannter in einer Freundschaft zwischen Mann und Frau.

Jetzt liege ich gerade am Pool und erinnere mich an unser Kennenlernen vor Monaten und freue mich gleichzeitig über die letzten Sonnenstrahlen. Die Länder hier in Südostasien liegen viel dichter am Äquator und damit geht die Sonne das gesamte Jahr zu einer ähnlichen Zeit unter – meist zwischen achtzehn und neunzehn Uhr. Während ich vor mich hin döse, meldet sich plötzlich mein Verstand und fragt, ob heute Mittwoch ist. »Wie spät ist es?«, jagt es jetzt durch meinen mittlerweile erwachten Kopf. Ich greife nach meinem iPhone. Bali bringt meine deutsche Zuverlässigkeit wohl weiter zum Schmelzen. Wobei mir ein wenig Gelassenheit und Flexibilität sicherlich guttun, als Gegensatz zu meiner ausgeprägten Pünktlichkeit und Zuverlässigkeit. Und dennoch möchte ich Katelin nicht im Stich lassen und als Ausrede für mein Nichterscheinen meine neue, entspannte Mentalität nutzen. Mittwoch ist unser Weihnachtsessen. Ob im Dezember, März oder August.

Als Kind konnte man mich mit allem jagen, was aus dem Meer kommt: Fisch, Krabben oder Muscheln. Auch der Geruch und Geschmack von Algen brachte mich zum Würgen. Was ich jedoch mochte, waren Fischstäbchen mit Ketchup. Beziehungsweise viel Ketchup und Panade mit etwas Fischstäbchen darin. Es hat über dreißig Jahre gedauert, bis ich mich an einen richtigen Fisch heranwagte. Damals bestellte ich mit Torsten auf Koh Phangan am Weihnachtsabend einen Red Snapper. Wie ich auf die Idee kam, weiß ich nicht mehr. Aber mein Mut wurde belohnt: Es war wirklich lecker. Mit Kokosnuss-Soße und Kartoffelpüree und einem Red Snapper, der kaum nach Fisch roch und schmeckte. Hätte mir jemand ein paar Wochen vorher erzählt, dass ich bald Fisch essen würde, ich hätte tausend Euro dagegen gewettet.

Das war einer dieser Momente, in denen es sich gelohnt hat, dass ich mich auf etwas Neues eingelassen habe.

Vielleicht gerade bei den Dingen, bei denen man sich sehr sicher ist, dass man sie nicht mag, kann man positive Überraschungen erleben. Ich überrasche mich nicht nur mit Fisch, sondern auch mit Aktivitäten in und um Ubud, die ich in Deutschland nie gemacht hätte. Zum Beispiel trete ich einem Chor bei. Jeden Dienstagnachmittags im Paradiso, einem Restaurant mit Kino und verschiedenen Veranstaltungen. Singen hatte mir in meinem bisherigen Leben nie richtig Freude bereitet. Vielmehr war ich nach jeder Musikunterrichtsstunde in der Schule froh, wenn die Glocke zur Pause läutete. Und auch bei den obligatorischen Geburtstagsständchen war ich eher ein begnadeter Zuhörer. Und jetzt stehe ich hier einmal in der Woche mit etwa zehn anderen Menschen um ein Klavier und singe. Was auch immer mich dazu bewegt hat.

Oder ich besuche einen Malkurs, schwinge den Pinsel und meine kreative Ader freut sich, dass sie sich zeigen darf. »Wieland malt und singt?« Vor allem Letzteres konnten meine Freunde und Familie nicht glauben, als ich es ihnen erzählte. »Das ist doch ein Witz, oder?«, fragt mich meine jüngere Schwester und lacht ihr sympathisches Lachen. Mir scheint es bis heute ebenfalls ein Rätsel, was mich da geritten hat. Aber in Ubud passieren nicht nur mir viele Dinge, die schwer zu erklären sind.

Vor einiger Zeit erzählte ich Katelin meine Geschichte vom Red Snapper. Sie schaute mich erst verwundert an und strahlte dann: »Wieland, im Muse gibt es ein Red-Snapper-Gericht. Lass uns am Mittwochabend dort hingehen.« Der Fisch schmeckte mir hier sogar noch besser als damals in Thailand. Von da an wurde es zur Routine, dass wir uns jeden Mittwochabend im Muse trafen und dieses Gericht bestellten: Fisch gewürzt mit Senf, Limette und Knoblauch. Dazu Kürbispüree, Babykartoffeln mit Tahini-Soße und einen kleinen Salat. Ein Traum für unsere Geschmacksknospen. Weil ich den ersten Fisch an einem Weihnachtsabend gegessen hatte, bekam unser Treffen jeden Mittwoch nach einer Weile den Spitzname Weihnachtsessen.

Jetzt bleibt mir nicht mehr viel Zeit, um pünktlich da zu sein. Ich springe schnell unter die Dusche, ziehe mir etwas an und los geht es. Das liebe ich hier in Asien, dass ich das gesamte Jahr zu jeder Uhrzeit in T-Shirt, kurzer Hose und Flipflops unterwegs sein kann. Als die Frisur sitzt und ich mich auf den Roller schwinge, bleiben mir noch zwanzig Minuten. Das reicht. Während mir das eine oder andere Insekt in der Abenddämmerung ins Gesicht fliegt, fliege ich auf dem Roller Richtung Muse. Ich freue mich schon auf den fünfundzwanzigsten Weihnachtsabend in diesem Jahr. Was für ein Leben!

Der Himmel muss weinen

Ich bin zurück von unserem Weihnachtsessen und liege auf dem Balkon in meinem gemütlichen Bett. Katelin hatte mir von einer Freundin erzählt, die sie vor Kurzem auf Bali kennengelernt hatte. Diese wurde im Jugoslawienkrieg Ende des zwanzigsten Jahrhunderts schwer traumatisiert. Ich weiß nicht mehr, wie wir auf dieses Thema gekommen sind. Auf jeden Fall beschreibt sie, wie sehr sie Jahrzehnte später noch darunter leidet und davon beeinflusst wird. Auch hier im friedlichen Bali. Während ich mir erfolglos versuche vorzustellen, wie furchtbar es sich anfühlen muss, einen Krieg zu erleben, erinnere ich mich an meine Reise mit Alexander nach Kambodscha, an Pol Pot und sein grausames Regime.

Alexander und mir standen damals die Tränen in den Augen, als wir am Ort des Grauens waren. Wie können Menschen so etwas mit anderen Menschen machen? Es ist einfach unbegreiflich. Empathie und Mitgefühl können wir Menschen uns anscheinend abtrainieren. Auf unserer Reise in Kambodscha stand nur einen Meter von uns entfernt der stille Zeitzeuge: ein großer Baum, der ungewollt zum Werkzeug wurde. Gegen seinen Stamm wurden Tausende Babys so lange mit dem Kopf geschleudert, bis sie starben. Das war in den Jahren 1975 bis 1979. In dieser Zeit herrschten die Roten Khmer unter Pol Pot und seinem brutalen Regime. Dabei wurden 750.000 bis zwei Millionen Kambodschaner ermordet, Pol Pots eigene Landsleute. Die Menschen starben entweder durch Zwangsarbeit, Hunger, Krankheiten oder durch Hinrichtung in den sogenannten Killing-Fields. Auf einem davon standen wir.

Choeung Ek ist eines der bekanntesten Killing-Fields. Auf diesem wurden etwa siebzehntausend Menschen umgebracht. Noch heute liegen überall Totenschädel, Knochenreste und Kleidungsstücke auf dem Boden. Die Erwachsenen, die hierher verschleppt wurden, wurden mit Äxten oder Eisenstangen erschlagen. Alles, um die kostbare Munition zu sparen. Wie brutal. Wie bizarr. Wie unbeschreiblich. Da diese Art des Tötens viel Zeit brauchte und häufig mehr Menschen neu ankamen, als umgebracht werden konnten, wurden die Neuankömmlinge in einen Warteraum gesperrt. Damit sie die Schreie der anderen nicht hörten, wurde extrem laute Musik abgespielt.

Wir Menschen sind in der Lage, uns unsere Empathie abzutrainieren und unser Herz auszuschalten. Erst dann sind wir zu so etwas fähig. Ansonsten müsste es Menschen doch innerlich zerreißen, wenn sie anderen so etwas Furchtbares antun. Wie sehr müssen Menschen von sich selbst entfernt sein und Gefühle wegschieben, um das als Täter überhaupt aushalten zu können? Was ist mit den Menschen passiert, dass sie zu so schrecklichen Taten fähig sind?

Ich bin der festen Überzeugung, dass wir nur dann anderen etwas Böses zufügen können, wenn wir Schmerzen in uns tragen.

Da muss ich an Klienten denken, die teilweise sehr Leidvolles durchmachen mussten. Negative Erfahrungen erzeugen Schmerz in uns. Und diesen tragen wir in und mit uns und geben ihn häufig unbewusst und ungewollt weiter – bis wir ihn heilen. Jede auch noch so kleine Heilung in uns hat demzufolge einen positiven Einfluss auf die gesamte Welt. Denn damit geben wir immer mehr Liebe statt Schmerz weiter.

Wir hatten genug gesehen für heute. Schweigend fuhren wir in einem Tuk-Tuk zurück nach Phnom Penh. Am nächsten Tag besuchten wir noch Tuol Sleng in der Hauptstadt Kambodschas. Ein großes Gebäude, das vormals ein Gymnasium war. In diesem Gefängnis, S-21 genannt, wurden weitere tausende Gefangene brutal zu Tode gefoltert.

Die Kambodschaner erlebe ich als ausgesprochen fröhliches, entspanntes und offenes Volk. An jeder Ecke wird gelacht, die Stimmung ist positiv und die Menschen machen einen zufriedenen Eindruck. Doch alle, die wir kennenlernen und mit denen wir uns ein wenig länger unterhalten, haben jemanden während der Schreckensherrschaft der Roten Khmer verloren. Der Tod ist allgegenwärtig, ob auf den Killing-Fields oder in den Lebensgeschichten der Überlebenden. Mein Eindruck aus der kurzen Zeit in Kambodscha ist, dass die Menschen das Beste aus ihrer Geschichte machen und im Hier und Jetzt leben.

Und dennoch sind viele Menschen davon traumatisiert.

Von außen erkennen andere das nicht sofort. Wie es ist, eine posttraumatische Belastungsstörung zu haben, kann ich mir nur minimal vorstellen. Klar kenne ich mich mit Traumatisierung, Trauma-Folgestörungen und den Konsequenzen aus, aber in der Theorie. Auch wenn ich in meiner Praxis immer wieder damit zu tun habe, bin ich kein Experte für schwere Traumata. Ein Trauma ist eine psychische Ausnahmesituation, welche durch überwältigende Ereignisse ausgelöst wird. Zum Beispiel durch Gewalttaten, emotionalen oder sexuellen Missbrauch, durch Krieg oder Naturkatastrophen. Dabei gibt es Traumata, die aufgrund einer einmaligen Traumatisierung verursacht wurden, und andere aufgrund einer wiederholten schmerzhaften Erfahrung. Ein solches Erlebnis stellt für die Betroffenen eine Bedrohung für das Leben oder die körperliche Unversehrtheit dar. Es wird davon ausgegangen, dass insgesamt bis zu zehn Prozent der Menschen in Deutschland im Lauf ihres Lebens an einer posttraumatischen Belastungsstörung erkranken. Doch nicht jede traumatische Erfahrung führt zu einer posttraumatischen Belastungsstörung. Je nach Art und Weise der Traumatisierung und der Bewältigungsstrategien der Betroffenen können diese einschneidenden Erfahrungen auch ohne langfristige Folgen oder das Entstehen einer posttraumatischen Belastungsstörung überstanden werden.

Was das Leben für Menschen mit einer posttraumatischen Belastungsstörung erschwert, sind die sogenannten Flashbacks. Darunter versteht man das erneute Erleben dieses Traumas. Während einer Retraumatisierung fühlt es sich für Betroffene an, als ob sie gerade diese Erfahrung wieder durchmachen. In diesem Zustand ist es für sie schwer bis unmöglich zu erkennen, dass es »nur« eine Retraumatisierung ist und sie jetzt in Sicherheit sind. Ausgelöst werden kann diese durch Erinnerungen, Worte, Orte, Gerüche oder Geräusche. Manchmal auch ohne eine Verbindung zum ursprünglichen Erlebten.

> Manchmal wissen Betroffene selbst nicht, was sie in die andere Welt bringt, und diese Ohnmacht macht es für sie häufig noch frustrierender.

Einen Flashback zu erleben, macht Angst. Und doch passiert es immer wieder. Manchmal mehrmals am Tag, manchmal nur alle Jahre. Nachdem Menschen etwas Traumatisches erleben, unterdrücken viele dieses Erlebnis für lange Zeit. Weil es zu schmerzhaft wäre, sich damit auseinanderzusetzen. Weil die Seele diese automatische Schutzfunktion übernimmt. Manchmal ist es sogar so, dass Menschen die Erfahrung so tief verdrängt haben, dass sie nicht mehr wissen, dass sie diesen schweren Autounfall hatten oder vergewaltigt wurden. Diese häufig unbewusste Bewältigungsstrategie ist nachvollziehbar, heilt aber den Schmerz nicht langfristig. Die wirkliche Heilung beginnt erst, wenn sich die Betroffenen aktiv damit befassen – im besten Fall in einer Therapie.

Bis Menschen einen guten Umgang mit den Flashbacks finden, können sich verschiedene Traumafolgestörungen zeigen. Zum Beispiel eine Depersonalisation, ein psychischer Ausnahmezustand. Im Zustand der Depersonalisation fühlt es sich an, als ob man sein Leben von außen betrachtet, wie einen Film. Der eigene Körper, die eigenen Gefühle, aber auch andere Menschen und Objekte wirken fremd. Es braucht Zeit und im besten Fall eine liebevolle Begleitung, bis man wieder zu sich zurückfindet. Eine weitere Folge von Traumatisierungen ist eine Übererregung und Überreizung des Nervensystems. Das gesamte System ist fast ständig im Kampf-, Flucht- oder Freeze-Modus und kann sich selten komplett entspannen und erholen. Kleinigkeiten können Betroffene schnell an ihre Grenzen bringen oder in einen Flashback. Das Gehirn kann ebenfalls schnell überreizt sein. Dann sind einfache Gedankengänge kaum mehr möglich,

Nachdenken, Planen oder Entscheiden ist in diesen Momenten unglaublich schwer.

Das Leben traumatisierter Menschen kann sehr herausfordernd und anstrengend sein. Aber mit der richtigen Begleitung und Therapie können Betroffene häufig Stück für Stück einen besseren Umgang finden, sodass das traumatische Erlebnis immer weniger Einfluss auf das aktuelle Leben hat. Wie bei einer Zwiebel können wir uns Schicht für Schicht aus diesen Verletzungen und Verstrickungen herauswickeln. In Deutschland haben wir zum Glück gut ausgebildete Psychologen und Psychiater und ein Gesundheitssystem für alle. Die Menschen in Kambodscha müssen dagegen ohne professionelle Hilfe ihren eigenen, persönlichen Weg finden, mit diesen schmerzhaften Schicksalsschlägen umzugehen.

Ich bin sehr dankbar, dass ich keinen Krieg, keine Verfolgung oder Hungersnöte erleben und nie um mein Leben fürchten musste. Das ist ein Privileg, welches Millionen Menschen nicht haben.

Lambo, Limbo, Lembongan

Italien hat den Lamborghini, die Karibik den Limbo-Tanz und Bali hat Lembongan – genauer gesagt, Nusa Lembongan. Eine Fahrt mit dem Zweirad erzeugt dabei auf Nusa Lembongan und den benachbarten Inseln Nusa Ceningan und Nusa Penida genauso viel Adrenalin wie eine Fahrt im Lamborghini oder ein wilder Limbo-Tanz auf einer Studentenparty. Zudem bieten die Inseln eine wunderschöne, teils noch unberührte Natur. Rina, mit der ich hier einen Wochenendausflug mache, hat sich ein Dirt-Bike gemietet, wie sie ihr Motorcross liebevoll nennt. Ich habe mit einem richtigen Motorrad noch keine Erfahrung und fahre einen normalen Roller. Denn diese Strecke hat es in sich. Sie hat so viele und so große Löcher, dass man eigentlich nicht mehr von einer Straße sprechen kann. Es ist mehr wie eine Kraterlandschaft.

Meine Aufmerksamkeit ist extrem gefordert. Für eine bedachte Entscheidung bleibt nur ein kurzer Augenblick. Soll ich an dem nächsten Schlagloch links oder rechts vorbeifahren? Wenn es das einzige Loch wäre, wäre die Tragweite einer Fehlentscheidung nicht groß. Doch es reiht sich eines an das nächste, und wenn ich Pech habe, lande ich bei einer falschen Entscheidung in einem. Vor lauter Anspannung klammere ich mich an den Lenker. Meine Finger und Hände schmerzen bereits, von meinem Gesäß ganz zu schweigen. Wenn wir heil an unserem Ziel ankommen, werden wir zumindest belohnt: Wir können ins Meer springen und die Anspannung und den Schweiß abwaschen. Doch bis es so weit ist, haben wir noch ein paar Kilometer vor uns. Die Kunst auf dieser Strecke ist es, nicht zu schnell zu fahren, um nicht zu stürzen, aber gleichzeitig auch nicht so langsam zu sein, dass wir genau deswegen umfallen. Nach etwa einer halben Stunde kommen wir endlich an. Sturzfrei und glücklich. Wir stellen unsere Zweiräder ab und müssen jetzt nur noch ein paar Meter zu Fuß gehen.

Schon von oben erahnen wir die Schönheit. Wir spüren den angenehmen Wind und laufen voller Vorfreude die Stufen nach unten. Dort finden wir einen traumhaften weißen Sandstrand. Diesen teilen wir uns nur mit drei anderen Menschen, die entspannt in der Sonne liegen und sich wahrscheinlich auch von der Herfahrt erholen. Wir baden, sonnen und freuen uns: über unseren Wochenendausflug, das erfrischende Meer und die angenehme Brise. Und wir sind glücklich, dass der Rückweg später bergauf geht. Das ist auf einer solchen Piste leichter als hinunter.

Nusa Penida ist noch nicht sehr touristisch und von der Infrastruktur weniger gut erschlossen. Die größte der drei Nusa-Inseln ist vor allem für die atemberaubende Schönheit der Natur bekannt. Von spektakulären Klippen, zerklüfteten Küsten, weißen Sandstrände bis hin zu kristallklarem Wasser und einer reichen Unterwasserwelt hat diese Insel vieles zu bieten.

Der nächste Tag ist wie der vorherige und wie gemacht für mich: Sonnenschein, Strand, Meer und viel Adrenalin. Der Weg zum Diamond Beach ist mindestens genauso herausfordernd wie unsere Fahrt gestern mit dem Roller. Doch jetzt geht es zu Fuß. Der Anfang ist noch recht entspannt, solange man keine Höhenangst hat. Der schmale, in den Felsen gehauene Fußweg, teilweise mit Treppenstufen, geht immer steiler hinunter. Manchmal können wir uns an einem Seil festhalten, manchmal würden wir in die Luft greifen und hätten einen wunderschönen Bungee-Jumping-Sprung. Doch es wäre der letzte gewesen. Die letzten zwanzig Meter müssen wir langsam den Berg hinabrutschen. Da steigt mein Stresslevel auf ungewohnte Höhe. Fallschirmspringen, Quad, Jetski, Porsche 911 und alles, was sonst noch schnell ist, ist genau mein Ding. Auch wenn die meisten Menschen überrascht sind, dass ich so etwas liebe. Ich sehe anscheinend braver aus, als ich bin.

Als wir endlich unten ankommen, fällt die Anspannung von uns ab. Wir lassen uns in den Sand fallen und schwingen einen Engel mit Flügeln in den Sand. Für mich sind diese Abenteuer ein passendes Beispiel für das Leben im Allgemeinen.

Es gibt Dinge, die wir erst erreichen, wenn wir mutig sind und unsere Komfortzone verlassen.

Solche Herausforderungen können uns an unsere Grenzen bringen. So wie mich beim Abstieg zum Diamond Beach. Doch sind es nicht genau diese Momente im Leben, in denen wir uns so lebendig wie sonst selten fühlen und die wir in Erinnerung behalten? Zumindest gilt das für mich, hier auf

Nusa Penida. Ich denke wenig an gestern oder morgen, weil ich in vielen Situationen vollständig präsent sein muss.

Abends lassen wir den Tag Revue passieren. Das Feuer knistert, und wenn wir ein Paar wären, könnte es nicht romantischer sein. Wir sind gute Freunde und beide zufrieden damit. Die Sterne über uns glitzern um die Wette, das Meer streichelt den Strand und lässt ihn langsam zurück ins Meer kullern. Im Hotel hinter uns spielt eine Band Livemusik und in einem solchen Moment wünsche ich mir eine Partnerin an meiner Seite. Ich bin gespannt, was das Leben noch vor hat mit mir …

Erst das Vergnügen, dann die Arbeit

Während ich den Sternenhimmel auf Nusa Penida beobachte, schweifen meine Gedanken zum schönsten Strand in meinem Leben, an den ich mich erinnern kann. Allein die Erinnerung erzeugt ein schönes, angenehmes Gefühl in mir.

»Komm, lass uns mal vertrauen«, sage ich damals zu Alexander und schlage vor, dass wir nur eine Nacht auf Pulau Perhentian Besar, der größeren der beiden Perhentian-Inseln, buchen. »Okay, klar«, antwortet er. Alexander ist für fast jeden Spaß zu haben. Ob für einen Rückwärtssalto beim Fallschirmspringen aus viertausendfünfhundert Metern Höhe, ob für eine Hai-Suche beim Schnorcheln oder eine verrückte Motorradfahrt im Norden Thailands. Jetzt sind wir in Malaysien. Was einige Jahre her ist. Besar ist nett, aber wir glauben, dass wir noch einen schöneren Ort finden. Demzufolge suchen wir uns am nächsten Morgen einen Fischer, der uns für ein wenig Kleingeld um Pulau Perhentian Kecil, die kleinere Insel, fährt. Das Boot ist klein, sieht jedoch sicher aus und der Fischer scheint sein Handwerk zu verstehen. Die Sonne lacht, die Vorfreude steigt, und wir cremen uns noch schnell großzügig mit Sonnenschutz ein. Vielleicht sind wir Stunden unterwegs, vielleicht nur zwanzig Minuten.

Wir halten Ausschau nach einer schönen Übernachtungsmöglichkeit und möchten deshalb so nah an der Küste entlangfahren wie möglich. Die erste Behausung sieht nach einem großen Resort aus, das uns nicht anspricht. Nach einigen hundert Metern gibt es das nächste Gebäude, das jedoch verlassen zu sein scheint. Einige Bootsminuten weiter sehen wir plötzlich kleine Strandhütten und sind beide direkt schockverliebt. Wir haben das Paradies gefunden. Wir bitten unseren Bootführer, uns an diesen Strand zu fahren. Hoffentlich gibt es hier einen freien Bungalow. Nach Luxus sieht es nicht aus, aber das ist uns egal. Wir springen vom Boot ins Wasser und lassen unseren Bootsmann mit Händen und Füßen wissen, dass er bitte auf uns warten soll. Er gibt uns keine Antwort, aber er scheint uns verstanden zu haben. Sonst hätten wir ein Problem, denn auf den beiden Inseln gibt es weder Fähren noch Autos und wir müssten zurück auf die andere Insel schwimmen.

Ein westlich aussehender Mann in unserem Alter kommt uns am Strand entgegen. So zufrieden und tiefenentspannt, wie er aussieht, muss er hier schon länger leben. Nach ein paar Worten auf Englisch merkt er, dass wir Deutsch sprechen, und antwortet in einem tiefen österreichischen Dialekt. »Ja, ich habe diese kleine Hütte hier direkt am Strand frei«, zeigt er auf das Häuschen dreißig Meter von uns entfernt. Doch er mustert uns. Mich mit meinen Einmeterachtzig etwas weniger, aber Alexander mit seinen knapp zwei Metern umso mehr. »Lass mal schauen, ob ihr in dem Doppelbett beide überhaupt genügend Platz habt.« Wir wollen es können, irgendwie. Die Holzhütte ist etwa zwei mal drei Meter groß. Ausgestattet mit einem Bett und einem Moskitonetz drüber. Das war es. Auf dem kleinen Balkon sehen und hören wir direkt unter uns das Meer gegen kleine Felsen klatschen. Allein dieses Geräusch transportiert Ruhe und Gelassenheit. Die Lage ist ein Traum. Wir fragen ihn, ob er noch eine zusätzliche Matratze hat. Denn das Doppelbett ist kürzer als Alexander und würde uns beiden keinerlei Bewegungsfreiheit lassen. Er kommt mit zwei guten Nachrichten zurück: »Ja, es gibt eine Matratze und ihr könnt drei Tage hier in dieser Hütte leben und dann in eine andere umziehen, wenn ihr möchtet.«

Wir müssen nicht überlegen und sagen sofort zu. Wir grinsen den ganzen Tag, bis wir unsere sieben Sachen mit unserem Bootsführer aus der anderen Unterkunft geholt haben und endlich unsere kleine Holzhütte direkt am Meer beziehen. Die zweite Matratze liegt schon bereit, nur das zweite Moskitonetz müssen wir noch anbringen. Alexander überragt auch diese Liegefläche und wir haben keinen Platz zum Stehen im Zimmer. Egal. Wir hören das Meer einen Meter unter uns. Der feine weiße Sandstrand ist fünf Schritte entfernt und hier herrscht eine Ruhe, wie ich sie in Südostasien noch nie zuvor erlebt habe.

Vor lauter Anstrengung steht uns jeden Tag der Schweiß auf der Stirn: Sich vom Bauch auf den Rücken zu drehen, erfordert bei über dreißig Grad einiges an Motivation und Durchhaltevermögen. Ganz zu schweigen vom Weg zum einzigen Restaurant. So kann uns nur ein frischgepresster Wassermelonen-Shake in die Senkrechte und die zweiundvierzig Schritte zum Restaurant bringen. Ich liege jeden Tag mehrere Stunden in der Hängematte zwischen zwei großen Palmen am Strand, und freue mich über jede kleine Meeresbrise, die zu mir weht. Ich baue mir eine kleine Konstruktion mit einer Schnur, mit der ich die Hängematte zum Schaukeln bringen kann. Bloß nicht zu viel tun hier im paradiesischen Urlaub.

Am dritten Abend fragen uns andere Gäste, was wir heute gemacht haben. »Nichts«, antwortet Alexander mit seinem trockenen und sympathischen Humor, »aber ich bin damit nicht fertig geworden und muss morgen weitermachen.« Wir müssen alle lachen.

Wir verlängern unseren Aufenthalt immer weiter, weil wir diese Ruhe genießen. Keine Internetverbindung, kein Lärm, fast keine Menschen und ein Strand wie auf dem schönsten Postkartenmotiv. Eines Tages ruft uns Hans, der Hotelmanager aus Österreich, zu sich. Mit einem Ruf erreicht er die ganze Anlage, die aus den acht einfachen Holzhütten besteht sowie einem Bad und einer Toilette für alle. Wer die Raststätten in Italien aus den Neunzigerjahren kennt, bekommt ein gutes Gefühl für den Hygienestandard.

Auch im Paradies ist nicht alles perfekt.

Aber das stört uns nicht. Weil alles andere so einzigartig ist und wir durch das Nichtstun in eine wunderbare innere Ruhe kommen. Klar wäre es schön, wenn es hygienischer wäre, aber für all die anderen Vorteile nehmen wir diesen Nachteil gern in Kauf.

Wir hören in seiner Stimme eine gewisse Aufregung und joggen ein paar Meter den Hang Richtung Dschungel hoch. Mit einem Finger vor seinem Mund zeigt er uns, dass wir leise sein sollen. Was wir dann erblicken, haut mich halb um. Eine riesige Echse. Mehr als zwei Meter lang, vielleicht sogar drei. Sie schaut uns direkt an. Mittlerweile nur noch zwei Meter von uns entfernt. Ein Satz auf uns zu, ein gezielter Schlag mit ihrem gefährlichen Schwanz, und wir müssten uns am Strand nicht mehr vom Bauch auf den Rücken drehen, weil das unter der Erde nicht mehr nötig wäre. Was für ein stolzes Tier. Wir bleiben alle still stehen und die Zeit macht das Gleiche. Ich weiß nicht, wie lang uns das Tier anschaut, aber irgendwann trottet es gemütlich zurück in die unberührte Natur. Berührt und beeindruckt von Mutter Erde und ihren Geschöpfen wissen wir alle am Anfang gar nicht, was wir sagen sollen.

Zum Sonnenuntergang gibt es für mich und Alexander hier auf Pulau Perhentian Kecil ein kleines Highlight. Unser abendliches Bier. Sobald sich die Sonne senkt, geht es los. Wir holen uns eine Dose Bier, die wir im Kühlschrank des Restaurants kühlen dürfen, und zwei Plastikstühle. Diese stellen wir so weit vorn im Sand ans Wasser, dass wir nicht bei jeder Welle tiefer einsinken. Wie ein altes Ehepaar blicken wir auf das Meer, die untergehende Sonne und teilen uns unsere wertvolle Kost. Alkohol ist in Malaysien schwer zu bekommen und sehr teuer. Wir haben acht Dosen von unserem Bootsführer gekauft und rationalisieren diese: jeden Tag eine zum Teilen. Selten hat mir ein Bier so gut geschmeckt wie diese vier Schlucke am feinen weißen Sandstrand und dem Glitzer der Sonne auf dem Wasser.

> Wir geben wohl den Dingen, die nicht im Überfluss verfügbar sind, einen höheren Wert.

Zumindest gilt das für Alexander und mich hier im Paradies. Häufig sitzen wir schweigend auf unseren wackeligen Plastikstühlen, spüren den nassen Sand zwischen unseren Zehen und beobachten den Sonnenuntergang. Die Strahlen sehen aus wie eine kleine quirlige Diamanten-Straße, die direkt von der Sonne auf uns zuführt. Ein paar Stunden später, wenn es stockdunkel ist, schauen wir in den Nachthimmel. Manchmal legen wir uns mit anderen Gästen in den noch warmen Stand und bewundern schweigend die Millionen Sterne. Unbeschreiblich, der perfekte Ausklang an jedem dieser schönen Tage. Rückblickend sind wir uns sicher: Es war die beste Entscheidung. Das Vertrauen zu haben, dass wir eine schöne Unterkunft finden werden, und nicht gleich alles von Beginn an online gebucht zu haben. Das hat uns an diesen wundervollen und magischen Ort gebracht.

Ein verrückter Vogel

Als Alexander und ich uns von Perhentian Island verabschieden, erleben wir zum Abschluss noch eine besondere Taxifahrt. Wir fragen den Eigentümer unserer kleinen Strandhütte, ob er uns bei der Reiseplanung helfen kann. Wir müssen mit dem Boot von der Insel zum Festland und von dort mit einem Taxi zum Flughafen. »Ja, mein Onkel kann euch zum Flughafen fahren«, antwortet er und tippt sofort fleißig in sein Handy, um alles zu organisieren. Zwei Tage später sitzen wir im kleinen Speedboot und halten uns fest. Wie schade, diese traumhafte Insel hinter uns zu lassen. Das waren die ruhigsten und entspanntesten Tage meines erwachsenen Lebens. Die Insel wird immer kleiner und immer kleiner und verschwindet irgendwann am Horizont.

Der Bootsführer nimmt die Wellen, wie sie kommen. Wir sitzen mit fünf anderen Gästen im Boot und hüpfen auf und ab. Normalerweise liebe ich Bootfahren, aber bei dieser Fahrt bin ich froh, wenn wir bald an Land sind und dann im Taxi sitzen. Das hoffentlich gemütlicher wird. Das wird nicht klappen, aber das wissen wir zu diesem Zeitpunkt noch nicht. Noch spüren wir die frische Luft auf unserer Haut, riechen das Meer und bekommen den einen oder anderen Tropfen ab. Ich schließe die Augen und stelle mir vor, dass ich gerade in der Hängematte liege und sanft hin und her schaukle. Kurz später laufen wir gemütlich im Hafen ein, hier gibt es keine Wellen mehr. Kaum sind wir an Land, kommt in großen Schritten ein Mann mittleren Alters auf uns zu und brüllt »Alexaaaander« und »Weeeeilan«. Er begrüßt uns stürmisch, schnappt unsere beiden Rucksäcke, redet ohne Unterlass, während er uns zu seinem Auto begleitet. Alexander und ich schauen uns an und sind froh, dass wir zu zweit sind mit diesem verrückten Onkel.

Als wir bei seinem uralten Mercedes ankommen, möchten wir es uns beide auf den Rücksitzen bequem machen, um ein wenig Abstand von ihm zu haben. Er scheint nicht gefährlich zu sein, nur sehr impulsiv und ohne ein Gefühl für andere Menschen und deren Bedürfnisse. Doch unseren Wunsch möchte er uns nicht erfüllen. »Einer von euch sitzt vorn neben mir.« Und weil Alexander, der Unglücksrabe, auf der Beifahrerseite steht, trifft ihn das Los. Der Onkel hält ihm die Tür auf, macht einen Knicks als Höflichkeitsgeste und grinst dabei. Ich kann mich hinten hinsetzen und bin froh über diese schicksalhafte Fügung. Aber ich habe Mitleid mit Alexander, dessen Ohren nun abgekaut werden.

Leider machen wir einen großen Fehler, als wir auf seine Frage nach unserer Abflugzeit ehrlich antworten. »Ach, dann haben wir ja noch Zeit, uns ein paar Dinge anzuschauen«, kommentiert er begeistert. Es scheint, als ob er sich wirklich über den zwischenmenschlichen Kontakt mit uns beiden freut. Kein Wunder, denke ich mir. Bei seiner Art und Weise vergrault er sicherlich schnell andere Menschen.

»Ich zeige euch noch etwas«, sagt der Onkel und drückt freudig aufs Gas. Während er viel erzählt und wenig fragt, fahren wir irgendwo hin. Die Rückbank im Mercedes ist weich gepolstert und bequem. Wir haben keine Ahnung, wo wir sind und ob wir es noch pünktlich zum Airport schaffen werden. Unser leiser Protest, dass wir direkt zum Flughafen möchten, verhallt ungehört. Nach etwa fünfundzwanzig Minuten kommen wir an. Er möchte uns eine kleine Gartenanlage mit einer Pagode zeigen. Es gibt einen großen Teich, kleine Gärten und Sitzmöglichkeiten unter Bäumen. Wir steigen aus. Die T-Shirts kleben an unseren Rücken, denn ohne Klimaanlage ist es drückend heiß im alten Benz. Ungern lassen wir all unser Gepäck in seinem Auto zurück. Er strapaziert mein grundsätzliches Grundvertrauen sehr. Räumt ein Freund von ihm jetzt das Auto leer, während er uns die Pagode zeigt? Zumindest nehmen wir unseren Pass und unser Geld mit auf diese unfreiwillige Sightseeing-Tour. Es ist nett hier, ein idyllischer Ort zum Ausruhen, aber auch nicht besonders spektakulär. Er hat mehr Freude daran als wir und brüstet sich mit seinem Wissen über dies und das. Langsam nervt mich der Typ. Wir sind seine Gäste und hatten ihn als Taxifahrer gebucht und nicht als Life-Coach, Tour-Guide oder Nervensäge. Zurück im Auto, sind alle unsere Sachen noch da. Er erzählt uns begeistert vom nächsten Stopp, den er auf dem Weg zum Flughafen einlegen möchte. Wir aber nicht. Wir beharren darauf, dass er uns direkt zu unserem Ziel fährt. Erst mit einer Notlüge, dass wir uns in der Abflugzeit vertan haben und diese doch früher ist, lässt er sich mürrisch darauf ein.

Manchmal muss man sich auf das
Niveau des Gegenübers einlassen,
um sein eigenes Ziel zu erreichen.

Wenn wir nur »Ja und Amen« sagen würden, würde er einfach das machen, was er möchte. Denn der liebe Gott hat bei ihm das Einfühlungsvermögen vergessen. Er nimmt nicht wahr, dass er uns mit seinem Verhalten und Dauergeschwätz zunehmend nervt. Demnach fühle ich mich auch nicht schlecht, in diesem Fall eine Notlüge zu nutzen, um das Ganze abzukürzen. Ich will mir nicht vorstellen, wie dieser unberechenbare Onkel reagiert hätte, wenn wir ihm ehrlich gesagt hätten, dass er uns immer unsympathischer wird und wir froh sind, wenn wir endlich aus dem Taxi kommen und ihn verabschieden können.

Jetzt herrscht mehr oder weniger Stille im Mercedes Benz. Unsere klare Ansage, dass wir direkt zum Flughafen wollen, ist angekommen. Zehn Minuten bevor wir endlich da sind, blüht er wieder auf und versucht, Alexander in ein neues Gespräch zu verwickeln. Dabei fährt er immer noch wie ein Wilder durch Straßen und Gassen. Hupen, plötzliches Ausscheren, Überholen oder Abbremsen und sich über die Fahrweise anderer Verkehrsteilnehmer beschweren, das kann er wie ein Profi. Alexander lässt sich halbwegs auf die erneute Redefreudigkeit ein. Ich habe hinten immer noch einen besseren Schutz, mit mir spricht er kaum. Der Onkel fragt jetzt nach Alexanders E-Mail-Adresse und er gibt ihm eine, die er selten nutzt. So kommt das Strahlen des Onkels langsam wieder zurück. Jetzt hat er zwei neue »Freunde« aus Deutschland gefunden.

Als wir das Taxi verlassen, bin ich froh. Ich kann innerlich durchschnaufen, weil wir es lebend und pünktlich zum Flughafen geschafft haben.

> Ich fühle mich wieder sicher und damit kann sich mein Frust ihm gegenüber langsam in Mitgefühl wandeln.

Wir bedanken uns für die Fahrt und wünschen ihm alles Gute. Und ich wünsche ihm innerlich, dass er irgendwann etwas mehr wahrnimmt und reflektiert, wie er mit seinem Verhalten andere Menschen wegstößt, während er eigentlich nur in Kontakt mit diesen kommen möchte. Wenn er achtzig Prozent weniger aktiv und bestimmend wäre, wäre er sicherlich ein lustiger, angenehmer und liebevoller Zeitgenosse.

In neue Welten tauchen

Manchmal frage ich mich, ob mein Selbstbild mit dem Fremdbild anderer über mich übereinstimmt. In solchen Momenten denke ich von mir, dass ich ein routiniertes und fast schon langweiliges Leben führe und wenig aktiv bin. Und ein paar Sekunden später erinnere ich mich an all die vielen Erfahrungen und abgefahrenen Erlebnisse. An all die Tage voller Leben und null Langeweile. Wie komme ich dann darauf zu denken, dass ich nicht viel mache? Ich habe keine Ahnung. Vielleicht, weil ich auch meine Routinen habe: wen ich treffe, wo ich arbeite oder essen gehe. Oder in meinem Gehirn gibt es zu diesem Thema einfach eine falsche Verschaltung. In den letzten Monaten habe ich unfassbar viel ausprobiert und kennengelernt. Ich interessiere mich für alles rund um Psychologie, Persönlichkeitsentwicklung und Heilung von Körper, Geist und Seele. Wobei letztendlich alles zusammenhängt, wie man heute weiß. Auch wenn die Schulmedizin Krankheiten immer noch sehr singulär betrachtet. Einerseits habe ich dieses Interesse für mich persönlich und andererseits aus beruflichen Gründen – für meine Praxis, Bücher oder Workshops. Ich buche also verschiedene Events und Sessions bei Heilern und Medizinern in Ubud und Umgebung.

Aufgrund einer bestimmten Essensunverträglichkeit bin ich auf Empfehlung bei Adolf. Er ist einer der bekanntesten Craniosacral- und Kinesiologie-Therapeuten. Ich liege auf der Liege in seinem Behandlungszimmer. Anfangs starre ich noch an die Decke. Doch irgendwann fallen meine Augen zu und ich erinnere mich an andere Erfahrungen, die ich bisher auf Bali gemacht habe.

Beispielsweise begegnete ich einer Gesichterleserin, Stephanie aus München. Diese kann anhand der Gesichtsmerkmale oder der Kopfform die Persönlichkeit eines Menschen sehr genau beschreiben. Ohne mit diesem gesprochen oder ihn persönlich kennengelernt zu haben. Ein paar Fotos reichen aus und sie erzählt über seine Stärken und Schwächen, Charaktereigenschaften und Werte – und das in einer unglaublichen Präzision. Ich war baff. Auf mich trifft vieles zu, was sie erzählt. Wir saßen in der Villa Kita zusammen und sie konnte über alle Anwesenden etwas sagen. Als ein Beispiel erklärt sie uns die Unterschiede bei Lippen: Menschen mit schmalen Lippen möchten auf den Punkt kommen, sie sind direkt und sachlich. Sie sind genervt, wenn Leute zu viel quatschen und über Gefühle zu reden ist überhaupt nicht ihr Ding. Liebe wird durch Taten bezeugt, aber nicht ständig in verbalen Äußerungen mitgeteilt. Wenn einmal »Ich liebe dich« gesagt wurde, sollte das reichen. Geld, Zeit und Gefühle werden zielgerichtet eingesetzt und nicht verschwendet. Wenn Menschen volle Lippen haben, wollen sie ausgiebig über ihre Gefühle sprechen. Durch ihre vielen Emotionen schwanken sie häufig zwischen himmelhochjauchzend und zu Tode betrübt. Wenn sie jemanden mögen, tun sie alles für diesen Menschen. Zudem sind sie generell großzügiger als schmallippige Menschen. Vielleicht ist unser Schubladendenken über andere nicht ausschließlich oberflächlich, sondern hat einen tieferen, ursächlichen Hintergrund.

Was ich regelmäßig besuche, sind Sound-Healing-Sessions. Die Klangschalen, Gongs und anderen Instrumente, manchmal ergänzt durch Gesang, schenken mir jedes Mal inneren Frieden. Es wird angenommen, dass Klänge und Schwingungen bestimmte Frequenzen haben, die das Energiefeld von uns Menschen harmonisieren. Nach meinen persönlichen Erfahrungen kann ich das bestätigen. Auf einer Yogamatte zu liegen und den Kristall- oder tibetischen Klangschalen zu lauschen, das ist tatsächlich Balsam für die Seele. Danach bin ich entspannt, geerdet und innerlich in einer tiefen Ruhe.

Eines Tages schwebe ich in einer schalldichten und lichtundurchlässigen Box im Wasser. Ich probiere das »Floating« aus, eine weitere Möglichkeit, zu entspannen und in eine innere Stille zu kommen. Das Salzwasser in dem Float-Tank ist mit Magnesiumsulfat angereichert, um dem Körper Auftrieb zu verleihen. Ich schwebe frei und schwerelos in dem dunklen Tank und verliere völlig das Zeitgefühl. Alles fühlt sich gut an. Bis auf einen aufgekratzten Mückenstich an meiner linken Wade. Durch das Salz brennt jede kleinste Wunde. Vor einer Floating-Session soll man sich auch nicht rasieren, weil das ebenfalls schmerzen würde. Immerhin gibt es Vaseline, mit welcher ich mich vorher an wunden Stellen eincremen kann. Die Wade hatte ich vergessen. Irgendwann klingt auch dieser Schmerz ab und ich verschwinde im Nirgendwo. Als langsam klassische Musik ertönt, weiß ich, dass die Stunde vorbei ist. Anschließend habe ich noch Zeit, trinke in einem Baststuhl eine Kokosnuss aus und blicke auf die Reisfelder ringsumher. Es braucht einige Zeit, um wieder in der Welt anzukommen. Alles fühlt sich schnell und laut an und die visuellen Reize sind intensiver als üblich.

Eine weitere Behandlungsmethode bringt mich zum Lachen. Ich lache nicht über Lynn, sondern die Nadeln in meinem Körper. Sie ist Akupunkteurin und die Behandlungen sind größtenteils schmerzhaft. Die Nadeln stecken bis zu drei Zentimeter tief in meinem Körper. Manchmal für eine Millisekunde, manchmal für zwanzig Minuten. Ich liege dabei auf einer Liege und warte angespannt auf jede neue Nadel. Eigentlich sollte ich mich entspannen, aber das gelingt mir nur ansatzweise. Manchmal könnte ich schreien vor Schmerzen und stöhne laut auf. Doch manchmal findet mein Körper eine andere Bewältigungsstrategie: Ich muss einfach nur lachen. Laut und völlig ohne Kontrolle. Vermutlich löse ich damit die Anspannung in meinem Körper auf humorvolle Art und Weise. Nach den Akupunktur-Behandlungen fühlt sich mein gesamter Körper leichter und freier an. Und meine Lachmuskeln spüre ich auch noch am nächsten Tag.

Was mir bei diesen Erfahrungen deutlich wird: Auch wenn mein Verstand nicht immer versteht, was die Behandlung genau bedeutet und wie sie funktioniert, kann ich dennoch davon profitieren. In diesen Fällen sage ich meinem Verstand, dass er Pause hat. Er muss nicht immer alles kapieren und kann der Intuition und dem Bauchgefühl die Führung überlassen. Passiert zudem nicht ein Großteil der Heilung im Kopf, wenn wir daran glauben?

Spannend finde ich die vielen Studienergebnisse über den Placeboeffekt. Dieser besagt, dass sich bei einem wirkungsfreien Medikament oder einer »vorgetäuschten« Operation die Gesundheit der Patienten trotzdem deutlich verbessert. Es ist wie ein »Einbildungseffekt«, bei dem unsere Erwartungen und Überzeugungen Einfluss auf unsere Gesundheit haben, selbst wenn es eigentlich keinen medizinischen Grund dafür gibt.

Wir können uns teilweise gesund »denken«, indem wir an die Wirkung der Behandlung glauben.

Ich finde das ein sehr spannendes Phänomen, das nachweist, wie mächtig unser Verstand und unser Glaube sind. Wenn wir daran glauben, dass uns der Arzt, das Medikament oder die Behandlung hilft, kann allein deswegen schon eine deutliche Verbesserung oder komplette Heilung erfolgen. Beispielsweise berichten Patienten mit Kniebeschwerden nach einer Schein-OP von der gleichen Verbesserung wie jene, die tatsächlich am Knie operiert wurden. Damit die Menschen, die nicht operiert wurden, dennoch davon überzeugt waren, wurde ein Schnitt ins Gewebe gemacht, mehr jedoch nicht. Auch bei schmerzlindernden Medikamenten zeigen Patienten, die nur ein wirkungsloses Placebo erhalten haben, signifikante Verbesserungen. Das Gleiche wurde bei Menschen mit Depressionen, einer Parkinson- oder Magen-Darm-Erkrankung nachgewiesen: Den Placeboeffekt gibt es nachweislich.

Sprung ins Glück

Eines meiner größten Highlights am Tag ist es, mit einer großen Arschbombe in den Pool zu springen. Manchmal mit einem Freudenschrei, für den ich mich kurz darauf ein wenig schäme. Dann hoffe ich, dass ihn niemand gehört hat. Wenig später, wenn ich wieder auftauche, sehe ich den Wellen zu, wie sie an den Poolrand klatschen und darüber hinausrollen.

Ein paar Tage später nehme ich in der Mittagshitze wieder Anlauf. Drei große Schritte von meiner Terrasse, einen Schritt auf den Rand des Pools – und während ich durch die Luft fliege, sehe ich im Augenwinkel jemanden auf einer Liege liegen. Zu spät, ich schwebe schon durch die Luft und lande mit einem lauten Platsch im Wasser. Diesmal ohne meinen Freudenschrei. Als ich kurze Zeit später auftauche, freuen sich meine Augen und ich mich mit ihnen: Die Schönheit, die ich vor einigen Tagen hinter den Palmen gesehen habe, liegt am Pool und sonnt sich. Wir kommen recht schnell ins Gespräch und nach etwas Smalltalk steigen wir bald in tiefere Gesprächsebenen ein. Ich bin erstaunt, mit welcher Offenheit sie von sich berichtet und wie viele persönliche Dinge sie mir erzählt. Sie fasziniert mich. Es kommt bei mir selten vor, dass mich eine Frau sowohl optisch, emotional, mental als auch seelisch anspricht und ich sie gern kennenlernen würde. Ob es ihr mit mir auch so geht? Ich hoffe es. Zumindest weiß ich jetzt, dass sie Anna heißt und für ein paar Wochen nebenan wohnt.

Nachdem wir uns eine Stunde unterhalten und dabei viel gelacht haben, muss sie los zur Massage. Ich wende mich meiner täglichen Routine im Pool zu: ein paar kurze Bahnen Brustschwimmen. Einmal habe ich Rückenschwimmen versucht. Der Pool ist etwa zehn Meter lang und ich erreichte schon nach wenigen Zügen das andere Ende. Ab sofort lege ich mich im Wasser auf den Rücken, hänge meine

Unterschenkel auf den Rand des Pools und schwimme in dieser Position meine »Bahnen« auf dem Rücken. Meine Beine halten mich in Position, sodass ich theoretisch stundenlang an der gleichen Stelle schwimmen kann. Einerseits ist es eine lustige Art zu schwimmen und andererseits stelle ich mir vor, wie das von oben aussehen mag. Während ich meine Bahnen schwimme, wird mir klar, dass uns das Leben häufig etwas schenkt, wenn wir nicht damit rechnen.

Die schönsten zwischenmenschlichen Begegnungen ergeben sich, wenn wir uns einfach von unserer Freude und Leichtigkeit leiten lassen und nichts planen oder erwarten.

Mitten in meinem Sprung ins Wasser habe ich Anna getroffen. Vielleicht ist das Universum dann besonders großzügig zu uns, wenn wir uns mit offenem Herzen dem Fluss des Lebens hingeben und keine bestimmte Erwartung haben. Wenn nicht das Ego auf die Erfüllung seiner Wünsche pocht, sondern wir das Leben so nehmen, wie es kommt, wenn wir das Leben einfach leben. Manchmal glauben wir ja, genau zu wissen, was für uns gut wäre. Aber ist es nicht viel häufiger so, dass das Leben die besseren Pläne und die bessere Übersicht in der langfristigen Perspektive hat?

Nachdem ich meine Bahnen geschwommen bin, lege ich mich auf die Kalksteinplatten neben dem Pool, spüre die Sonne von oben und die sonnenerhitzten Steine von unten. Ich fühle mich wie eine Scheibe Brot im Toaster. Nur, dass ich hier in der Sonne auf Dauer nicht schwarz, sondern rot werde.

Auf dünnem Eis

Ich hätte nie gedacht, dass ich jemals so angespannt auf meinem Roller sitzen würde. Waze, die bekannteste Navigations-App in Indonesien, warnt einen, wenn sich kurz vor einem ein großes Schlagloch befindet – wenn es von einem anderen User vorher gemeldet wurde. Ebenso gibt es einen Hinweis, wenn sich auf der Strecke eine Polizeikontrolle befindet. Zwei hilfreiche Informationen, die den Roller, die Gesundheit und den Geldbeutel schonen und die Nerven obendrein. Dennoch ist und bleibt es gefährlich, ohne Knautschzone zu fahren.

Ich sitze auf meinem Roller und fahre maximal fünf Stundenkilometer. Wobei fahren etwas übertrieben ist, ich rutsche eher. Ich hoffe inständig, dass der Lastwagen vor mir seine Geschwindigkeit nicht weiter reduziert, da ich dann vor einer schwierigen Entscheidung stehe: Soll ich in ihn hineinrutschen oder soll ich abbremsen, um eine Kollision zu vermeiden? Bei letzterem gehe ich das Risiko ein, dass die Bremsen blockieren und ich ins Rutschen gerate und stürze. Die Straße ist extrem steil und ich bin heilfroh, dass ich den Lkw nicht überholt habe. Denn dann wäre ich wesentlich zu schnell den Berg runtergefahren und hätte nicht mitbekommen, wie spiegelglatt die Fahrbahn ist. Ein folgenreicher Sturz wäre unvermeidlich gewesen.

Vor einer Stunde hat es angefangen, wie aus Kübeln zu schütten, doch ich muss los. Ein Termin beim Amt, den ich unter keinen Umständen verpassen darf. Ich versuchte, mir noch ein Taxi zu bestellen. Doch leider war ich nicht der Einzige, der diese Idee hatte. Also schwinge ich mich auf meinen Roller und nehme die dreißigminütige Fahrt auf mich. Glücklicherweise hört der Starkregen auf und weicht einem beständigen, leichten Nieseln.

Die Fahrt geht über eine kurvige, bergige Strecke. Eine

Traumstrecke bei trockenem Wetter und ein Höllenritt bei Nässe. Zu meinem Pech ist kurz vor mir ein Fahrzeug unterwegs, welches der Straße großzügig Öl spendiert. Keine tolle Kombination, wenn man mit dem Zweirad unterwegs ist. Dazu kommt die Konzentration, jedem Schlagloch auszuweichen und auf kein Huhn, keinen Hund oder kein Schwein zu treffen, die plötzlich auf die Straße laufen. All das reicht eigentlich schon als Herausforderung. Und dann noch frische Ölflecken. Das ist die unerwünschte Krönung dieser Rollerfahrt. Ich halte mich links am Straßenrand, weil sich die meisten Ölflecken rechts auf meiner Spur befinden. Soweit es eben geht. Aufgrund des Regens fliegen mir zumindest keine Insekten ins Gesicht oder in den Mund.

Der Lkw schleicht weiter den Berg runter. Ich möchte nicht wissen, wie viel Angstschweiß der Fahrer auf seiner Stirn hat. Oder ist er ein alter Hase und kennt diese Strecke? Blöderweise bleibt kurz vor uns beiden ein Roller mit Beiwagen stehen, halb auf dem Gehweg, halb auf der Straße. Wird der Lastwagen daran vorbeikommen? Ruckartige Brems- oder Lenkbewegungen wären auch für ihn nicht zielführend. Zweihundert Meter weiter unten endet unsere Straße in einer T-Kreuzung. Der Restaurantbesitzer auf der anderen Straßenseite würde sich sicherlich nicht über einen Lkw oder Roller in seiner Küche freuen. Wie unfassbar rutschig es wirklich ist, bemerke ich erst, als uns ein großer, moderner Pick-up entgegenkommt. Trotz seines Allradantriebs hat er große Probleme, den Berg hochzukommen. Er und seine Pferde unter der Haube kämpfen tapfer. Seine Reifen drehen durch und er rutscht im Schneckentempo schräg die Straße hoch.

Zum Glück kommt der Lastwagen gerade noch zwischen dem stehen gebliebenen Roller mit Beiwagen auf der linken und dem entgegenkommenden Pick-up auf der rechten Seite durch. Und der Restaurantbesitzer kann sich ebenfalls freuen. Denn wir alle gelangen heil unten an. Einmal ganz tief durchschnaufen. Ich lerne etwas aus dieser Grenzerfahrung:

> Es ist nicht immer die hohe Geschwindigkeit im Leben, die gefährlich werden kann. Manchmal kommt die Bedrohung auch ganz langsam und unerwartet auf uns zu.

Dank meiner inneren Stimme bin ich heil den Berg heruntergekommen. Denn normalerweise hätte ich den Lastwagen überholt. Mein Schutzengel hat mir im richtigen Moment geholfen und mir eingeflüstert: »Nicht überholen!« Und ich habe ihm glücklicherweise zugehört.

Froh zu sein, bedarf es wenig

Jedes Mal, wenn ich nach Hause komme, kribbelt mein Bauch. Ich hoffe, Anna zu sehen. Im und am Pool zu sein, wird noch mehr zu meiner Lieblingsbeschäftigung. Denn hier stehen die Chancen am höchsten, dass ich sie sehe – oder sie mich. Mein Bauchgefühl sagt mir, dass wir zusammenkommen werden. Auch, wenn es weiß, dass es nicht leicht werden wird. Doch mein Herz ist momentan leicht. Ich bin interessiert und spüre dieses Kribbeln im Bauch, wenn ich an sie denke oder sie sehe. Verliebt bin ich noch nicht, aber auf dem Weg dahin. Ich verliebe mich selten. Meine Ansprüche sind hoch, ich weiß. Wenn ich könnte, würde ich sie ein wenig herunterschrauben, aber das gelingt mir nur in kleinen Schritten. Charmant soll sie sein und schlank, spirituell offen, aber nicht zu extrem, ein hübsches Lächeln haben und selbstbewusst im Leben stehen. Und sie soll selbstverantwortlich sein.

Es ist immer leichter, dem Partner Dinge vorzuwerfen, anstatt in den Spiegel zu schauen und sich mit sich selbst auseinanderzusetzen. Das möchte ich nicht, auch bedingt durch meine Arbeit und eigene Persönlichkeitsentwicklung. So ist auch mein zweites Buch entstanden: wie man die Lösung für (fast) alle Herausforderungen im Leben in sich selbst findet und nicht, indem man dem Partner die Verantwortung dafür gibt und ihn verändern möchte. Auch wenn wir wissen, dass Selbstverantwortung einen positiven Einfluss auf die Lebenszufriedenheit hat, fällt es je nach Lebensgeschichte leichter oder schwerer. Denn jeder macht es so, wie er es am besten kann. Das ist einer meiner Sätze, die ich mir selbst sage, wenn jemand nicht gut mit mir umgeht. Wenn ich nicht zu sehr getriggert bin, erinnere ich mich daran, atme tief ein und aus und komme in eine andere Energie. Denn was wir eigentlich alle wissen: Niemand verletzt andere Menschen gern. Eigene unverarbeitete Verletzungen verletzen – und nie die Freude am Verletzen ist die Ursache.

Zu diesem Thema hatte ich sogar einmal die Ehre einen TED-Vortrag zu halten. Vor Hunderten Menschen. Als Kind war ich eher schüchtern, zurückhaltend und ruhig. Außer zu Hause, wenn mir etwas nicht passte. Da konnte ich ganz andere Seiten zeigen. Mit den Jahren wurde ich selbstbewusster. Ich konnte leichter auf Menschen zugehen und hatte weniger Angst davor, im Mittelpunkt zu stehen. Während meines ersten Studiums – Betriebswirtschaftslehre mit Schwerpunkt Marketingkommunikation – kannte ich fast den gesamten Campus. Ich war auf jeder Party, beteiligte mich an vielen Hochschulinitiativen und war nicht mehr der schüchterne Junge aus dem kleinen Dorf. Immer mittendrin und bei allem dabei. Bei Präsentationen in den Vorlesungen war ich anfangs immer noch aufgeregt, gewöhnte mich aber mit jeder Erfahrung mehr daran. Doch ein TED-Talk war eine Nummer größer. Dieser wird aufgezeichnet und online gestellt, sichtbar für jeden – für den Rest meines Lebens. Ich möchte als Erster auftreten und mein Wunsch wird erfüllt. Dann verpasse ich vor lauter Aufregung nicht die anderen Redner und habe es schneller hinter mir, so mein Kalkül. Und dann geht es los.

Das Licht im riesigen Saal geht aus, die Veranstalter treten auf die Bühne und begrüßen die vielen Menschen. Ich stehe nervös vorn neben der Bühne, meine Hände schwitzen. Doch das Sakko sitzt, ich bin bestens vorbereitet und die Generalprobe am Tag vorher lief ebenfalls gut. Es wird klappen. Wird es klappen? Jeden Tag müsste ich diese Aufregung nicht haben, aber es klappt.

Mal wieder waren meine Sorgen und Ängste größer als nötig.

Wie manchmal im Leben war auch in dieser Situation mein Verstand ein Meister darin, sich alles Mögliche negativ auszumalen. Ich habe einen kompletten Blackout, die Menschen schauen gelangweilt aufs Handy oder ich verwechsle die wichtigsten Aussagen und erzähle einen Stuss. Meist sind diese Sorgen völlig umsonst oder zumindest übertrieben. Als ich oben stehe, ist meine Stimme die ersten paar Sätze noch etwas nervös. Doch dann komme ich in einen Flow und habe richtig Freude an meinem Vortrag. »Wenn ein Psychologe auf der Bühne steht, wird es ernst ...«, kommt mir ganz spontan und so begrüße ich die Gäste mit diesen Worten anstatt mit meinem einstudierten ersten Satz. Ich werde nie eine Rampensau werden, die sich auf die Bühne drängt und dort völlig entspannt steht. Aber für den Anfang bin ich zufrieden mit mir und meinen Fähigkeiten, vor anderen Menschen zu sprechen.

Bei Anna ist es auch so, dass ich beide Seiten spüre: Ich kann schüchtern und introvertiert sein. Aber auch auf sie zugehen und aktiv werden. Aber ich möchte sie nicht bedrängen und ihr gleichzeitig dennoch zeigen, dass ich sie mag und gern Zeit mit ihr verbringe. Vielleicht ist sie auch vergeben, wir haben bisher noch nicht über unseren Beziehungsstatus gesprochen.

Der inneren Stimme folgen

Es ist Samstag und heute Abend wird im Akasha eine große Party steigen. Ich freue mich richtig darauf, da ich dort viele Freunde sehen und sicherlich auch interessante Menschen kennenlernen werde. Das Akasha ist eine einzigartige Location mit einer besonderen Architektur. Um dort hinzukommen, geht es von Ubud aus in etwa zwanzig Minuten mit dem Roller in Richtung Norden. Ich versuche, online ein Ticket zu kaufen, da an der Abendkasse erfahrungsgemäß alles schnell ausverkauft ist. Doch selbst mit drei verschiedenen Kreditkarten klappt es nicht. So ein Mist, denke ich mir und gebe auf. Hier auf Bali lerne ich immer mehr, die Dinge hinzunehmen und zu akzeptieren, wie sie passieren. Ich stelle mir dann vor, dass das Universum eben andere Pläne mit mir hat. Manchmal kann ich es mit einem Lächeln annehmen, manchmal verstehe ich den Hinweis des Lebens nicht oder möchte ihn nicht verstehen. Dann boxe ich mich trotz der Hinweise durch. Letztendlich ohne Erfolg. Es gibt viele Beispiele, in denen mir das Leben etwas zeigen wollte, ich aber dachte, dass ich es besser weiß.

Beispielsweise kurz bevor wir über Nacht Bali verlassen mussten: Ich möchte Geld für die Villa-Miete der nächsten Monate abheben. Damals wusste ich noch nicht, dass ich in wenigen Tagen meine Wahlheimat Bali verlassen würde. Und trotzdem spüre ich ein unerklärliches, aber deutliches Gefühl, dass ich das Geld nicht brauchen werde. Doch meine Angst, dass wegen des Beginns der Corona-Pandemie in China die Geldautomaten vielleicht keinen Nachschub bekommen würden, ist dominanter und so schwinge ich mich auf meinen Roller. Ich will zehn Millionen Rupiah abheben. Seit ich hier lebe, habe ich vier Geldautomaten in Ubud gefunden, bei denen ich mehrere Millionen zuverlässig abheben kann. Bei anderen wird zum Beispiel die Karte einfach eingezogen. Oder das Geld kommt für Sekunden raus, aber verschwindet wieder im Schlitz, bevor man es greifen kann. Beim ersten Automaten meines Vertrauens kommt kein Geld. Kommt vor, denke ich mir, schwinge mich wieder auf meinen Roller und fahre weiter stadteinwärts. Doch auch dieser Automat hat nicht seinen besten Tag: Er ist komplett ausgeschaltet. Der dritte hat zumindest noch Strom, doch er zeigt an, dass er außer Betrieb ist. Doch anstatt dem Universum jetzt zu trauen und die vielen Botschaften ernst zu nehmen, fahre ich zum vierten. Meine Angst ist in diesem Moment größer, als meiner Intuition zu trauen. Jetzt klappt es, ich ziehe mein Geld aus dem Schlitz und bin Multimillionär. Zumindest in indonesischen Rupiah. Tage später weiß ich, warum die Automaten nicht wollten und mein Bauchgefühl richtiglag: Ich brauche das Geld nicht mehr, weil wir Bali verlassen werden. So muss ich es mit Verlusten zurücktauschen.

> Wer nicht auf sein Bauchgefühl hören will,
> erhält früher oder später die Quittung dafür.

Bei dieser Erfahrung stimmt es sogar sprichwörtlich. Das ist mir eine gute Lehre, mir selbst mehr zu vertrauen. Zum Glück bin ich bei den großen und entscheidenden Themen in meinem Leben immer meiner Intuition gefolgt. Ich bin unendlich dankbar, dass ich meine innere Stimme kenne und ihr zuhöre. Und sie freut sich ebenfalls – vor allem, wenn ich ihr vertraue und folge. Wie damals, als ich nochmals an die Universität gegangen bin, um Psychologie zu studieren, oder als ich alles in Deutschland losgelassen habe und nach Asien ausgewandert bin. Bei beiden Entscheidungen bin ich meinem Bauchgefühl gefolgt und ich bereue keine Sekunde davon.

Später treffe ich Anna am Pool. Sie berichtet mir, dass sie auch auf die Party im Akasha gehen will. Ich erzähle ihr von meinem Problem mit dem Online-Ticketkauf und wir müssen lachen. Wir haben beide Zeit und ich nehme meinen Mut zusammen und frage sie, ob sie Lust hat, später zusammen abendessen zu gehen. Sie überlegt kurz und strahlt mich an. Als es dunkel wird, machen wir uns gemeinsam zu Fuß auf den Weg zum Restaurant. Unterwegs erzählt sie mir etwas, das ich eigentlich nicht hören wollte: »Ich bin vergeben, ich habe zu Hause in Australien einen Freund.« Auch wenn ich das schon geahnt hatte, trifft es mich. Verdammt, denke ich mir, wenn ich schon mal eine Frau attraktiv und interessant finde. Doch was sie anschließend sagt, macht mir ein wenig Hoffnung. »Ich bin hier, um herauszufinden, ob ich diese Beziehung noch möchte. Mein Partner macht sich ebenfalls Gedanken.« Anscheinend läuft es schon länger nicht gut, beide sind unzufrieden und emotional schon weit voneinander entfernt.

Ich bin einerseits traurig, aber andererseits schafft es auch Klarheit. Oder doch nicht? Mein Bauchgefühl erzählt mir nämlich bereits mehr. Doch kann ich diesem vertrauen oder sind es mehr mein Wunsch und meine Hoffnung? Im Restaurant angekommen, genießen wir unseren Fried Rice und unterhalten uns angeregt über unsere bisherigen Leben.

In den kommenden Tagen verbringen Anna und ich immer mehr Zeit miteinander und unsere emotionale Nähe wächst. Es scheint, als ob das Leben uns nicht erlauben würde, getrennte Wege zu gehen. Ich fühle mich wohl mit ihr, mit ihrer positiven Lebenseinstellung und ihrer Ungezwungenheit. Sie singt lautstark im Auto, genau wie ich. Sie rennt wie ein Kind am Strand entlang und wirbelt dabei Sand in die Luft, genau wie ich. Sie kann sich über einen Sieg im Kniffel unglaublich freuen und feiert ihren Erfolg, indem sie in der Wohnung herumhüpft, genau wie ich es hin und wieder tue. Manchmal überlege ich, ob ich aktiver auf sie zugehen sollte. Doch irgendwann habe ich mir selbst gesagt, dass ich mich niemals in die Beziehung zweier Menschen drängen werde, egal ob sie gut oder schlecht läuft und vielleicht schon am Ende ist. Deshalb halte ich mich zurück. Aber mein Herz lässt sich davon nicht beeindrucken und freut sich jedes Mal, wenn wir einander sehen.

Tiefe Blicke

Die Zeit fliegt nur so dahin. Ich bin weiterhin glücklich mit mir und meinem Leben hier in Ubud. Auch wenn ich immer wieder an Anna denke und mich frage, warum wir uns begegnet sind. Sie ist in einer Beziehung und wird zudem in wenigen Wochen wieder nach Hause fliegen. Doch auch ich scheine ihr wichtig zu sein. Sie fragt mich, ob wir heute Abend noch mal zusammen essen gehen. Ich bin nervös. Das ist selten, doch heute bin ich aufgeregt. Ich ziehe etwas Schönes an und freue mich, mit ihr den Abend mit Livemusik im Café Vespa zu verbringen. Wir beide trinken selten Alkohol, doch heute schmecken uns das Bier und der Cocktail, ein Mojito mit Zimt-Arak, Limettensaft, frischer Minze und Sodawasser. Wir unterhalten uns, als ob wir uns schon unser gesamtes Leben lang kennen. Es fühlt sich an, wie nach Hause zu kommen. Mein Herz ist ruhig und glücklich. Ich erzähle ihr von schönen und schweren Momenten aus meinem Leben und sie von ihren. Und ich spüre unsere tiefe Verbundenheit.

Irgendetwas hat sich in ihr verändert. Sie ist offener. Ich flirte mir ihr, aber zurückhaltend. Ich möchte mich an meine eigene Regel halten, nichts mit einer vergebenen Frau anzufangen. Sie ist in einer Beziehung. Zumindest ist das der Stand der Dinge für mich. Denn ich weiß zu dem Zeitpunkt noch nicht, dass sich die beiden in der Zwischenzeit einvernehmlich getrennt haben. Dennoch würde ich am liebsten bis spät in die Nacht mit ihr hier sitzen. Anna strahlt. Und ich auch. Das liegt nicht nur am Alkohol, sondern an unserer Verbundenheit, der Glückseligkeit und unserem guten Austausch.

Am Rückweg machen wir einen Abstecher in die Schlucht direkt neben unserer Villa. Unten ist ein kleiner hinduistischer Tempel. Es riecht nach Moos, Erde und Regen. Als wir die Stufen hinunterlaufen, würde ich am liebsten ihre Hand nehmen. Doch ich traue mich nicht. Manchmal habe ich den Eindruck, dass sie auch gern mehr Nähe zu mir spüren würde. Wochen später erzählt sie mir, dass sie selbst unsicher war, ob ich überhaupt Interesse an ihr als Partnerin hatte. Ich kann es nachvollziehen, da ich mich nicht offensiv an sie ranmachte. Als Gentleman in Ausbildung sorge ich beim Abstieg dennoch dafür, dass sie sicher ist und der eine oder andere kurze Körperkontakt entsteht – zur Freude von uns beiden. Unten angekommen, bewundern wir schweigend die Natur und dann passiert es: Unsere Blicke treffen sich. Wir schauen einander in die Augen und die Welt bleibt für einige Augenblicke stehen. Eine Tiefe, eine Verbindung, aber auch die Unsicherheit, wie lang wir so einem Blick standhalten können. Jetzt wäre der Augenblick gekommen, uns zu küssen.

Aber wir lassen den Moment verstreichen und es passiert nichts. Obwohl wir beide nichts lieber als das getan hätten. Als wir wieder zu Hause ankommen, geht jeder brav in sein Bett. Mir wird etwas Wichtiges bewusst:

> Geht es manchmal nicht auch darum, die besonderen Momente zu genießen, ohne dabei eine Grenze zu überschreiten?

Das ist uns heute gelungen. Wobei, war das Flirten nicht schon eine Grenzüberschreitung von uns beiden? Wahrscheinlich schon. Vielleicht biege ich es mir auch nur so hin, dass ich noch in den Spiegel blicken und mit meinem eigenen Verhalten gut leben kann. Für mich geht es darum, die Verantwortung und die eigenen Prinzipien zu wahren, selbst wenn die Versuchung groß ist. Ich bin mir treu geblieben, aber ich habe mit dem Flirten den Bogen heute Abend weit gespannt.

Die Kunst der Verbundenheit

Ich will einfach nur nach Hause. Meine Sehnsucht wird mit jedem Tag größer und ich frage mich, warum ich überhaupt hier in München bin. Mir fehlen die Reisfelder, das Wetter, die Balinesen und das Leben auf der Insel der Götter. Und Anna, der ich kurz vor ihrem Rückflug nach Australien noch nähergekommen bin. Ob und wann wir uns wiedersehen, steht noch in den Sternen. Aber im Herzen trage ich sie mit mir, auch wenn wir aktuell so unglaublich weit voneinander entfernt sind. Obwohl ich die tollste Familie und die besten Freunde in Deutschland habe, vermisse ich sie nicht ständig, wenn ich in Südostasien bin. Dank des Internets kann ich mit ihnen telefonieren. Klar würde ich mich unglaublich freuen, sie im Arm zu halten, zusammen im Café zu sitzen, spazieren zu gehen oder *Siedler von Catan* oder *Monopoly* zu spielen. Was mir jedoch immer klarer wird, je länger ich im Ausland lebe:

> Die Verbundenheit mit meinen Lieblingsmenschen hält auch über die Weltmeere.

Freundschaften müssen gepflegt werden, wie eine Pflanze. Das mache ich bereits mein ganzes Leben mit dem engen und weiteren Kreis an lieben Menschen – unabhängig davon, ob ich in Deutschland oder im Ausland bin. Jetzt, in der Ferne, gibt es mir zudem das Gefühl, gehalten und getragen zu sein. Nicht allein zu sein, wenn ich mich einmal einsam fühle. Denn wenn mir etwas passieren würde, wüsste ich zu einhundert Prozent, dass mich jemand besuchen oder abholen würde. Wir sind körperlich entfernt, aber dennoch verbunden, auch über die Kontinente.

Über Weihnachten besuche ich meine Eltern, Geschwister und Nichte, die mir sehr am Herzen liegt. Zudem treffe ich viele Freunde. Doch mir geht es nicht gut. Seit dem ersten Tag zurück in München bin ich krank. Entweder ist mein Körper die Kälte nicht mehr gewöhnt oder möchte mir damit einfach nur sagen: Du bist nicht da, wo du sein sollst. Mir bricht es manchmal das Herz, dass nicht beide Bedürfnisse vereinbar sind: meine Liebe zu Bali und meine lieben Menschen in Deutschland. Ich kann sie besuchen, wie jetzt, ich kann mit ihnen telefonieren und viele besuchen mich auch in Asien. Aber dennoch ist es etwas anderes, als alle physisch an einem Ort oder in ICE-Reichweite zu haben. Andererseits sehe ich auch das Schöne daran: Meine Familie und Freunde gehen mir nicht verloren, wenn ich woanders lebe. Denn ich pflege den Kontakt zu ihnen. Ist das nicht besser, als einen schlechten oder keinen Kontakt zur eigenen Familie und keine engen Freunde zu haben? Außerdem, so rufe ich mir in Erinnerung, bin ich selbst verantwortlich für diese Entscheidung, dass ich ausgewandert bin. Glücklicherweise verstehen alle diese innere Zerrissenheit und nehmen es nicht persönlich, dass ich auf Bali lebe. Es ist keine Entscheidung gegen sie, sondern eine Entscheidung für Südostasien und ein Leben, welches mich zum Strahlen bringt.

Als ich ein paar Tage vorher im Flugzeug von Bali nach München sitze, wird mir etwas deutlich: Vielleicht bin ich dieses Mal vor allem deshalb nach Deutschland geflogen, um meine Lieben wissen zu lassen, dass ich sie lieb habe. Vielleicht war das der Hauptgrund, an Weihnachten nach München zu kommen. Damit ich ihnen zeige, dass sie mir wichtig sind. Dass ich nicht vergessen habe, dass es sie auch gibt in meinem Leben. Ich weiß, meine Eltern, Geschwister und Freunde möchten, dass ich mein Leben lebe, und sie freuen sich, wenn ich glücklich und zufrieden bin. Und dennoch weiß und spüre ich auch, dass sie mich lieber hier in Deutschland bei sich hätten. Am schönsten wäre es, wenn ich alle einpacken könnte und sie mit mir nach Bali kommen würden. Das wäre mein persönlicher Lottogewinn.

Für meinen Deutschlandbesuch könnte diese Erkenntnis bedeuten: Ich hätte nicht fliegen müssen und meine Wertschätzung auch anders ausdrücken können. Wieder etwas gelernt: in Zukunft vor einer Entscheidung nochmals in mich zu hören, warum ich etwas mache.

Mache ich etwas für mich oder für andere?

Manche Dinge muss ich erst erfahren und selbst erleben, bevor ich sie verstehe. Und im besten Fall lerne ich daraus etwas für die Zukunft.

Meine Erkältung wird immer intensiver und ich kämpfe mich durch die Tage. Obwohl München kein Dorf ist, fühlt sich hier alles vergleichsweise tot an. Kein Leben, keine Lebendigkeit, nichts los. Alle stapfen in Eile und in sich gekehrt durch die Stadt. Wenig Offenheit und nur selten ein Lächeln in der Öffentlichkeit – zumindest im Vergleich zu Südostasien. Die kalte Jahreszeit hat sicherlich ebenfalls einen Einfluss auf die Stimmung hier. Doch auch in der warmen Jahreszeit fühlen sich das Leben und die Menschen in Deutschland für mich schwerer an als auf Bali oder in Thailand. Als ob viele hier das Leben nicht genießen dürften. Als ob eine Last auf vielen Seelen liegt und diese ein zufriedenes, unbeschwertes, leichteres Leben erschwert oder verhindert.

Die Menschen, die mir wichtig sind, sind das Einzige, was ich auf Bali vermisse. Wenn mich jemand fragt, ob mir in Deutschland und all dem, was dieses Land ausmacht, etwas fehlt, fällt mir nichts Wesentliches ein. Weder das Essen, die Natur, die Mentalität noch die Sauberkeit. Klar gibt es Vorteile eines Lebens in Deutschland, wunderschöne Städte, schöne Natur oder viele kulturelle oder sportliche Angebote. Auch ist ein Badezimmer ohne Kakerlaken-Gefahr angenehm, Trinkwasser aus dem Hahn ist bequem oder eine frische Brezel schmeckt gut. Aber wenn ich in Bali bin, denke ich selten daran, was in Deutschland möglich wäre. Ubud saugt mich einfach komplett ins Hier und Jetzt.

Doch das gelingt mir heute auch für einige Augenblicke: Während ich meine Nichte auf meinem Arm durch die Wohnung trage, finde ich meinen Frieden im Hier und Jetzt.

Eine nächtliche Reise

Mir geht es prächtig in Bangkok mit Alexander. Nach meinem Deutschlandbesuch treffe ich ihn hier am Silvesterabend. Einen schöneren Start ins neue Jahr kann es nicht geben. Einerseits ist meine Erkältung, die ich bis zum letzten Tag in Deutschland mitgeschleppt habe, wenige Stunden nach der Ankunft wie weggeblasen. Und andererseits werde ich mit einem meiner besten Freunde die nächsten Wochen in Thailand und Laos verbringen. Während wir am Frühstückstisch sitzen und in der Morgensonne auf der Terrasse Cornflakes essen und frisch gepressten Melonenshake trinken, fragt er mich mit einem schelmischen Grinsen, ob ich mich an die letzte Nacht erinnere. »Nein, meinst du was Bestimmtes?«, frage ich ihn zwischen neugierig und besorgt.

Waren wir doch noch unterwegs und ich hatte einen Filmriss? Oder hat mir eine Frau, wie vor Jahren in Amsterdam auf einem Festival, irgendeine Droge ins Getränk geworfen und ich kann mich deswegen an nichts mehr erinnern? Zum Glück ist es weder das eine noch das andere.

»Ja, du hast immer wieder im Schlaf geredet und öfters »Nein, ich will nicht« gesagt«, klärt mich Alexander auf. Jetzt fällt mir alles wieder ein. Ich hatte einen Traum von und mit meinem Bruder. Mit vielen Erinnerungen aus unseren Kindheitstagen. Wir waren selten Konkurrenten. Klar gab es auch mal Streitigkeiten und Rangeleien, doch letztendlich waren wir ein Team. Uns verbanden seit jeher Aktivitäten, etwas gemeinsam tun, erschaffen oder erleben. Wir bauten beispielsweise in unserem Garten über Wochen gemeinsam ein Baumhaus. Sägen, hämmern und schleifen, es war viel handwerkliches Geschick gefragt. Mit allen damit verbundenen Tränen. Mal aus Begeisterung, mal wegen einer kleinen Verletzung oder aus Frustration, dass etwas eingestürzt ist. Einmal wollten wir nach dem Mittagessen so schnell es geht zurück zum Baumhaus. Wir rannten die Treppe runter, raus in den Garten, und draußen noch eine Treppe tiefer. Unser Garten war Jahrzehnte vorher einmal ein Weinberghang, der jetzt aber mehr einer Gestrüpp-Landschaft glich. Wir waren voller Energie und rasten wie die Verrückten Richtung Baumhaus. Von diesem hatten wir bereits die grobe Konstruktion fertiggestellt. Aus Baumstücken, die wir im Dickicht gefunden und Hölzern, die wir aus Papas Werkstatt bekommen hatten. Es sah anfangs sehr wackelig aus, doch mit der Zeit und stabilisierenden Querverstrebungen, vielen Seilen, Nägeln und Schrauben wurde das Baumhaus immer stabiler und optisch ansprechender. Es hätte zwar noch keinen Tornado überlebt, aber dafür waren wir hochmotiviert, weiterzuarbeiten.

> Wie schön das in der Kindheit ist:
> Jeder Weg ist das Ziel.

Alles findet im Hier und Jetzt statt und der Verstand hat noch weniger Einfluss und Kontrolle. Man erlebt, was man erlebt, und ist gedanklich selten in der Vergangenheit oder Zukunft. Außer bei der Vorfreude auf Weihnachten, den Geburtstag oder die Sommerferien.

Ich sehe uns die Stufen runterrennen Richtung Baumhaus, mit großen Schritten über Stock und Stein hüpfen und plötzlich liege ich auf dem Boden. Und mein Schienbein brennt. Das Blut quillt hervor und ich brülle vor Schmerzen. Ich bin zehn Jahre alt, und kann schon damals kein Blut sehen. Max rennt hoch und schreit ebenfalls – nicht vor Schmerz, sondern nach Mama und Papa. Die Arzthelferin muss mich festhalten und ich brülle wie am Spieß. Ich verstehe die Erwachsenen nicht. Es blutet doch schon, warum müssen sie direkt in die Wunde noch eine Spritze setzen? Dann blutet es doch noch mehr und auf den zusätzlichen Schmerz durch die Nadel kann ich auch verzichten.

Vielleicht hat Alexander in unserem Hotel in Bangkok genau das gehört: »Nein, ich will nicht!« Als Belohnung für meine Tapferkeit bekam ich ein Kinderbuch mit wilden Tieren der Welt. Und alles wegen eines kleinen Baumstumpfes, der mir im Weg stand. Ich erzähle Alexander meinen Traum und zeige ihm meine acht Zentimeter lange Narbe am linken Schienbein.

Was wollte mir der Traum sagen? Nach Sigmund Freud, dem Begründer der Psychoanalyse, repräsentieren Träume unsere unbewussten Wünsche, Bedürfnisse und Konflikte. Freud glaubte, dass Träume dazu dienen, verdrängte Inhalte aus dem Unbewussten ans Licht zu bringen. Vielleicht hatte ich das Festhalten bei der Injektion bisher nicht verarbeitet? Oder ein Rollerunfall, den ich heute gesehen hatte, hat mich unbewusst wieder an diesen Vorfall aus meiner Kindheit erinnert. Das wäre eine weitere Sichtweise auf Träume: dass Träume der Verarbeitung von Informationen dienen. Während wir schlafen, verarbeiten wir Erlebnisse und Eindrücke des Tages und integrieren sie in unserem Gedächtnis. Träume können damit eine Rolle beim Lernen, der Gedächtnisbildung und der Problemlösung spielen oder uns bei der emotionalen Verarbeitung helfen. Manchmal bewältigen wir besondere Ereignisse des Tages auf symbolische Weise in unseren Träumen. Durch diese Auseinandersetzung mit unseren Ängsten, Wünschen und Sorgen in der Traumwelt können wir eine emotionale Entlastung erfahren.

Jeder Traum kann auf verschiedene Art und Weise gedeutet werden. Ich weiß nicht, was es in meinem Fall ist. Zumindest weiß jetzt Alexander, warum ich nachts gesprochen habe. Und vielleicht habe ich damit etwas verarbeitet, was noch unverarbeitet in mir schlummerte.

Kathoey und Charlie

Ich verschlucke mich an meinem Bier und pruste über den halben Tisch. Alexander, der arme Tropf, bekommt einen Teil davon auf sein T-Shirt ab. Doch er wird es mir sicherlich verzeihen. Die drei jungen Männer am Nebentisch schauen verärgert zu uns rüber. Wir tun so, als ob wir uns in unser *Mensch-ärger-dich-nicht*-Spiel vertiefen und hoffen, dass es sich damit hat. »Selbst schuld«, denke ich mir, »behaltet es doch für euch.« Wenn sie eine solche Geschichte am helllichten Tage in einem Restaurant erzählen, müssen sie davon ausgehen, dass es auch alle Gäste an den Nachbartischen mitbekommen. Vor allem, wenn sie nicht Schwäbisch oder Suaheli sprechen, sondern Englisch mit britischem Akzent.

Darf ich darüber in einem Buch schreiben? Es wird hoffentlich niemand seinen Kindern als Gutenachtgeschichte vorlesen. Und falls doch, ist jetzt Improvisationstalent gefragt. Ich weiß nicht, wie die drei hießen, nennen wir sie einfach Jack, Harry und Charlie. In der Geschichte geht es anscheinend um Charlie. Jack versucht Harry zu erklären, was gestern Abend passiert ist, da Harry betrunken war und sich an nichts mehr erinnern kann. Armer Charlie, er sieht so aus, als ob er sich auch am liebsten an nichts mehr erinnern würde. Doch zum Glück hat Jack keinen Filmriss und ist ein Meister im Erzählen. Nicht nur wir, sondern auch andere Gäste um uns herum werden immer leiser und lauschen gespannt. Dazwischen sprechen wir und die anderen immer wieder ein paar Worte, damit es nicht allzu sehr auffällt.

»Du weißt doch noch, dass wir gestern in der einen Bar abgestiegen sind und mit den Mädels ins Gespräch kamen«, erzählt Jack, »und wie wir uns um die Schönste von ihnen gestritten haben.« Harry nickt. Daran kann er sich also noch erinnern. »Du warst schon zu besoffen, um noch irgendwas hinzubekommen.« Aus dem, wie er über die Frauen erzählt, war es schnell ersichtlich, dass es keine normale Bar war, sondern eine mit Sexarbeiterinnen. Jack erzählt ausführlich weiter, wie er sich mit Charlie um Aranja, die Augenweide, zankte, und letztendlich mit Stein-Schere-Papier eine Lösung fand. Kurze Pause und alle anderen Gäste tun so, als ob sie plötzlich wieder ins Gespräch vertieft sind. Ich nippe an meinem Bier und würfle eine Sechs.

Um Sex geht es dann auch bei der weiteren Erzählung der drei jungen Männer, die etwa Anfang zwanzig sind. Charlie durfte mit Aranja mitgehen. »Und weißt du, was mich Charlie fragt, nachdem wir aus dem Stundenhotel zurückkommen? ‚Hatte deine auch einen … ähm, ja einen …?‘« Die Schamesröte steigt in Charlies Gesicht, und er versucht, seinen beiden Kumpels deutlich zu machen, dass sie sich leiser unterhalten sollen. Doch leise und zurückhaltend kann Harry nicht. Vor allem jetzt nicht, wenn er Jack die Geschichte seines Lebens erzählen kann. Er ist wirklich ein guter Redner. Er macht Pausen, wenn eine Pause die Dramatik erhöht, baut Wortspiele ein und hat Witz in seiner Stimme. Wir nähern uns dem Höhenpunkt. Dabei ist der Höhepunkt der Geschichte gemeint und nicht der Höhepunkt von Charlie gestern Abend. Seine Aranja, mit den großen Brüsten, dem bezaubernden Lächeln und der Figur eines Victoria-Secret-Models hat eine ganz besondere Qualität: Sie hat einen ... ja, genau, einen ... Penis. »She had a dick, Harry«, prustet es aus ihm heraus – und ich mein Bier auf Alexander.

Hätte er vorher das Buch *Private Dancer* von Stephen Leather gelesen, hätte er sich diese Erfahrung vielleicht ersparen können. Dann hätte er gelesen, dass manche der hübschesten Sexarbeiterinnen häufig kosmetische Operationen hinter sich haben, als Männer geboren wurden und heute nur noch das Geschlechtsorgan zwischen den Beinen darauf hinweist. Früher erkannte man es anscheinend noch am Adamsapfel, der mittlerweile jedoch auch häufig operativ entfernt oder verkleinert wird. Doch dann hätten die Jungs keine so grandiose Story gehabt, um Charlie sein Leben lang an diese Geschichte zu erinnern und im schlimmsten Fall auf seiner Hochzeit in einigen Jahren zum Schrecken aller Gäste und seiner Zukünftigen in die Trauzeugenrede einzubauen. Und Alexander und ich und einige andere Gäste im Restaurant hätten diese Story ebenfalls verpasst. So weit die Gutenachtgeschichte für Erwachsene.

Während ich die drei beobachte, wird mir etwas bewusst: Sie leben ein komplett anderes Leben, haben andere Werte, andere Ziele, Wünsche und Träume und würden sich in meinem Lebensumfeld in Ubud nicht wohlfühlen und vieles nicht verstehen. So wie ich in ihrem. Wie viel Abwertung bis hin zu ignoranter Arroganz entsteht, weil wir andere negativ bewerten. Weil sie anders sind, anders denken, fühlen und handeln als wir.

> Wir blicken immer wieder mit unserer Brille auf das Leben von anderen und denken, wir wissen, wie der Hase läuft und wie er zu laufen hat.

Wie schön wäre es, wenn jeder sich einmal im Monat mit einem Menschen für eine Stunde trifft, der ein völlig anderes Leben lebt als wir selbst. Der Bauer vom Land trifft eine Investment-Bankerin. Die alleinerziehende Mutter trifft einen Politiker. Der woke Klimaaktivist aus Kalifornien trifft einen konservativen Texaner. Ich treffe einen der drei Jungs aus England. Wir alle bekommen ein paar Impulse für Fragen, die wir dem anderen stellen können, und im besten Fall können wir einen Blick in deren Leben werfen. Persönlich von Angesicht zu Angesicht. Wir könnten verstehen, welche Ängste und Sorgen die anderen haben, welche Sehnsüchte und Hoffnungen sie in sich tragen, was ihnen Freude im Leben bereitet und welche Herausforderungen sie im Alltag haben. Wir würden die Welt und andere Menschen mit neuen Augen sehen, wir würden unseren Horizont erweitern und hätten am Ende mehr Verständnis und hoffentlich mehr Wertschätzung gerade für die, die uns sonst fremd sind. Und damit wären sie uns weniger fremd oder zumindest würden wir weniger werten.

Was auffallend ist, ist, dass die thailändische Gesellschaft im Vergleich zu vielen anderen eine entspanntere und akzeptierendere Haltung gegenüber Transgender-Personen hat. Jeder, so mein Eindruck, kann so sein, wie er oder sie sein möchte. Thailand hat eine lange Geschichte der Akzeptanz von Menschen mit unterschiedlichen Geschlechtsidentitäten. So gibt es dort eine anerkannte Tradition von »Kathoey« oder »Ladyboys«, die oft als drittes Geschlecht angesehen werden. Auch der Staat hat im Vergleich zu anderen Ländern fortschrittliche Gesetze, die Diskriminierung aufgrund der sexuellen Orientierung oder Geschlechtsidentität verbieten. Auch wenn es hier genauso Ausgrenzung und Vorurteile gibt, ist Thailand weiter als viele andere Länder.

Schön wäre es, wenn jeder auf der Welt so sein könnte, wie er ist, den lieben kann, den er liebt, und das einfach akzeptiert wird. Vielleicht eines Tages …

Finde den Weg

In Alexanders Blick spiegelt sich ein wenig Frust. Ich bin zuversichtlich. Obwohl ich mich selbst frage, ob wir je wieder ohne Hilfe nach Hause finden werden. Doch ich vertraue meinem Instinkt und versichere ihm, dass ich den Weg zurück zum Hotel finden werde. Ein paar Hundert Meter müssen wir dieser Straße folgen, dann links gehen, wieder rechts und so müssten wir irgendwo auf die Sukhumvit Soi kommen. So zumindest ist die Vorstellung in meinem Kopf. Woher ich das weiß? Ich habe keinen Schimmer. Aber davon habe ich gerade viel. So viel, dass ich mir trotzdem sicher bin. Alexander fragt mich, ob wir nicht doch ein Taxi nehmen sollen. Ich kann seine Skepsis gut nachvollziehen.

Um dieser Nachdruck zu verleihen, hat er mich vor ein paar Minuten an unsere Zeit in Vietnam in Nha Trang erinnert. »Wenn du damals den einfachsten Heimweg der Welt nicht gefunden hast, wie möchtest du es hier in Bangkok machen?«, sagt er verschmitzt. Da hat er recht. Wobei ich im Moment meiner Intuition vertraue, denn diese sagt mir:

Du bist auf dem richtigen Weg, lass dich dabei nicht von alten Geschichten beeinflussen.

Während wir einen mühevollen Schritt nach dem anderen gehen, wird unsere Laune nicht besser. Dafür steigt die Außentemperatur. Es wird immer heißer und langsam scheint die Mittagssonne zwischen den Hochhäusern direkt auf unsere Häupter. Zudem müssen wir jeden Schritt achtsam wählen: Hundehaufen mitten auf dem Gehweg, Löcher in der Straße, Tuk-Tuk-Fahrer, die keine Lust haben anzuhalten, wenn wir die Straße überqueren möchten, und eine grundlegende Reizüberflutung für alle Sinne. Bangkok, wie es leibt und lebt. »Ich sage nur Nha Trang«, höre ich kurz später von Alexander.

In diesem kleinen Städtchen an der Küste im südlichen Vietnam waren wir vor einiger Zeit. Ein Urlaubsparadies mit schönen Stränden, Inseln und der Möglichkeit zum Tauchen. Wir wollten damals nur ein, zwei Nächte in Nha Trang bleiben und dann weiterziehen. Aber uns gefiel es so gut, dass wir immer wieder verlängerten. Unser Hotel lag ein paar hundert Meter vom Meer entfernt und die umliegenden Straßen waren einfach strukturiert. Keine Kurven oder verwinkelten Gassen, sondern Straßen von Süd nach Nord und von Ost nach West. Eigentlich perfekt zum Orientieren. Doch für mich irgendwie nicht. Denn nach über einer Woche in Nha Trang verlaufe ich mich in den wenigen Straßen immer noch. Und das jedes Mal. Alexander fragt mich häufig aus Spaß: »Und, wie kommen wir jetzt ins Hotel?«, und ich schaffe es fast jedes Mal, die falsche Richtung einzuschlagen oder falsch abzubiegen. Er wusste jedes Mal den Weg.

Während wir uns beide über diese Orientierungsschwäche von mir in Vietnam amüsieren, entdecke ich auf unserem Weg zu unserem Hotel in Bangkok nicht weit von uns ein Gebäude, das ich kenne und das nicht weit von unserer Unterkunft entfernt liegt. Alexander hat noch keine Ahnung, dass ich wirklich den Weg gefunden habe, und ich lasse ihn in dem Glauben, dass wir immer noch völlig verloren durch Thailands Hauptstadt laufen. Ich ärgere ihn gern ein bisschen. »Sollen wir nicht doch ein Taxi nehmen«, sage ich zunächst. Als er zustimmt, ändere ich wieder meine Meinung:

»Ah warte, ich glaube, ich weiß doch den Weg, da vorne der 7-*Eleven* kommt mir bekannt vor.« Augenrollen bei ihm. Kindliche Freude in mir. Erst, als wir kurz vor der Hoteltür sind, erkennt er die Gegend und schaut mich mit großen Augen an. Er kann es kaum fassen: Wir sind da.

Später beim Abendessen erinnern wir uns an eine weitere gemeinsame Reise vor Jahren in Marokko. Damals haben wir uns ebenfalls mit großen Augen angeschaut und konnten es nicht glauben: Wir waren am Ziel. In der Millionenstadt Marrakesch, durch welche einst die Kamelkarawanen zogen. Heute fühlt sie sich eher an wie ein großer Ameisenhügel. Vom Flughafen in Agadir nach Marrakesch waren es mit dem Mietwagen über drei Stunden. Als wir ankamen, war es schon dunkel. Wir hatten zwar unsere Handys mit, aber damals gab es noch kein mobiles Netz. Dafür waren wir wunderbar vorbereitet, das dachten wir zumindest, bevor wir uns in den Mietwagen setzten. Ausgestattet mit einer ausgedruckten Route, die nur wenige Details enthielt. Bis nach Marrakesch hätten wir es auch ohne diese drei DIN-A4-Blätter geschafft. Doch ab da waren sie so viel wert wie ein Feuerzeug bei einem Elektroherd. Wir verloren die Orientierung und fuhren die nächsten zwanzig Minuten nach Gefühl, einfach der Nase nach. Irgendwann landeten wir in einer Sackgasse mit einem großen Parkplatz. Die Fußgängerzone um den berühmten Marktplatz begann.

Wir drehten um, fragten mal da, mal dort nach dem Weg, doch niemand konnte uns weiterhelfen. Irgendwann hielten wir an und machten eine Pause. Vier junge Männer zeigten sich hilfsbereit. »Klar, wir zeigen euch den Weg und fahren voraus« und kurz darauf: »Nein, nein, das machen wir kostenlos. Gastfreundschaft schreiben wir hier groß.« Einer auf einem Mofa, die anderen düsten uns in ihrem klapprigen Renault voraus. Wir rasten freudig und dennoch angespannt hinterher. Irgendwann kam uns die Gegend bekannt vor. Kurze Zeit später hielten wir exakt an dem großen

Parkplatz, bei dem wir vor etwa einer Stunde schon einmal waren. »Weiter könnt ihr hier nicht fahren«, sagte uns einer der Jungs, »hier beginnt Djemaa el Fna, der zentrale Marktplatz in Marrakesch.«

Sie schnappten unser Gepäck und liefen eilig voraus. Müde hechteten wir hinterher. Unsere Habseligkeiten wollten wir an unserem ersten Tag nicht gleich verlieren. Irgendwann standen wir vor einem schön verzierten Eingang. Das Schild verriet, dass wir beim richtigen Riad, einem traditionellen marokkanischen Haus mit Innenhof, angekommen waren.

Jetzt wollten sie Geld. »Aber ihr habt gesagt, ihr bringt uns einfach so hierher«, antworte ich, »wo ist die Gastfreundschaft plötzlich hin?« Für mich geht es nicht um die paar Euro. Aber ich lasse mich ungern für dumm verkaufen. »Nein, ihr müsst uns etwas zahlen, wir haben euch hierhergebracht.« Ich wollte an der Haustür klingeln, doch einer der Jungs übernahm diese Aufgabe. Ich hörte kein Läuten und fragte mich, ob er sie wirklich gedrückt hatte. Die Stimmung wurde aggressiver. Ich fasste all meinen Mut zusammen, schob den jungen Mann ein wenig zur Seite und klingelte selbst. Jetzt ertönte ein Läuten und ein freundlicher Marokkaner öffnete die Tür. Wir versuchten, in den Innenhof zu kommen, nachdem Alexander und ich unser Gepäck wieder in den Händen hielten, und schoben den Jungs ein paar Euro rüber. Schließlich wollten wir in den nächsten Tagen ganz entspannt durch Marrakesch laufen können. Doch es war ihnen viiiiiiel zu wenig. Wir erklärten dem Hotelmanager die Situation. Die Jungs versuchten das Gleiche mit ihrer Version der Wahrheit. Die Stimmung war geladen und irgendwann war es dem älteren Herrn zu viel. Er schnauzte die vier Jungs an und knallte die Tür vor ihren verdutzten Nasen zu. »Macht euch keine Sorgen, bis morgen haben sie es vergessen«, beruhigte uns der Hotelmanager.

Auf dem Flachdach unserer Unterkunft schnauften wir tief durch. Wir waren froh, gesund und munter angekommen zu sein, überhaupt angekommen zu sein. Erst jetzt realisierten wir, dass wir ohne Karte wie von den Sternen geleitet durch die Millionenstadt gefahren und genau am richtigen Parkplatz angekommen waren. Irgendwie schien ich mich im Chaos besser zu orientieren als bei den einfachen und übersichtlichen Wegen. Und bei Alexander war es genau andersherum.

Jeder hat verschiedene Qualitäten und Fähigkeiten. Als Team ergänzen wir uns wunderbar.

Die perfekte Ergänzung auf Reisen in der großen weiten Welt. Und für mich ein schönes Beispiel, dass nicht jeder alles können muss, sondern wir manche Dinge einfach andere machen lassen können. Ob als Teamwork in unserer Freundschaft, bei Paaren in der Beziehung oder in Firmen. Zusammen sind wir immer stärker – und können uns gegenseitig im positiven Sinne »brauchen«. Ein schönes Gefühl, wenn man füreinander da ist, ohne es abzusprechen. Sondern einfach, weil jeder so ist, wie er ist.

Was wir fühlen, sieht keiner

Mein Bauch schmerzt. Ich kann einfach nicht mehr. Aber ich kann auch nicht aufhören. Nein, ich habe nicht das beste Phat Thai in Laos gefunden und stopfe mehr in mich rein, als gut für mich ist. Vielmehr bewundere ich Alexanders neue Haarpracht und diese ist die Ursache meiner Bauchschmerzen. Er liegt seitlich auf seinem Bett, mit dem Rücken zu mir, und liest. Ich liege auf dem anderen Bett, starre ungläubig auf seinen Hinterkopf und bekomme immer mehr Bauchschmerzen vor Lachen.

Wir leben in Laos' Hauptstadt Vientiane in einem prächtigen Altbau. Nach ein paar Tagen in Bangkok sind wir hier angekommen. Jetzt liegen wir nach einem heißen und anstrengenden Tag in unserem Zimmer. Ich lachend, Alexander lesend. Irgendwann dreht er sich um und fragt leicht genervt, wann ich damit fertig bin. Ich versuche, mein Lachen zu unterdrücken, was mir fünf Sekunden bravourös gelingt. Doch dann kann ich es nicht mehr halten und pruste umso lauter. Irgendwie sage ich noch: »Sorry, Alexander, ich kann gerade nicht anders.« Wenn er das Meisterwerk der Friseurin hinten an seinem Kopf sehen könnte, würde er es verstehen. Der Haarschnitt ist im wahrsten Sinne des Wortes einmalig. Nachdem mein Lachflash ein wenig nachgelassen hat, wird mir etwas deutlich:

Unsere Gefühle sind für andere häufig nicht nachvollziehbar. Weil jeder anders denkt, bewertet und damit anders fühlt.

Wir haben nicht deren Lebensgeschichte erlebt und wissen nicht, was sie an Schönem oder Schwerem durchmachen mussten und was ihre Seele berührt. Und wir wissen nicht, wie unser Verhalten bei ihnen ankommt. Ich lache mir die Seele aus dem Leib und wünsche mir, dass Alexander mitlacht; ich meine es keinesfalls böse. Aber vielleicht kommt es bei ihm als Abwertung an oder noch ganz anders. Ich stecke ja nicht in seiner Haut. In dem Moment kann ich nicht anders, als zu lachen. Das ist menschlich, und gleichzeitig ist es ebenso menschlich, wenn Alexander es anders erlebt und mein Lachen als unpassend empfindet. In meinen Augen kommt es immer auf die Situation an und vor allem um den anschließenden Umgang damit. Wenn ich merke, dass mein Gegenüber nicht mitlacht, kann ich ihn später fragen, wie es ihm damit ging, ich kann ihm meine Sicht erklären und mich entschuldigen, wenn ich den Eindruck habe, dass mein Verhalten unangebracht war.

Doch wie kam es überhaupt so weit? Es ist schon einundzwanzig Uhr, als wir auf dem Weg von einer Massage zurück zu unserem Hotel einen Friseursalon sehen. Wir beschließen, unseren Haaren etwas Gutes zu tun. Die Luft ist noch angenehm warm und unsere von der Massage etwas verstrubbelte Frisur sitzt hoffentlich bald wieder. Eine alte Frau um die siebzig Jahre kommt aus dem Hinterzimmer geschlurft. Sollen wir es wagen? Wir vertrauen dem Universum. Und so fragen wir sie, ob sie noch offen hat. »Klar, setz dich«, antwortet sie kurz angebunden, nimmt Alexander am Unterarm und zeigt ihm seinen Platz. Kurzer Smalltalk und eine Erklärung mit Worten, Händen und Füßen, wie er seine Haare gerne hätte, und schon geht das Summen des Rasierers los.

Vor einer babyblauen Wand und einem großen Spiegel sitzt Alexander auf einem für ihn viel zu kleinen schwarzen Drehstuhl. Ob auf diesem schon viele Träume geplatzt sind? Ich sitze schräg hinter ihm und kann schon erahnen, dass es kurz wird. Ganz untypisch für die laotische Gemütlichkeit, geht es ratzfatz. Was soll ich sagen? Der Schnitt ist professionell ausgeführt, doch irgendwie passt etwas nicht zusammen. Nachdem ich das Ergebnis auf Alexanders Haupt sehe, bin ich in der komfortablen Situation, mich gegen einen Haarschnitt zu entscheiden. *So* mutig bin ich heute nicht. Ein paar Tage später finde ich einen anderen Friseur, der sich sage und schreibe siebzig Minuten lang liebevoll an meinen paar Haaren abarbeitet. Das Ergebnis lässt sich aber sehen. Ja, die asiatischen Friseur-Erlebnisse – darüber könnte ich mittlerweile ein kleines Buch schreiben.

Mein Friseurbesuch hier in Vientiane ist ungefähr dreimal so teuer wie der von Alexander. Aber meine Haare sehen auch nicht so aus, als ob ein Kleinkind das erste Mal einen elektrischen Rasierer in der Hand gehalten und einfach munter ausprobiert hat. Es war kein Durcheinander auf seinem Kopf, nur ein komisches Nebeneinander: Die Haare hinten im Nacken waren etwa auf zwei Millimeter rasiert. Aber nicht bis oben hin, sondern nur ein vier Zentimeter langer horizontaler Streifen. Darüber waren es vielleicht achtzehn Millimeter. Ich breche heute noch vor Lachen zusammen und Alexander mit mir. Damals habe ich zumindest gelernt, dass Lustiges nicht immer für alle lustig ist.

Nach diesen tiefenentspannten Tagen in und um Vientiane geht es für uns am nächsten Tag nach Luang Prabang. Die malerische Kleinstadt liegt weiter nördlich ebenfalls am Mekong River und ist *UNESCO*-Welterbe. Warum, das verstehen wir sofort, als wir dort ankommen.

Unerklärlich verbunden

»Oh my god. Yes, what the fuck«, schreibt mir Anna. Ich kann es selbst nicht glauben. Wobei, so wie die Zahl plötzlich in meinem Kopf erschien, war ich mir sicher, dass es die richtige ist. Anna hat mir kurz vorher geschrieben und ein Spiel begonnen: »Ich denke an eine Zahl zwischen 60 und 80 und du musst erraten, welche es ist.« 62. Ganz klar, 62. Die Zahl ist einfach in meinem Kopf. Wir beide können es kaum glauben, als ich 62 zurückschreibe, und denken eher an einen Zufallstreffer. Wir wiederholen das Spiel und in über achtzig Prozent der Fälle habe ich die richtige Zahl im Kopf. Es ist wirklich unglaublich.

Mit Anna schreibe ich viel und manchmal telefonieren wir. Sie ist weiterhin in Australien und ich mit Alexander in Laos. Ich arbeite jeden Tag an meinem neuen Newsletter und an E-Mail-Serien rund um Trennungen und Beziehungen. Ich bin ein Mensch, der schnell gelangweilt ist und gern neue berufliche Herausforderungen angeht. Und ich bin gern kreativ und liebe es, Neues zu erschaffen. Jetzt habe ich alles zusammen: eine neue Newsletter-Software, die ich kennenlernen und verstehen möchte, viele neue Newsletter, die ich schreibe, sowie die Verknüpfung mit allen anderen technischen Systemen. Daher kann ich stundenlang an meinem *MacBook* sitzen und vergesse die Welt um mich herum. Wen ich jedoch nicht vergessen kann, ist Anna.

> Es fühlt sich an wie eine tiefe Verbindung, obwohl wir uns erst so kurz kennen.

Sie ist einerseits so weit weg, aber andererseits so nah. Das hatte ich bisher selten in meinem Leben. Wir tauschen uns über unsere Erlebnisse am Tag aus, lernen uns besser kennen und schmieden Pläne. Sie hat mittlerweile einen Flug nach Chiang Mai in Nordthailand gebucht, wo wir uns in ein paar Wochen wiedersehen werden.

Ich kann mir diese Verbindung zu Anna nicht genau erklären und sie sich auch nicht. Wir sprechen ganz offen darüber. Beim Kennenlernen war ich nicht blitzverliebt in sie, sondern die Nähe und Verbundenheit wuchs mit jeder weiteren Begegnung. Und dennoch schneller und tiefer als in vorherigen Beziehungen. Vielleicht kennen wir uns aus früheren Leben, vielleicht passt es einfach perfekt auf emotionaler und seelischer Ebene oder das Universum hat es so geplant und es ist unser Schicksal. Wir Menschen suchen für die wichtigen Ereignisse in unserem Leben häufig eine Erklärung oder eine schöne Geschichte. Manchmal finden wir eine, manchmal kreieren wir eine und manchmal gibt es einfach keine. Die Liebe ist und bleibt ein großes Stück Magie. Wir können noch so viel planen, ein perfektes Dating-Profil erstellen, jeden Tag unterwegs sein, viele Menschen kennenlernen und dann kommt es ganz anders und plötzlich. Wie bei mir und Anna. Wir waren zur gleichen Zeit am gleichen Ort. Auch wenn wir beide gerade diese tiefe Verbundenheit spüren, wissen wir nie, ob wir mit dem anderen vielleicht doch nur eine kurze Zeit unseres Lebens teilen.

Anna hat etwas unglaublich Faszinierendes und Anziehendes an sich. Sie ist unfassbar hübsch, doch nicht nur das Äußere ist schön: Ich habe in meinem Leben noch niemanden mit einem so großen Herz kennengelernt. Sie hat auf der einen Seite eine Lebendigkeit, Leichtigkeit und viel Humor und auf der anderen Seite Tiefgang, Weisheit und auch eine Schwere, die ich mir noch nicht genau erklären kann. Als ich einmal mit einem Freund in Deutschland telefoniere, meint er in einem Nebensatz, dass es doch klar ist. »Wieland, du hast in deinem ganzen Leben immer Herausforderungen gesucht und das ist in Beziehungen dann anscheinend auch so«, meint er. Das trifft es wohl.

»Gute Nacht, Schatz«, schreibe ich ihr. Es wird mir warm ums Herz, wenn ich an sie denke. Zu spüren, dass ich auf sie warte und sie auf mich, ist ein schönes Gefühl. Und gleichzeitig ist es schwer, dass ich sie nicht im Arm halten und küssen kann. Ich vermisse sie. Man sagt häufig: »Vorfreude ist die schönste Freude«. Wenn sie aus wenigen Tagen besteht, unterschreibe ich das. Wenn es sich um Wochen oder Monate handelt, bin ich mir nicht sicher. Geduld war noch nie meine Stärke.

Wunder sind möglich

Ein kleiner Nebenfluss des Mekong unterteilt Luang Prabang in zwei Stadtteile. Unsere Unterkunft ist auf der ruhigeren Seite. Es gibt wenig Tourismus, viele kleine Geschäfte und ab und zu eine Unterkunft. Ansonsten ist es ein Wohngebiet für Einheimische.

Wenn wir etwas essen möchten, können Alexander und ich entweder einen Umweg nehmen und eine größere Brücke für Autos und Roller nutzen oder wir laufen über eine kleine Holzbrücke. Diese wird von einer alteingesessenen

Familie jedes Jahr neu aufgebaut, da sie in der Monsunzeit von den Wassermassen weggeschwemmt wird. Deshalb kostet die Nutzung der Brücke eine kleine Gebühr, als Lohn für den alljährlichen Aufbau. Sie ist komplett aus Bambus und so schmal, dass sich bei Gegenverkehr beide Passanten dünn machen müssen. Wir sind sehr gute Kunden, denn wir gehen ein- bis zweimal am Tag auf die andere Seite der Stadt. Hier hören wir das erste Mal von einem Virus in China. »Mit dem Virus werden die schon fertig, das wird uns nicht betreffen«, denken wir und alle anderen Menschen, mit denen wir uns darüber austauschen. Damit hat sich das Thema für uns erledigt.

Kulinarisch kommen wir in Luang Prabang voll auf unsere Kosten. Ich finde eines der besten roten Thai Currys in ganz Asien, und das überraschenderweise außerhalb von Thailand. Aber kommt der beste Döner nicht auch aus Berlin-Kreuzberg und nicht aus Ankara? Wir sitzen abends fast immer in diesem einen Restaurant. Wobei Restaurant nicht das passende Wort ist. Je vier verschiedenfarbige Plastikstühle stehen um einen wackeligen Plastiktisch mit Plastiktischdecke. Die Speisekarte ist ebenfalls in Plastik eingeschweißt und bietet alles, was das Herz begehrt: von thailändischen und laotischen Gerichten bis hin zu Pommes und Pizza. Nachdem ich mich in das Thai Curry verliebt habe, esse ich das jedes Mal, wenn wir hier sind. Und das ist häufig der Fall. Alexander geht es genauso und demzufolge fällt die Entscheidung meist einstimmig für dieses Restaurant.

Auf den benachbarten Plastikstühlen sitzen fast nur Touristen, viele aus China. Die Bedienung ist freundlich zurückhaltend, anders als die meist offenere Art in Thailand oder Kambodscha. Mehr als die Bestellung aufzunehmen und ein paar Fragen zu beantworten, gibt es selten. Wir beobachten das Treiben, spielen *Kniffel* oder *Mensch-ärger-dich-nicht*. Zwei Spiele, bei denen wir wunderbar lernen können, uns nicht von unseren Emotionen leiten und kontrollieren zu lassen. Manchmal mit mehr, manchmal mit weniger Erfolg.

Immer, wenn wir wieder einmal *Mensch-ärger-dich-nicht* spielen, erinnert sich einer von uns an das legendärste Spiel unseres Lebens. Das war vor einigen Jahren in Vietnam. Wir saßen mittags in einem Café, tranken frisch gepresste Säfte, aßen Pancakes und freuten uns über den Schatten und die Entspannung nach vielen Stunden in der Sonne am Strand.

Von meiner Oma habe ich zwei Dinge »geerbt«, die mich in Asien und auf anderen Reisen begleiten: ein Schachbrett und ein *Mensch-ärger-dich-nicht*-Brett mit den passenden Figuren aus Holz. Auf der einen Seite des *Mensch-ärger-dich-nicht*-Bretts ist das klassische Spiel abgebildet, für vier Personen mit den Spielfiguren in Schwarz, Gelb, Grün und Rot. Auf der anderen die Variante für sechs Spieler mit zusätzlich Lila und Blau. Wir spielen häufig auf diesem größeren Spielfeld. Jeder hat drei Farben direkt nebeneinander. Wenn sich die eigenen Figuren in eigenem »Gebiet« befinden, sind wir recht entspannt. Aber der Weg durch feindliches Gebiet mit den drei anderen Farben ist aufregend und endet häufig »tödlich« für eine der eigenen Figuren.

Einmal liegt Alexander weit vor mir und ist sich seines Sieges sicher. Er hat nur noch eine Figur im Spiel, die sich ein Feld vor dem rettenden Ziel befindet. Ich habe noch vier Figuren, die noch gar nicht ins Spiel gefunden haben. Mehr aus Spaß als aus Überzeugung sage ich zu ihm: »Warte nur, ich bekomme dich noch!« Seine letzte Figur steht so weit weg von meiner, dass es fast unmöglich ist. Ich müsste viele Sechser würfeln; er darf keine Eins würfeln. Nur dann habe ich überhaupt noch eine Chance, ihn hinauszuwerfen. Dennoch bleibe ich vorsichtig optimistisch.

Ich bin dran und würfle eine Sechs und komme damit mit einer Figur ins Spiel. Und direkt danach würfle ich noch eine Sechs. Und noch eine. Und komme Alexanders letzter Figur immer näher. Wenn ich eine Sechs würfle, darf ich nochmals würfeln, und so bin ich weiterhin an der Reihe. Ich würfle noch eine weitere Sechs und noch eine und bin damit fast bei seiner letzten Figur. Jetzt benötige ich nur noch eine Sechs und anschließend eine Eins, um diese zu treffen. Mittlerweile glaube ich wirklich daran, dass ich das Spiel noch gewinnen kann. Was gerade passiert, ist so abgefahren, dass ich nur staunen kann. Und Alexander ebenfalls. Vor dem nächsten Wurf stelle ich mir vor meinem inneren Auge eine weitere Sechs vor und tatsächlich! Ich würfle sie. Alexander wird immer nervöser und ich kann nur noch ungläubig lachen. Jetzt fehlt mir eine Eins, um aus dem Wunder tatsächlich Realität zu machen. Mein Würfel bleibt mir treu und zeigt genau die Zahl an, die ich benötige: Eins! Zum Frust von Alexander, zu meiner Freude und unser beider Erstaunen. Sechsmal habe ich hintereinander eine Sechs gewürfelt und dann die erlösende Eins. Wie unwahrscheinlich ist das?

Manchmal reicht wohl ein kleiner
Gedanke daran, dass man etwas
Unmögliches doch erreichen kann.

Anfangs habe ich das nicht geglaubt, doch vielleicht reicht es, dass man etwas zumindest in Erwägung zieht. Und dann unterstützt einen das Universum dabei. Zumindest bei diesem Spiel war es so. Und wenn das einmal möglich ist, warum dann nicht auch nochmals? Ob beim *Mensch-ärger-dich-nicht*-Spiel oder bei ganz anderen Situationen im Leben.

Das Spiel habe ich übrigens noch gewonnen, alles andere wäre auch ein Wunder gewesen.

Wie die Verrückten

Rückblickend ist es einer der glücklichsten Momente meines Lebens. Und vielleicht auch einer der gefährlichsten. Alexander und ich sind unterwegs von Chiang Mai nach Pai in

Thailand. Ein kleines Städtchen nordwestlich von Chiang Mai, in dem viele digitale Nomaden leben. Zur Grenze nach Myanmar sind es von dort weniger als hundert Kilometer Luftlinie. Das ist unser Ziel. Dass der Weg das Ziel ist, verstehen wir erst später. Es wird ein Trip der besonderen Art, ein unvergesslicher.

Trotz einer Strecke von knapp 150 Kilometern entscheiden wir uns für den Roller. Diese Fahrt sollte eine der schönsten in meinem Leben werden.

Ich bin froh, dass ich einen normalen Helm bekomme und nicht einen *Hello-Kitty*-Helm in Pink, mit dem ich vor nicht allzu langer Zeit auf der Insel Koh Phangan im Süden Thailands vorliebnehmen musste. »Wir haben nur noch den«, sagte damals der Vermieter und drückte ihn mir mit einem breiten Grinsen in die Hand. Der Helm sah eher aus wie eine mit Katzen bedruckte umgedrehte Salatschüssel mit einer bunten Kordel dran. Glücklicherweise musste ich nicht testen, ob die Salatschüssel überhaupt eine schützende Wirkung hatte.

Ausgestattet mit einem stabilen Helm für Erwachsene ließen wir die schlechte Luft in Chiang Mai hinter uns und fuhren eine Weile durch Industrie- und Stadtrandgebiete voller Leben, voller Lärm, voller Gestank und voller Kuriositäten. Voll geladene Lastwagen, bei denen ich ständig Angst habe, dass die Ladung herunterfällt, Pick-ups mit einem Schwein hinten drauf, Männer auf dem Roller mit Frau und vier Kindern. Unsere Roller fuhren maximal 100 bis 120 km/h. Doch es war zu gefährlich und meist sowieso unmöglich, so schnell zu fahren. Polizisten, die die Geschwindigkeit messen und bei Touristen keine Gnade kennen, Schlaglöcher, in denen Elefanten schlafen könnten, Hunde, Hühner, Schweine oder Kinder, die plötzlich auf die Straße springen, oder Lastwagen und Autos, denen es egal ist, wer Vorfahrt hat. Als Rollerfahrer stehen wir recht weit unten in der Hackordnung aller Verkehrsteilnehmer. Es ist wie in einer Beziehung:

> Der, der mehr zu verlieren hat, ist der Schwächere und passt sich in der Regel an.

Weil dieser am meisten zu verlieren hat und das Geliebte nicht verlieren möchte. Daher ist es für viele Menschen so angenehm, die Macht in einer Partnerschaft zu haben. Weil der andere dann schneller klein beigibt, weil man den anderen kontrollieren kann und man meist mehr bekommt, als man geben muss. Doch ist der, der sich anpasst, wirklich ein armes »Opfer«? Es fühlt sich meist so an. Aber er spielt das Spiel aktiv mit. Sich anzupassen und eigene Bedürfnisse aufzugeben, ist für ihn attraktiver, als sich für sich selbst einzusetzen und damit möglicherweise die Harmonie oder die Beziehung zu gefährden. Eine Entscheidung, die diese Menschen treffen und nicht der Partner. Auch wenn die Opferrolle für viele Menschen unbewusst attraktiv ist, weil sie dann die vermeintlichen Armen und Bemitleidenswerten sind. In meinen Augen tragen sie in den meisten Fällen ihre fünfzig Prozent zu diesem Zustand bei – weil sie lieber Dinge akzeptieren, anstatt Grenzen zu setzen, Konsequenzen zu ziehen oder schlussendlich zu gehen.

Auf dem Roller sind wir diejenigen, die gegen fast alle verlieren würden: Gegen Autos und Lastwagen sowieso, doch auch bei Zusammenstößen mit anderen Rollern, Tieren oder Fußgängern wären wir gefährdet. So passen wir gut auf und fahren entspannt Richtung Pai. Noch. Irgendwann biegen wir von der Hauptstraße nach links ab. Nach einigen Kilometern ebener Fahrt geht es bergauf. Zunächst langsam und mit langgezogenen Kurven durch kleine Dörfer.

Bald werden die Dörfer seltener, die Straße noch enger und die Kurven häufiger. Nicht umsonst ist diese Strecke ein beliebtes Ziel von Bikern. 762 Kurven von Chang Mai nach Pai durch schöne Natur und Wälder – mit klarer, sauberer Luft und schönen Aussichten. Es ist Adrenalin pur, denn wir beide reizen den Roller und unsere Fahrkünste bis aufs Letzte aus. Mit jeder Kurve steigen sowohl das Vertrauen in den Roller und seine Reifen und Bremsen als auch in unsere eigenen Fahrkünste. Jede Kurve wird schneller angefahren, wir bremsen später ab, legen uns noch mehr in Schräglage und beschleunigen noch früher wieder heraus. Alexander macht hier in Thailand eine seiner ersten Erfahrungen auf einem Roller. Er ist ein wahres Naturtalent. Ich habe schon Tausende Kilometer als Sechzehn- bis Achtzehnjähriger in Deutschland mit meiner *Aprilia Area 51* auf dem Rücken und auch die Jahre in Asien mit mindestens genauso vielen Strecken. Ich bin damit wesentlich erfahrener, vertrauter mit Rollern und in der Folge schneller als er. Häufig warte ich eine Minute, lasse ihn vordüsen und hole wieder auf. Oder ich fahre vor und warte auf ihn. Ein Spaß für uns beide. Manchmal gibt es jemand anderes, der mitmacht. Diese Verfolgungsfahrten sind mein Traum. Eine Herausforderung, kombiniert mit Spaß und Adrenalin – es gibt kaum etwas Schöneres für mich.

Grinsend sitze ich auf dem Roller, der Fahrtwind bläst unters Helmvisier und ich gebe alles, damit ich den anderen einhole und dann überhole. Deshalb liebe ich auch Gesellschaftsspiele: um mich mit anderen zu messen. Da kommt der Wettbewerbs-Wieland in mir zum Vorschein. Sogar richtige Motorräder überhole ich manchmal. Was für eine Freude! Ich weiß, dass ich einen Schutzengel habe, und vertraue diesem und dem Universum.

Ich fühle mich frei. Ich vermute, dass die Mehrzahl meiner Lachfalten in meinem Gesicht von diesem einen Tag stammt. Am späten Nachmittag kommen wir in Pai an und springen als Erstes in den eiskalten Pool. Hier oben ist es vergleichsweise frisch. Für mich sonnenverwöhnten Menschen fühlt es sich fast wie Winter an. Als ich abends im Bett liege und den Tag reflektiere, danke ich meinem Schutzengel und dieser einmaligen und glücklichen Erfahrung. Ich schlafe dankbar und glücklich ein und träume von der einen oder anderen Kurve.

Beziehungsdynamiken

Die Zeit in Chiang Mai mit Anna fliegt nur so dahin. Wir haben einen Rhythmus gefunden, der für uns beide gut ist. Ich bin voller Tatendrang in meiner Arbeit, springe zwischendurch immer wieder in den großen Pool in unserem schönen Hotel, wir gehen zusammen essen, spazieren und machen kleine Ausflüge in die Stadt. Und wir erfreuen uns beide an unserer jungen Beziehung. Alexander ist wieder in Deutschland und ein paar Tage später kam Anna in Nordthailand an.

Eines Abends laufen wir nach dem Essen nach Hause und erleben ein städtisches Naturschauspiel der Sonderklasse. Auf den Strommasten, den Ampeln, Bäumen und allerlei Schnüren und Stromkabeln sitzen Tausende kleine Vögel. Deren abendlicher Treffpunkt. Es piept unfassbar laut. An manchen Stellen sehen wir den Himmel kaum mehr und ich frage mich, worüber die Vögel sich da oben unterhalten. »Meine Rentenversicherung hat mir heute geschrieben, dass sie noch weitere Unterlagen brauchen. Die Beamten sind wirklich blöd«, wird es wahrscheinlich genauso wenig sein wie »Hast du Birgit schon gesehen, die hat sich schon wieder die Lippen aufspritzen lassen, jetzt sieht sie aus wie eine Ente«, gefolgt von einem hämischen Lachen. Wir laufen etwas schneller unter den Tausenden Vögeln hindurch. Leicht besorgt, nicht schon wieder von einem angekackt zu werden. Denn ich scheine für Vögel ein beliebtes Ziel zu sein. Immerhin soll es Glück bringen.

Vorbei an einem Streetfood-Markt, einem großen Einkaufszentrum, Massagestudios und einem Hotel geht es nach Hause. In unser Hotel. Doch bevor wir ankommen, erleben wir noch eine skurrile Situation. Plötzlich fällt der Strom in der gesamten Stadt aus. Es ist von einer auf die andere Sekunde stockfinster, bis auf die Scheinwerfer von Autos und Rollern und den einen oder anderen *7-Eleven*. Die kleinen Läden haben Generatoren, damit die Lebensmittel und Getränke auch bei Stromausfall kühl bleiben. Wir nutzen die Taschenlampe unserer Handys, damit wir nicht in irgendeinem Loch in der Straße versinken oder Bekanntschaft mit einem Hundehaufen machen. Wir sind in einer kleinen Straße unterwegs und es zaubert uns ein Lächeln ins Gesicht, wenn wir in die Geschäfte und Restaurants im Erdgeschoss blicken. Wir stellen uns vor, drinnen sitzen zwei junge Thailänder, die sich über eine Dating-App kennengelernt haben und sich heute das erste Mal sehen. Das Gespräch stockt ein wenig, beide haben Hunger und warten sehnsüchtig auf das Essen. Aber dann fällt der Strom aus und das Essen kommt nicht. Zumindest haben beide jetzt ein Gesprächsthema und können auf diese Weise herausfinden, wie entspannt oder humorvoll der andere ist. Es macht Spaß, mit Anna über solche kleinen Dinge zu fantasieren.

Das nächste Geschäft ist ein Friseur, ebenfalls von Smartphones und Kerzen beleuchtet – mehr schlecht als recht. Drinnen sitzen mehrere Kunden unter einer Haube. Anscheinend zum Trocknen nach dem Haarefärben, ich kenne mich da nicht aus. Wir stellen uns vor, dass die Haarfarbe durch die unterbrochene Trocknung komplett anders ausfällt als gewünscht. Im Salon ist man noch gefasst, weil den Friseur keine Schuld trifft, doch zu Hause bricht man heulend vor dem Spiegel zusammen und kann dem Partner vor lauter Schluchzen und Tränen nicht erklären, warum die Haare grün-weißlich sind und nicht wie geplant blond. Oder der Friseur hat die linke Seite am Kopf schon geschnitten und rasiert und dann fällt der Strom aus. Noch Tage später bekommen wir Lachanfälle, wenn wir an diesen Abend denken.

Ich bin gespannt, wie sich unsere Beziehung entwickeln wird. Jetzt zu Beginn haben wir viel Leichtigkeit, Freude und Nähe. Ob das anhält? Irgendwann hört jede Verliebtheitsphase auf. Gestern hatte ich mit einem verheirateten Mann eine telefonische Beratungssitzung. Trotz der herausfordernden Thematik versuche ich, in meine Arbeit immer etwas Leichtigkeit und Humor zu bringen. Diesmal war er es, der mich mit einem Vergleich zum Lachen brachte:

Eine Ehe ist wie Tetris spielen: Alles,
was man richtig macht, verschwindet.
Und das, was man falsch macht,
stapelt sich und stapelt sich.

Der Vergleich trifft ins Schwarze, vor allem dann, wenn sich das Paar bereits auf der Abwärtsspirale in seiner Beziehung befindet. In dieser Phase suchen beide, oft unbewusst, nach Bestätigung für die Fehler des Partners – sei es in Worten, Gesten, Taten oder Gefühlen. Gleichzeitig nehmen sie all die guten Aspekte nicht mehr wahr oder relativieren diese. Die eine positive Sache wird gegenüber den sieben negativen nicht mehr aufgewogen. Das negative Gesamtbild bleibt bestehen. Denn wenn sie die positiven Seiten des Partners erkennen und wertschätzen würden, würde das ihrer inneren, mittlerweile fest verankerten Überzeugung widersprechen. Wie hungrige Hunde sich auf einen Knochen stürzen, stürzen sie sich auf all das, was ihre Meinung bestätigt. Wenn Paare sich schon lange und routiniert in dieser Abwärtsspirale befinden, ist eine Veränderung unglaublich schwierig. Je früher Paare an sich und der Beziehung arbeiten oder in eine Paartherapie kommen, desto höher die Chance. Anna und ich befinden uns noch in der Aufwärtsspirale. Wir sehen die guten Dinge des anderen, sehen über negative Kleinigkeiten hinweg und haben eine positive Meinung voneinander.

Zudem hatten wir einen erfolgreichen Tag in Chiang Mai: kein verkorkster Haarschnitt, kein Date ohne Licht, keine Vogelkacke auf dem Kopf und die schönste Frau der Welt neben mir. Und so schlafen wir beide glücklich Arm in Arm und einem zufriedenen Lächeln im Gesicht ein.

Der Glanz des Inneren

Es ist schön, wieder in Ubud zu sein. Das Leben geht genauso weiter wie bisher, als ob ich nicht lang weg war. Der größte Unterschied: Anna lebt jetzt auch hier. Immer, wenn ich eine Weile in anderen Ländern war, freue ich mich besonders, meine Freunde wiederzusehen. Bevor Paul gleich zu einer Runde Schach vorbeikommt, sitze ich an meinem großen Esstisch und spiele Lotto. Nicht mit einem Schein oder online, sondern mit Obst. Mangosteen sind die Lottokugeln und ich darf heute die Glücksfee sein. Diese Früchte werden auch Mangostane, Mangostan oder Mangostin genannt. Sie haben alle eins gemeinsam: Sie sind unfassbar lecker. In der Hauptsaison gibt es viele Sechser im Lotto, denn dann sind fast alle reif. Doch einige Zeit später ist es ein echtes Glücksspiel: Viele haben Würmer oder sind überreif. Von außen sind die Nieten aber schwer zu erkennen.

Eine Mangosteen ist tomatengroß und sie kommt mit ihrer dünnen, lederartigen, purpurfarbenen Schale eher unscheinbar daher. Auf dem Markt hätte ich nie zugegriffen und ich bin Paul dankbar, der mir einmal eine mitbrachte. Innen enthält die Frucht meist vier bis sechs große Samen, die jeweils von einem weißlichen, leicht saftigen, weichen und süßen Fruchtfleisch umhüllt sind. Dieses kann man essen. Es ist von der Konsistenz her ein wenig wie Litschis, nicht ganz so schlabberig, aber für meinen Gaumen eine größere Freude.

Die Mangosteen ist für mich eine gute Parabel dafür, dass manchmal die äußere Erscheinung täuschen kann. Auf den ersten Blick mag eine Mangosteen unscheinbar und wenig ansprechend wirken, aber sobald man sie öffnet, offenbaren sich ihre wahre Schönheit und ihr köstliches Inneres. Gleiches gilt im Leben. Neigen wir nicht immer wieder dazu, Menschen oder Situationen aufgrund ihres äußeren Erscheinungsbildes oder des ersten Eindrucks zu schnell zu beurteilen?

Wir stempeln andere als Nieten ab,
ohne ihnen eine Chance zu geben,
uns von ihrer wahren Qualität zu überzeugen.

Mir passiert das auch. Ich bin ein sehr visueller Mensch. Ich mag eine schön ausgestattete Wohnung, ich kann besser arbeiten, wenn ich in einer stylischen Umgebung sitze, und ich wähle meine Partnerin auch nach dem Aussehen. Nicht ausschließlich, aber es spielt eine wichtige Rolle. Dennoch kann uns die Mangosteen daran erinnern, dass es sich lohnt, unter die äußere Hülle zu schauen, um verborgene Schätze zu entdecken. Manchmal sind es gerade die unscheinbarsten Dinge oder Menschen, die uns die größten Freuden und Überraschungen bereiten können. Auch andersherum kann das für Mangosteen oder Menschen gelten: Ein schönes und perfektes Äußeres kann dennoch ein leeres Inneres enthalten.

Mit einer Schale voller Mangosteen, einem leeren Teller für die Abfälle, einem scharfen Messer und viel Vorfreude sitze ich am Tisch und spiele Losfee. Nach einer Weile werde ich mehr und mehr zu einem Profi, welche der Früchte genießbar sind und welche nicht. Die Farbe, Konsistenz und der Geruch des Fruchtfleisches verraten es mir. Ich bin mir meiner Mangosteen-Kenner-Könner-Qualitäten recht sicher, zumindest so lang, bis ich mal wieder eine erwische, die ich ausspucken muss. Nieten gibt es also doch noch. Ein paar Mangosteen lasse ich für Paul übrig. Als Trostpreis, wenn er eines unserer Schachspiele verlieren sollte.

Während ich Lotto spiele, kommt Paul mit einer großen Plastiktüte mit frisch gewaschener Wäsche in der einen und seinem Motorradhelm in der anderen Hand auf meine Terrasse. Die Wäschereien hier in Ubud sind grandios: heute gebracht, morgen gemacht. Ein Wäscheberg von einer Woche kostet maximal zwei Euro, ist sauber und riecht gut. Die Zeit, die wir uns mit der Wäscherei sparen, nutzen wir für ein Schachspiel und um Mangosteen zu verspeisen.

Schweigen ist Gold

Es ist die erste Yin-Yoga-Stunde meines Lebens. Yin Yoga ist eine langsame, meditative Form des Yoga, bei der die Positionen, die Asanas genannt werden, für längere Zeit gehalten werden, bis zu fünf Minuten und teilweise sogar länger. Im Gegensatz zu den klassischen dynamischeren Yogastilen hat Yin Yoga das Ziel, die Faszien, Bänder und Gelenke zu dehnen. Während ich auf meiner Matte sitze, meinen Körper nach vorn beuge und ein Ziehen in meinen Oberschenkeln spüre, schießt mir eine Erinnerung von vor Jahren in den Kopf. In Sri Lanka im Vipassana-Retreat in Kandy …

Damals war ich am Ende meiner Kräfte und konnte nicht mehr. Mir tat alles unfassbar weh. Wo war ich hier gelandet? Vor allem körperlich war es für mich eine Herausforderung. Doch auch mein Verstand hatte mit dem Hier und Jetzt zu kämpfen und wollte am liebsten aufgeben. Raus, einfach nur weg hier. Ich fragte mich in manchen Momenten, wie blöd ich eigentlich sein konnte, mir diese Vipassana-Erfahrung freiwillig anzutun. Doch einfach gehen, das war jetzt nicht mehr möglich. Ich musste meine Wertsachen, mein Handy und mein einziges Buch abgeben, das ich mithatte. Denn die Vereinbarung mit der *Dhamma Organisation* war: Wir führen dich die zehn Tagen durch und du versprichst im Gegenzug, dass du bleiben wirst. Ohne Wenn und Aber. Auch, wenn du am Ende bist und denkst, dass du nicht mehr kannst. Daher hatten wir, etwa dreißig Menschen aller Altersstufen aus der ganzen Welt, unseren Ausweis abgegeben, damit wir nicht ohne Rücksprache das Seminar vorzeitig abbrechen. Und dann ging es nach einer kurzen Einführungsveranstaltung los. Mit diesen Regeln:

- Nicht sprechen
- Niemandem in die Augen schauen
- Keine Kommunikation über Körpersprache
- Immer den Blick auf den Boden richten
- Beim Essen blicken alle in eine Richtung
- Nicht lesen, schreiben, Musik hören etc.
- Anwesenheitspflicht bei allen Meditationen

Diese Regeln galten zehn Tage lang. Ohne Unterbrechung. Zehn Tage schweigen, zehn Tage keine Kommunikation, zehn Tage keine Ablenkung. Zehn Tage nicht lesen, nicht schreiben, nicht hören. Zehn Tage nichts.

Doch dieses Nichts ist so unfassbar viel.
Es ist laut, leise, traurig, glücklich.
Es ist alles und nichts.

Als ich in Sri Lanka ein paar Tage vorher landete und in Colombo das Flugzeug verließ, hatte ich viel Vorfreude in mir. Nach einer Nacht in der Hauptstadt versuchte ich am nächsten Morgen mein Glück am Bahnhof und landete im Chaos. Die Angestellten gaben mir unterschiedliche Auskünfte. Irgendwie kam ich in Kontakt mit zwei Touristen aus Indonesien, die ebenfalls ins Landesinnere nach Kandy wollten. Wir teilten uns auf: Die beiden stellten sich an einer der Schlangen an, ich an einer anderen. Mittlerweile hatten wir herausgefunden, dass es drei Klassen im Zug gab: die erste Klasse mit Sitzplatzreservierung und Klimaanlage, die zweite Klasse teilweise mit Sitzplatzreservierung und die dritte Klasse mit ein paar Sitz- und vielen Stehplätzen. Für jede Klasse gab es einen extra Ticketschalter. Während ich schon eine gefühlte Ewigkeit in meiner Schlange anstand, kamen die beiden nach einer halben Stunde strahlend auf mich zu und zückten drei Fahrkarten für die zweite Klasse. War ich erleichtert! Als ich dann im Zug saß, wurde mir klar, dass ich die knapp hundertzwanzig Kilometer auch zu Fuß hätte gehen können. Der Zug war die meiste Zeit nicht wesentlich schneller. Klappernd, hupend und stinkend fuhren wir vorbei an grünen Teeplantagen, eindrucksvoller Natur und der einen oder anderen kleinen Ortschaft mit wackeligen Hütten. An den Haltestellen warteten Frauen und Kinder und liefen, sobald der Zug einfuhr, an den Fenstern vorbei. Sie verkauften Früchte, kleine Gebäckstücke oder nützliche Dinge wie Taschentücher oder Fächer gegen die Hitze.

In Kandy übernachtete ich einmal und neben der Vorfreude gesellte sich mittlerweile ein wenig Respekt hinzu. Die Fahrt auf dem Rücksitz eines Tuk-Tuks von Kandy zum Vipassana-Zentrum dauerte lang und war abenteuerlich. Anfangs ging es durch kleine Dörfer und entlang eines Flusses, der sich durch die Landschaft schlängelte. Wir passierten Menschen, die auf der Straße Wäsche wuschen, Tiere, die aufgeregt vor meinem Tuk-Tuk wegrannten, und Kinder, die mir schüchtern, aber mit einem Strahlen in den Augen zuwinkten. Irgendwann bogen wir ab und es ging den Berg hoch. Manchmal stieg der Fahrer aus, lief ein paar Meter voraus, um die Straßenverhältnisse zu prüfen. Dann rollten wir ein wenig zurück, er gab Vollgas und fuhr auf der vorher ausgekundschafteten besseren Straßenseite. Wenn die Straße eng und die Schlaglöcher groß waren, stieg ich aus. Eine abenteuerliche Fahrt mit einem Mix aus frischer Waldluft und stickigen Abgasen.

Während des Dasitzens schweift mein Verstand immer wieder ab, wie eben zur Fahrt hierher. Oder an die Zeit nach dem Vipassana. Was werde ich dann machen, wohin möchte ich gehen?

> Die Stille ist kein Freund des Verstands,
> er möchte etwas tun und nicht ruhen.

Doch so schnell meine Gedanken davonjagen, kommen sie zurück ins Jetzt und nehmen die Schmerzen in Beinen, Po, Rücken und Armen wahr. Sie sind da, weil ich stundenlang in der gleichen Position sitze. Der Gong aus den Lautsprechern erlöst mich – zumindest für die nächsten fünfzehn Minuten. Ich strecke mich, laufe die wenigen Meter zur Toilette und trinke lauwarmes Wasser. Noch sechs Tage liegen vor mir. Verdammt. Mein körperliches und seelisches Wohlbefinden ist heute an einem Tiefpunkt angelangt. In meinen Augen können wir entweder aus Lust und Neugierde persönlich wachsen oder das Leben zwingt uns aufgrund von Schmerzen dazu. Ich bin aus ersterem hier, doch jetzt stecke ich mitten im zweiten. Wachstum ist häufig mit Schmerzen verbunden. Ob bei Kindern, die Zähne bekommen, Jugendlichen, die plötzlich von hundertvierzig auf hundertsiebzig Zentimeter schießen, oder bei Erwachsenen, die etwas Altes loslassen müssen, was sie noch gern behalten hätten.

Viele Freiheiten gibt es hier nicht. Alles unterliegt strengen und klar definierten Regeln. Jeder Tag sieht gleich aus:

04:00	Gong – Aufstehen
04:30–06:30	Meditation in der Halle
06:30–08:00	Frühstückspause
08:00–09:00	Gruppenmeditation in der Halle
09:00–11:00	Meditation in der Halle
11:00–12:00	Mittagessen
12:00–13:00	Ruhepause und Gelegenheit zum Interview mit dem Lehrer

13:00–14:30	Meditation in der Halle
14:30–15:30	Gruppenmeditation in der Halle
15:30–17:00	Meditation in der Halle
17:00–18:00	Teepause
18:00–19:00	Gruppenmeditation in der Halle
19:00–20:15	Vortrag des Lehrers in der Halle
20:15–21:00	Gruppenmeditation in der Halle
21:00–21:30	Zeit für Fragen in der Halle
21:30	Nachtruhe – Licht aus

Es ist eine Grenzerfahrung für mich: Jeden Tag meditieren wir dreizehn Stunden, und das sitzend, jeder muss eine Position für die gesamten zehn Tage wählen: im Schneidersitz auf dem Boden oder im Schneidersitz auf einem kleinen klapprigen Holzhocker ohne Lehne. Beides geht für eine kurze Zeit, aber dann kommt die Hölle. Ich bin häufig an meiner Belastungsgrenze. Ich habe heftige körperliche Schmerzen durch die ständig gleiche Position ohne Bewegung. Mehr als drei Monate später spüre ich die Auswirkungen davon noch beim Joggen. Die schwerste und unangenehmste Zeit für mich sind die zwei Stunden jeden Tag, in denen wir uns bei der Meditation nicht bewegen dürfen. Wer einmal nur zehn Minuten exakt in der gleichen Position saß – und das nicht auf einem bequemen Stuhl, sondern auf dem Boden – der weiß, wie schmerzhaft das mit der Zeit wird. Ich überlege mir bereits vor dem Beginn dieser für mich qualvollen Stunden, ob ich heute die linke Hand auf die rechte lege oder andersherum – weil meine Schulter diesen kleinen Unterschied noch lange sehr deutlich merkt.

Doch das Ganze ist nicht zur Folter da, sondern hat ein anderes Ziel:

> Wir sollen den Schmerz überwinden,
> indem wir ihn annehmen, und nicht,
> indem wir dagegen ankämpfen.

Es geht um Akzeptanz. Um die Annahme des Unangenehmen. Und tatsächlich passiert das manchmal: Wo ich vorher noch den größten Schmerz spürte, fühle ich mich für einige Sekunden völlig frei und leicht. Auf jeden Fall stelle ich mir den Zustand der Erleuchtung in etwa so vor. Doch nicht nur der Körper wird gefordert, sondern auch der Geist und die Seele. Wir haben keinerlei Ablenkung. Kein Handy, kein Gespräch, keine Aufgabe, keinen Kontakt zu Menschen. Das Einzige, was wir machen, ist schlafen, essen und meditieren. Wir haben zu einhundert Prozent nur uns selbst.

Jeder von uns hat dabei seine eigenen Herausforderungen und damit persönliche Höhen und Tiefen. Ich selbst habe vor allem mit den körperlichen Schmerzen zu kämpfen und bin ständig im Widerstand gegen das Jetzt: Ich möchte woanders sein, etwas anderes machen, mich anders fühlen und zähle die Stunden und Tage bis zum Ende. In diesem Zustand bin ich etwa fünf Tage, bis ich irgendwie einen Schalter in mir finde, den ich ab diesem Moment immer wieder umlegen kann. So gelingt es mir immer besser, das anzunehmen, was ist. Dann geht es mir gut, dann gibt es nichts, was ich verändern möchte. Trotz der Schmerzen. Dass das möglich ist, war mir vorher in der Theorie bereits klar, aber so schwer wie im Vipassana-Seminar ist es mir noch nie gefallen, »Ja« zum Augenblick zu sagen.

Am Ende des Seminars schnappe ich mir mein Handy, setze mich auf eine Treppe und höre Musik. Reden möchte ich aktuell mit niemandem. An den Austausch mit anderen müssen wir uns alle wieder gewöhnen. Ich wusste in den ersten Minuten gar nicht, was ich sagen sollte. Trotz aller Herausforderung war es eine wichtige Erfahrung für mich, die ich nicht missen möchte. Eine Wiederholung brauche ich dennoch nicht, einmal reicht für mich in diesem Leben.

Dafür habe ich das Yin Yoga hier in Bali lieben gelernt. Dieses bringt mich ebenfalls in eine meditative Haltung, aber nach sechzig oder neunzig Minuten ist es vorbei. Das liegt mir und meinem Naturell wesentlich mehr, als zehn Tage schweigend und sitzend zu meditieren.

Aus der Traum

Ich wache auf und spüre ein Lächeln in meinem Gesicht. Es gibt schlimmere Launen beim Aufwachen. Ich freue mich, dass mein Bruder mich besuchen kommt.

Doch so schnell diese morgendliche Freude da ist, so schnell ist sie wieder verflogen. Ich hatte nur von ihm geträumt. Ich liebe diese schönen Träume. Aber ich mag es weniger, wenn ich aufwache und feststelle, dass es nur ein Traum war und keine Realität ist. Als Kind ging es mir eine Zeit lang ähnlich: Ich wachte morgens auf und war das glücklichste Kind auf Erden. Im Traum hatte ich eine riesengroße *LEGO*-Sammlung geschenkt bekommen. Häuptlinge, Feuerwehrmänner, Piraten und noch vieles mehr. Alles, was mein Herz begehrte. Damals wachte ich mit dem gleichen wohligen Gefühl in der Magengegend auf. Doch wie heute hielt es ebenfalls nur wenige Atemzüge, bis der Verstand die Kontrolle übernahm und mir sagte: Es war nur ein Traum.

Was ist das nur mit meinen Träumen von Max? Zumindest war es heute ein schöner: Wir telefonieren wieder einmal und er sagt: »Wieland, ich habe gekündigt.«

»Wie, du hast …« Weiter komme ich nicht. »Ja, ich höre auf bei der Marketingberatung. Ich bleibe beratend tätig, aber ich bin raus. Rate mal, was ich dafür mache?« Eine Weltreise mit einem Abstecher auf die Insel der Götter, hoffe ich. Ich freue mich und mein Herz hüpft. Und genau dieser schnelle Herzschlag muss mich wohl aus dem Traum gerissen und aufgeweckt haben.

Wenn ich ehrlich bin, kann ich mir das bei ihm nicht vorstellen. Er mag sein Nest, seine Sicherheit und er hat sich so viel aufgebaut in den letzten Jahren. Er wird Nadine heiraten und mit ihr nach Zürich ziehen, mutmaße ich. Ihr Vater ist Schweizer. Oder studiert er auch noch mal, wie ich? Ein zweiter Psychologe in der Familie? Das hätte vor fünfzehn Jahren niemand erwartet. Eher, dass wir beide irgendwann in einem Unternehmen im Vorstand sitzen und für das Marketing und die Finanzen zuständig sind. Wir beide waren mit Anfang zwanzig sehr karrierefokussiert und wollten hoch hinaus. Jochen, ein Kommilitone, mit dem ich gemeinsam Betriebswirtschaftslehre studierte, meinte damals halb ernst, halb im Spaß: »Wieland, mit spätestens achtunddreißig Jahren hast du einen Burn-out.« Damals war ich hochmotiviert und investierte sehr viel in mein Studium, meine parallele Selbstständigkeit als Berater in Werbeagenturen und andere karriereförderliche Fortbildungen. Ich wollte hoch hinaus, etwas erreichen. Mittlerweile ist mein Leben komplett anders und so viel entspannter: im Innen wie auch im Außen. Ein Burn-out ist in weite Ferne gerückt.

Wenn ich erlebe, welche Karriereschritte Freunde machen, frage ich mich manchmal, ob ich zufriedener wäre, wenn ich die zwei großen Entscheidungen in meinem Leben nicht getroffen hätte. Zum einen, dass ich damals nicht mein sicheres Angestelltenverhältnis im Marketing aufgegeben, nicht nochmals studiert und keine Beziehungspraxis eröffnet hätte. Und zum anderen, dass ich meine gut laufende Praxis nicht geschlossen hätte und nicht nach Asien ausgewandert wäre. Vermutlich ständen mehr Geld, mehr Sicherheit und mehr Routine in beiden Fällen mehr Freiheit, mehr Erfahrungen und mehr Zufriedenheit gegenüber. Damit habe ich meine Antwort. Mehr als zufrieden geht nicht – und das bin ich. Im Hier und Jetzt und mit diesen beiden großen Entscheidungen.

Das Gras auf der anderen Seite scheint häufig grüner.

Und in manchen Momenten denke ich das auch: Warum habe ich noch kein Reihenhaus mit Garten, einen großen Grill, einen schwarzen *Audi Q5*, einen riesigen Flachbild-Fernseher, eine bezaubernde Frau und zwei süße Kinder? Doch dann muss ich nur kurz die Augen schließen und spüre diese tiefe Lebensfreude und Lebendigkeit in mir und kann wieder auf meine eigene Rasenfläche blicken. Weil ich diese aus freien Stücken gewählt habe. Sie ist anders als die meisten, aber es ist meine. Und die Rasenfläche von anderen ist deren. So einfach ist das.

Mir gefällt dieser Vergleich mit der Rasenfläche. Denn er zeigt mir, dass wir uns immer mit anderen vergleichen können, aber der Vergleich immer hinken wird. Wir sehen meist nur das Schöne und Gute der anderen und diesen Vergleich verlieren wir immer. Weil wir nur einen Teil sehen, nämlich den schönen, grünen, gepflegten Rasen. Aber wir sehen nicht die Schwierigkeiten oder Herausforderungen, das vertrocknete Gras hinter dem Haus oder das wilde Gestrüpp. Wir sollten uns um unseren eigenen Rasen kümmern und nicht um den von anderen. Das muss ich mir selbst immer wieder in Erinnerung rufen, wenn ich mich mit anderen vergleiche. Und wenn ich mich daran erinnere, steigt meine Stimmung direkt an.

In Hundehaufen treten

Mein Handy klingelt schon zum zweiten Mal innerhalb kürzester Zeit. Cora, eine Freundin aus Ubud, ruft mich verzweifelt an: »Wieland, ich hatte einen Unfall und bin von der Unfallstelle geflüchtet, kannst du mir helfen?« Ich bin zwar am Arbeiten, aber sie klingt aufgelöst. Also packe ich meinen Laptop zusammen, bezahle und rase auf meinem Roller zu ihr. Sie wohnt um die Ecke und ist aufgewühlt, als ich bei ihr ankomme. Nachdem sie mir alles erzählt hat, klingt es für meine Ohren nur halb so schlimm. Oder doch nicht? Laut ihrer Erzählung hat sich der Fahrer des Autos falsch verhalten, als er seine Autotür öffnete, als sie daran vorbeigelaufen war. Sie bleibt mit ihrer Tasche daran hängen und kratzt die Seite auf. Doch nach seiner Meinung ist sie schuld und soll den Schaden bezahlen. Bei einer alten Rostlaube, wie Cora meint. Es kam zu einem Wortwechsel, in dessen Folge sie einfach abhaute. Jetzt hat sie Angst vor den Folgen, falls er sie wiedererkennt. Das kann ich verstehen. »Werde ich aus dem Land gewiesen oder eingesperrt, wenn sie mich erwischen?« Das Rechtssystem hier ist nicht immer vertrauenswürdig und als Ausländer muss man immer den Schaden bezahlen, auch wenn der Einheimische eindeutig schuld ist.

Ich konnte ihr ein wenig helfen, indem ich ihr zuhörte und sie beruhigte. Einige Zeit später sehe ich Cora und sie erzählt mir, dass sie zwar noch die Kreuzung meidet, aus Angst, dem Balinesen wiederzubegegnen. Dennoch geht es ihr besser und sie kann wieder gut schlafen. Das freut mich. Manchmal frage ich mich, warum manche Menschen wiederholt ähnliche Dinge erleben. Cora, die schwedische Frohnatur, tritt sprichwörtlich gesehen mit großer Zielsicherheit gern in Hundehaufen. Was Cora wöchentlich passiert, passiert anderen Menschen einmal im Jahr oder im gesamten Leben. Nicht, dass sie etwas falsch macht oder mit Absicht in einen solchen Haufen tritt. Vielmehr passieren ihr einfach viele blöde Dinge. Zieht sie diese Unglücke unbewusst an, weil sie es in ihrem Leben, insbesondere ihrer Kindheit und Jugend, fast nur so kannte? Die Niederlagen, die Konflikte, die Verluste fühlen sich zwar schmerzhaft an, aber sie könnten ihr etwas Wesentliches geben: Sicherheit. Die Sicherheit des Gewohnten.

Sicherheit ist eines der wichtigsten menschlichen Bedürfnisse. Wir alle sind Gewohnheitstiere und streben unbewusst Dinge an, die wir kennen – sogar, wenn sie wehtun.

Das bereits Bekannte, auch wenn es etwas Negatives ist, kommt über diesen psychologischen Mechanismus häufig in unser Leben. Es ist nicht nur typisch für Cora, sondern für viele Menschen, die eine schwere Lebensgeschichte haben: Sie steuern diese Hundehaufen treffsicher an – ohne es zu wollen. Es gibt nicht nur Sicherheit, sondern bestätigt auch die Glaubenssätze, dass einem nur Schlechtes widerfährt, man es nicht verdient hat, Gutes zu erfahren, oder das Leben uns gegenüber sowieso feindlich gestimmt ist.

Bewusstsein ist der erste Schritt der Veränderung.

Uns über etwas bewusst zu werden, eröffnet uns die Möglichkeit, es in Zukunft anders zu machen. Bewusstsein schenkt uns mehr Freiheiten. Zum Beispiel, dass wir an den Glaubenssätzen arbeiten und sie verändern und die Wunden heilen, die dahinterliegen.

Mit Cora kann ich mich offen darüber austauschen und sie teilt die eine oder andere Geschichte aus ihrem Leben mit mir. Ein anderes Mal ist sie in Thailand unterwegs und begeistert von einem Friseur, den sie zufällig gefunden hat. Er macht einen guten Eindruck und ist auch noch supergünstig. Als der Friseur fertig ist, ist sie doppelt fertig. »Wieland, meine Haare sahen schrecklich aus.« »Aber das Schlimmste war, ich hatte den Wechselkurs falsch berechnet und der günstige Friseur war fast so teuer wie zu Hause in Schweden.« Das war bei ihrem kleinen Budget ein weiterer Hundehaufen. Wenn sie Geld hat, ist es in kürzester Zeit wieder verschwunden, häufig für unnötige Dinge, wie sie selbst zugibt. »Ich möchte mir dann einfach etwas gönnen«, sagt sie. Mich persönlich würde diese ständige finanzielle Unsicherheit stressen.

»Willst du noch eine weitere Geschichte hören?«, fragt sie mich lächelnd. »Vor einigen Monaten hatte ich endlich etwas Geld gespart, um mir einen Laptop zu kaufen.« Freudig ging sie zum Geldautomaten, um das Geld für den Kauf abzuheben. Doch wieder warf ihr das Leben einen Stock zwischen die Beine. Sowohl das Geld als auch die Bankkarte wurden vom Automaten eingezogen. »Meine Karte war weg, mein Geld war weg und meine Nerven ebenfalls. Und die Bank hatte geschlossen, zu der der Geldautomat gehört.« Warum wurde alles eingezogen? Sie wusste es nicht.

Das Leben scheint die, die sowieso schon zu kämpfen haben, häufig noch weiter in die Knie zu zwingen. Vielleicht ist es wie beim Geld: Wenn man viel hat, bekommt man Zinsen, kann sich Immobilien, Aktien und andere Werte kaufen, die das Vermögen weiter vermehren, ohne dass man viel dafür machen muss. Hat man aber Schulden, zahlt man Zinsen, muss an jeder Ecke sparen und jede Kleinigkeit kann einem das Genick brechen. Ungerechtigkeit ist anscheinend eines der Dinge, ohne die das Leben nicht funktioniert. Oder sind wir als Menschheit es, die diese Ungerechtigkeit zu verantworten haben? Oder ist es Schicksal oder Karma, die dafür sorgen, dass es genau so passieren soll?

Cora trifft in manchen Phasen wunderbar jeden Hundehaufen und kann infolgedessen in ein verzweifeltes Loch fallen. Aber dort bleibt sie selten lang stecken. Meist hat sie eine ungewöhnliche Gelassenheit und eine hohe Akzeptanz, die ich in solchen Momenten auch gern hätte. »Wieland, ach, dann hat das Geld jemand anderes wohl dringender benötigt als ich«, sagt sie dann. Oder sie sucht einen Sinn in dem Ganzen und sagt in etwa: »Ich soll aktuell wohl keinen Laptop besitzen und mich auf mich konzentrieren und mich nicht um die Arbeit kümmern.« Ich komme bei solchen Aussagen häufig nicht aus dem Staunen raus, weil mich so etwas viel länger beschäftigt hätte als sie. Da ist sie mir ein großes Vorbild und ich lerne viel von ihrem Umgang mit Frustration und Krisen. Und dennoch hoffe ich, dass ich weiterhin selten in Hundehaufen trete. Verschont werde ich davon jedoch nicht komplett …

Es kann auch leicht gehen

Ich liebe diese Lebendigkeit, Leichtigkeit und Fröhlichkeit in den südostasiatischen Ländern. Es ist ein komplett anderes Lebensgefühl als in europäischen Ländern – insbesondere in Mitteleuropa. Das Leben ist hier so präsent und wird mehr gelebt als gedacht. Immer ist etwas los, alle sind entspannt, niemand lässt sich von irgendetwas stressen und die Menschen nehmen das Leben so, wie es kommt. Sie ärgern sich sicherlich auch mal oder sind enttäuscht, aber sie halten sich nicht ewig damit auf. Für mich als typischen Deutschen sind das nicht die Haltung und Lebensweise, welche ich in meiner Kindheit und Jugend vorgelebt bekam. Und die auch noch in mir stecken. Dennoch entspricht mir die Lockerheit und Entspanntheit hier auf Bali oder in Vietnam wesentlich mehr. Vielleicht war ich im vorherigen Leben ein Balinese oder Thailänder.

Als mich Freunde aus Stuttgart in Bali besuchen, unterhalten wir uns auch über die unterschiedliche Lebensweise zwischen Deutschland und hier. Sie fragen mich nach Beispielen, wie ich diese Leichtigkeit hier bisher erfahren habe. Ein paar Erinnerungen von meinem Leben in Südostasien kommen mir spontan in den Sinn:

Ich bereiste vor einigen Jahren mit Torsten die Philippinen, wo wir Edgar trafen. Ein Schweizer, der für mehrere Monate im Jahr hier lebt. Dann geht er ein bis zwei Monate zurück, um wieder Geld zu verdienen. Abends verabredeten wir uns mit ihm, um Billard spielen zu gehen. »Ich hole euch ab«, grinste er uns an. Drei Stunden später hupte es vor unserem Hotel. Entspannt saß er auf dem Fahrersitz eines großen Pick-ups, seine philippinische Freundin auf dem Beifahrersitz. Es gab keinen Sitzplatz mehr für uns. Zumindest keinen Platz, der der deutschen Straßenverkehrsordnung entsprechen würde. Doch hier wird alles lockerer genommen. Wir sprangen auf die Ladefläche, hielten uns am Fahrerhaus fest und los ging es durch die frühe Nacht in Dumaguete. Die warme Abendluft blies uns ins Gesicht und durch die Haare. Viele Menschen lächelten uns an und niemand störte sich an unserem Stehplatz. Wir passierten rote Ampeln, kläffende Hunde, kleine Essensstände auf Rändern am Fahrbahnrand und bekamen unser Grinsen nicht mehr aus dem Gesicht. Ein kleines Erlebnis, aber eine Erinnerung fürs Leben. Einfach machen.

In Vietnam sitzen Touristen und Einheimische abends auf Plastikstühlen, schauen dem Treiben auf der Straße zu und trinken ein frisch gezapftes Bier. Vietnam ist eine richtige Bierbrauer-Nation. Wir unterhalten uns mit vier vietnamesischen Jungs. Sie empfehlen uns, doch mal Mango mit Chilisalz zu probieren. Wir wagen es und sind positiv überrascht. Die Kombination aus der süßen Frucht, dem Salz und der Schärfe der Chili schmeckt tatsächlich. Später gehen wir zusammen Billard spielen. Zwei der Jungs gegen Alexander und mich. Allerdings ist da eine Säule mitten im Raum, direkt neben dem Billardtisch. Wir haben keine Chance, mit den normalen Queues, die knapp eineinhalb Meter lange sind, die Billardkugeln zu treffen. Denn wir würden damit an der Säule anstoßen. Und jetzt? Einer der Vietnamesen bückt sich und holt einen etwa sechzig Zentimeter langen Queue unter dem Tisch hervor. Wir müssen alle laut lachen. Problem gelöst und weiter geht es. Einfach spielen.

In Bali möchte ich morgens ins Zest, um an einem Buch zu schreiben. Kurz nach acht Uhr parke ich meinen Roller auf dem Parkplatz und wundere mich, dass der Einweiser nicht hier ist, wie sonst. Ich laufe die paar Stufen zum Eingang hoch und sehe plötzlich alle Angestellten des Hauses auf dem Boden im Schneidersitz sitzen. Ihn auch. Das gesamte Team betet zusammen und bereitet sich gemeinsam auf den Arbeitstag vor. Sie lassen sich nicht von den Gästen stören, die schon da sind und auf Einlass warten. Einfach entspannt bleiben.

Auf Sri Lanka lerne ich am Strand einen jungen Mann kennen, der mich spontan zu sich und seiner Familie zum Abendessen einlädt. Am Abend sitzen wir alle zusammen auf Kissen auf dem Boden um eine große Schüssel Reis und viele leckere Curry-Gerichte. Seine zwei Kinder schauen mich neugierig und schüchtern zugleich an. Es kommt wohl nicht häufig vor, dass jemand bei ihnen zu Hause ist, der anders aussieht und eine andere Sprache spricht. Einfach herzlich sein.

In Kambodscha kommen Alexander und ich auf einem Wochenmarkt mit einigen einheimischen Frauen in unserem Alter ins Gespräch. Für den nächsten Tag verabreden wir uns zu einem gemeinsamen Ausflug. Sie möchten uns Phnom Penh, ihre Heimatstadt, zeigen. Am nächsten Morgen holen sie uns mit einem Tuk-Tuk ab. Sie zeigen uns Sehenswürdigkeiten, wir gehen in einem Park spazieren und kaufen von einem Mann für ein paar Cent kleine Vögel, die er in einem Käfig hat. Kurze Zeit später halten alle einen Vogel in der Hand, zählen laut »one, two, three« und lassen sie bei drei in den Himmel steigen. Dort gehören sie auch hin und nicht in einen engen Käfig. Es soll Glück bringen, die Vögel in den Himmel steigen zu lassen. Irgendwann bekommen wir zufällig mit, dass sie heute eigentlich arbeiten müssten, aber sich für diesen Ausflug freigenommen haben. Ohne von uns eine Gegenleistung zu erwarten. Sondern einfach, weil sie Lust hatten, Zeit mit uns zu verbringen und uns ihr Land und Leben zu zeigen. Einfach leben.

In Bali überraschen mich die Angestellten eines Cafés. Ich erzähle ihnen, dass ich heute nach Deutschland fliegen werde, um für einen Monat Familie und Freunde zu besuchen. Als ich zahlen möchte, fragen sie, ob ich noch einen Kuchen oder ein Cookie möchte. Ich habe keinen Hunger und sage: »Nein, vielen Dank.« Ich wundere mich, da sie sonst nie versuchen, Gästen etwas direkt zu verkaufen. Als ich später frage, wie viel sie von mir für mein Getränk bekommen, grinsen mich die beiden jungen Frau an und sagen: »Das geht aufs Haus, wir laden dich ein. Danke, dass du so oft bei uns bist.«. Ich bin sprachlos und habe vor Rührung feuchte Augen. Jetzt erst verstehe ich, dass sie mir das Stück Kuchen nicht verkaufen, sondern schenken wollten. Einfach großzügig sein.

Auf den Philippinen werden wir abends von einer Angestellten unserer Unterkunft eingeladen: »Lasst euch überraschen, es wird laut und lustig«, warnt sie uns schmunzelnd. Später sitzen wir neben vielen Filipinos auf unbequemen Holzstühlen und durchgesessenen Sofas und lauschen. Wir sind auf einem privaten Karaoke-Abend gelandet. Beim Singen gibt es keine Zurückhaltung oder Scham. Jeder singt so, wie er möchte: laut, schief, gut oder schlecht. Das ist egal, es geht um den Spaß an der Freude. Ich traue mich dennoch nicht, aber Torsten wird bei seinem Lied frenetisch angefeuert: *I Want It That Way* von den *Backstreet Boys*. Einfach singen.

Auf Bali musste ich eines Tages im Hafen auf die Fähre warten. Ich schlenderte an der Promenade zwischen Straßenständen entlang, auf der Suche nach einem kleinen Snack. Zwischen einem Nasi-Goreng-Stand und einer Café-to-go-Bude entdeckte ich drei junge Männer und blieb stehen. Sie saßen auf kleinen Holzhockern, rauchten Zigaretten und spielten Schach. »Spielst du auch?«, fragten sie mich sofort und kurz darauf durfte ich nacheinander gegen jeden von ihnen spielen. Ein paar Worte Smalltalk, mehr brauchte es nicht. Wir lachten gemeinsam, wenn einer einen leichtsinnigen Fehler machte, und freuten uns über intelligente Strategien und gelungene Züge. Und ich freute mich über diese unerwartete Zeitüberbrückung und grenzenlose Herzlichkeit. Einfach einladen.

In Vietnam zeigte mir Nguyen, die am Tag zuvor unser Cityguide war, wie man mit einem »Coracles« rudert. In ihrer Freizeit, als kleines Geschenk. Diese runden Schiffe mit einem Durchmesser von ein bis zwei Metern und kaum Tiefgang werden von den lokalen Fischern als Transportmittel zum Fischen und zur Fortbewegung auf dem flachen Wasser genutzt. Das Paddeln und Steuern eines Coracles erfordert Geschicklichkeit und Gleichgewicht. Denn die Fischer verwenden nur ein einzelnes Paddel, um das Boot voranzutreiben und die Richtung zu kontrollieren. Da es keine Motorisierung gibt, hängt die Fortbewegung des Coracles vollständig von der körperlichen Kraft und Geschicklichkeit des Fischers ab. Beziehungsweise heute von uns. Nguyen schien ein Profi zu sein. Sie wusste, wie es geht und wir bewegten uns langsam, aber stetig von der Hafenmauer fort. Dann war ich dran und scheiterte kläglich. Ich versuchte, das Paddel so zu bewegen, wie sie es mir erklärt hatte. Obwohl ich mir alle Mühe gab, drehten wir uns nur im Kreis. Mal im Uhrzeigersinn, mal entgegen. Wir hatten viel zu lachen. Ich ließ es mir nochmals erklären und probierte es erneut, aber eine Richtung war nicht wirklich erkennbar. Die gesamte Zeit mussten wir aufpassen, dass wir nicht um- oder aus dem Boot fallen. Denn wir standen im Coracle. Trotzdem: einfach paddeln.

Einfach leben. Das liebe ich hier. Im Hier und Jetzt sein, weniger denken, weniger planen, weniger sorgen.

Einfach dem Leben folgen und das
Leben leben – und das heute und
nicht gestern oder morgen.

Die Menschen hier wissen, wie das geht. Sie haben es von Kindesbeinen an gelernt, als etwas ganz Normales im täglichen Leben. Diese Leichtigkeit zeigt sich auch darin, dass nichts zu Tode geregelt ist. Mach es einfach, solange du mit anderen gut umgehst, scheint ein unausgesprochenes Motto hier zu sein. Ich liebe es.

Dunkle Schatten im Paradies

Mitten in unserem schönen und entspannten Leben hier in Ubud veränderte sich alles, und das rasend schnell. Die letzten Tage waren verrückt, und das plötzlich, unerwartet und unerwünscht. Anna und ich haben uns entschieden, nach Australien zu fliegen. Auch wenn wir hoffen, in drei bis vier Wochen wieder zurück nach Bali kommen zu können. Das Corona-Virus ist in vielen Ländern angekommen. Immer mehr Länder schließen ihre Grenzen und lassen keine Ausländer mehr ins Land. Für die meisten digitalen Nomaden, wie auch für mich und Anna, ist das ein existenzielles Problem. Denn die meisten sind hier mit einem 60-Tage-Visum auf der Insel der Götter. Nach den zwei Monaten müssen sie einen Visa-Run in ein anderes Land machen. Demzufolge herrscht jetzt große Panik, weil alle noch mal schnell nach Singapur, Thailand oder Australien fliegen möchten, um sich einen neuen Stempel zu holen und dann wieder für sechzig Tage hier im Paradies bleiben zu dürfen.

Es dauert ein paar Tage, bis wir uns für den Flug entscheiden. Torsten, ein enger Freund aus München, ist vor einer Woche in Bali angekommen und ich hatte mich sehr auf die gemeinsame Zeit mit ihm gefreut. Ich möchte ihn nicht im Stich lassen, aber auch nicht von Anna getrennt werden. Das Problem ist, dass Anna und ich verschiedene Visa und Staatsbürgerschaften haben. Daher könnte es gut sein, dass uns diese Umstände in wenigen Tagen dazu zwingen würden, getrennte Wege gehen zu müssen. Sie müsste Bali früher verlassen als ich. Und da es nach Australien noch Flüge gibt, könnte die indonesische Regierung Anna ausweisen, weil sie noch nach Hause käme. Mich dagegen nicht, weil es wegen der Corona-Pandemie mittlerweile keine Flüge mehr nach Deutschland gibt. Und nach Australien könnte ich dann wahrscheinlich auch nicht mehr, da schon Gerüchte die Runde machen, dass sie ebenfalls bald die Grenzen schließen werden. Doch wir wollen am gleichen Ort sein. Auch wenn wir uns noch nicht lang kennen, ist das unser Wunsch und unsere Priorität in dieser unsicheren Situation und verrückten Welt.

An einem Abend sitze ich auf dem Roller, um meine Kleidung vom Wäscheservice abzuholen. Ich düse durch meine vertraute Gegend und fühle mich für Momente mal wieder frei von den Sorgen und Ängsten der letzten Stunden und Tage. Für mich ist Rollerfahren wie eine Therapie. Wenn es mir nicht gut geht, fahre ich häufig einfach umher. Ich spüre die Luft im Gesicht, bestaune die Reisfelder, erfreue mich an den spielenden Kindern, rieche die Luft und komme häufig wie ausgewechselt wieder nach Hause. In diesem Zustand kommen mir häufig gute Gedanken und ich höre meine Intuition. So wie jetzt auch. Während ich an meinem Lieblings-Warung vorbeifahre, weiß ich, dass Anna und ich nach Australien fliegen sollten. Woher dieser Gedanke auch kommen mag, er ist stark, fast schon alternativlos.

> Es ist nicht einer dieser Gedanken, welchen ich aktiv denke. Vielmehr ist es ein Bauchgefühl, eine Intuition, die einfach aus dem Nichts da ist. Ohne etwas dafür getan zu haben.

Mich verwirrt es. Wir hatten diese Option zwar diskutiert, aber nie wirklich als ernsthafte Möglichkeit in Betracht gezogen. Und jetzt weiß ich, dass wir es machen sollten. Doch wie findet Anna das? Und was ist mit Torsten? Als ich nach meiner Rollerfahrt nach Hause komme, erwartet mich Anna bereits. Doch bevor ich etwas sagen kann, sagt sie mir: »Wieland, wir müssen nach Australien. Während du weg warst, hatte ich so einen intensiven Drang, dass wir fliegen sollten.« Wieder so ein Moment, in dem wir das Gleiche denken und spüren, ohne uns darüber ausgetauscht zu haben. Dass auch sie das Gleiche wahrnimmt und möchte, gibt mir Sicherheit. Weil es damit eine Entscheidung ist, die wir beide treffen.

Jetzt brauchen wir »nur« noch zwei Plätze in einem Flugzeug. Aktuell sind diese so begehrt wie Freibier auf dem Münchner Oktoberfest. Da schon die ersten Flugzeuge nicht mehr wie geplant abheben und Australien jederzeit die Grenzen für Ausländer schließen könnte, wollen wir auf Nummer sicher gehen, soweit es eine Sicherheit zurzeit überhaupt gibt: Wir wollen lieber früher als später abheben. Anna kennt sich aus in Perth und ich habe meine Verwandten dort, sodass diese Stadt in Westaustralien unsere erste Wahl ist. Doch wir finden keinen freien Flug dorthin und buchen stattdessen einen nach Darwin, ganz im Norden des Landes. Von Perth nach Darwin sind es allerdings knapp viertausend Kilometer. Wir sind dennoch glücklich und dankbar, überhaupt Flugtickets ergattert zu haben.

Wenn es fast nichts gibt, ist auch das Wenige viel wert.

Nun sitzen wir stundenlang am Rechner und suchen nach einer Unterkunft in Darwin. In den ersten vierzehn Tagen nach Ankunft müssen wir in Quarantäne. Eine Vorschrift der australischen Regierung, die das mithilfe der Polizei überprüft. Daher möchten wir etwas finden, wo wir uns wohlfühlen und zumindest einen Balkon oder Garten haben. Nebenher registriere ich mich noch schnell für ein australisches

Touristen-Visum. Die letzten Tage waren stressig, panisch, traumatisch. Corona wirbelt alles durcheinander. Wir sind gefordert, einen kühlen Kopf zu bewahren und einen guten Umgang mit unseren Gefühlen zu finden. Die größte Herausforderung ist die Ohnmacht. Nichts zu wissen, nichts planen zu können, abhängig von den instabilen Entscheidungen der Regierungen zu sein und fast keinen Einfluss zu haben. Das frustriert.

Doch kurz darauf wendet sich das Blatt zumindest in einer Perspektive: Plötzlich gibt es doch zwei Plätze in einem Flieger nach Perth und wir buchen diese sofort. Zumindest haben wir damit eine Alternative, falls der Flug nach Darwin nicht wie geplant geht. Doch was machen wir mit der Wohnungssuche? Sollen wir in beiden Städten etwas buchen, was wir kurz vorher noch stornieren können? Es tut gut, alles mit Anna besprechen zu können und nicht allein in einer solchen unsicheren Situation zu sein.

Die gesamte Insel ist in Aufruhr. Doch nicht nur wir digitale Nomaden oder Auswanderer haben damit zu kämpfen. Viele Balinesen haben wirtschaftliche Sorgen, weil viele Menschen die Insel verlassen und jeden Tag eine Stornierung nach der anderen ins Haus flattert. Ansonsten erlebe ich die Balinesen verhältnismäßig entspannt: »Das Leben geht weiter, und bevor wir uns jetzt zu viele Sorgen machen, warten wir erst mal ab, was kommt«, ist ein typischer Kommentar zu dem, was in der Welt passiert. »Und falls es wirklich schlimm werden sollte, dann machen wir uns dann Sorgen und suchen eine Lösung.«

Ich bewundere wieder einmal deren Einstellung zum Leben und den Herausforderungen, die es mit sich bringt. Das Leben wird genommen, wie es kommt. Egal, ob ein terroristischer Anschlag, ein Vulkanausbruch oder ein heftiges Erdbeben plötzlich dazu führt, dass fast keine Touristen mehr kommen, nehmen sie es so, wie es kommt. Uns bleibt ebenfalls nichts anderes übrig – unabhängig davon, ob wir uns darüber aufregen oder es akzeptieren und hinnehmen. Letzteres ist häufig schwieriger, aber macht dennoch alles leichter.

… und bei mir selbst ankam

Die Szene, die sich am Flughafen vor unseren Augen abspielt, ist so abgefahren, dass sich diese niemand ausdenken könnte. Doch ich bin dankbar darüber, denn sie hilft mir, mein Gefühlschaos für einige Momente zu vergessen. Anna und ich liegen, trotz der angespannten Lage, vor Lachen fast auf dem Boden. Am Flughafen in Denpasar, unserem Abflugort auf Bali. Meiner Heimat seit einigen Jahren. Vor uns läuft ein Mann mit Rucksack auf dem Rücken zum Boarding-Gate. In der einen Hand hält er eine kleine Tasche und in der anderen trägt er stolz eine Packung Toilettenpapier mit acht Rollen. Wie viele Lagen diese haben, kann ich leider nicht erkennen. Aber immerhin hat er sich eines der wichtigsten Güter in diesen Tagen gesichert. Seine Familie zu Hause wird sich wahrscheinlich wie noch nie über dieses Mitbringsel freuen. Eine solche große Unsicherheit wie die beginnende Corona-Pandemie hat ihn nicht davon abgehalten, sich auf das Wesentliche zu konzentrieren: eine große Packung Toilettenpapier von Bali nach Australien mitzunehmen.

Nachdem ich meinen seitenlangen Abschiedsbrief an Bali geschrieben habe, liegen immer noch über drei Stunden Flugzeit vor uns. Jetzt befinden wir uns irgendwo zwischen Denpasar und Perth über dem Indischen Ozean. Im Flugzeug ist es vergleichsweise ruhig. Alle scheinen froh zu sein, dass sie im Flieger sitzen, und brauchen Zeit zum Reflektieren und Verarbeiten. Für einen Augenblick herrscht Heiterkeit im hinteren Teil des Flugzeugs, wo auch wir beide sitzen. Als eine Frau vor uns das Gepäckfach öffnet, fliegt ihr die große

Packung Toilettenpapier entgegen. Und zaubert einigen ein Lachen ins Gesicht.

Auch wenn mich das Corona-Virus aus meinem Leben in Bali gerissen hat, die letzten Tage extrem turbulent und das Zurückblicken auf meine Zeit in Bali emotional war, spüre ich einen tiefen Frieden in mir. Es scheint, dass ich das Leben so annehme, wie es kommt. Die letzten Jahre bin ich persönlich sehr gewachsen. Ich bin gelassener geworden, habe gelernt, meiner Intuition noch mehr zu vertrauen und die Dinge anzunehmen. Das bedeutet für mich nicht, dass ich am Ende meiner persönlichen Entwicklung angekommen bin. Auch wenn ich weiß, dass ich noch Dinge entwickeln, loslassen und heilen kann, ruhe ich häufiger in mir. Ich bin zufrieden mit mir und meinem Leben. Wohl auch, weil ich *mein* Leben lebe und authentisch bin. Ich habe gelernt, mehr im Hier und Jetzt zu leben, und wenig in der Vergangenheit und Zukunft. Damit habe ich mehr Lebendigkeit und Leichtigkeit gewonnen. Ich bin gespannt, was mit all dem in Australien passiert.

In mir sind Frieden und Gelassenheit, auch wenn das Leben gerade anders ist, als ich es mir vorstelle und gewünscht habe. Ich wäre lieber auf Bali geblieben, freiwillig hätte ich meine Heimat nicht verlassen. Aber das Leben hatte andere Pläne. Was ich gelernt habe, ist, dass es im Leben viele Weisheiten und Erkenntnisse gibt, von denen mir in der Theorie viele bekannt waren. Doch richtig in der Tiefe habe ich sie erst verstanden und integriert, als ich sie erfahren, gefühlt und erlebt habe. In meinem Leben. Mit jeder Zelle meines Körpers. Eine dieser Weisheiten ist für mich: Wir finden fast alles in unserem Inneren, wenn wir uns selbst besser kennenlernen und verstehen, wenn wir in die Stille kommen und raus aus dem Stress, der Routine und dem ständigen Tun. Ich kann überall auf der Welt unglücklich und unzufrieden sein. Und ich kann ebenfalls überall auf der Welt glücklich und zufrieden sein. Denn das liegt vor allem an mir, wie ich mit mir selbst umgehe und wie ich auf äußere Einflüsse reagiere. Das ist der Einfluss meines Inneren auf meine eigene Lebenszufriedenheit. Bali macht es mir leichter, dass ich glücklich und zufrieden bin. Das ist der Einfluss des Außen auf mein Innen.

»Bitte kehren Sie zu Ihren Sitzen zurück und schnallen Sie sich an. Wir starten bald mit dem Landeanflug«, informiert uns der Pilot. Nicht mehr lang, dann sind wir in Westaustralien. Ich hoffe, dass es mit meinem Touristenvisum klappt und sie mich ins Land lassen. Und ich wünsche uns, dass wir ein Taxi finden, das uns zu unserer Quarantäneunterkunft bringt. Denn wir sind verpflichtet, ohne Stopp und ohne öffentliche Verkehrsmittel direkt zu unserem Quartier zu fahren.

Wenn ich zurückblicke auf die Jahre in Südostasien, dann waren das die mit Abstand glücklichsten und schönsten in meinem bisherigen Leben. Wenn es genauso weitergehen würde, habe ich nichts dagegen. Und wenn nicht, dann habe ich das Vertrauen, dass es einen Sinn haben wird, so wie es kommt.

Dennoch wäre ich jetzt lieber in Ubud und würde mit dem Roller durch die Reisfelder düsen, mir eine Massage gönnen oder im Zest an einem weiteren Buch arbeiten. Und trotzdem blitzt ein wenig Vorfreude durch und ich bin gespannt, was jetzt passieren wird: mit dem Virus, mit unserer jungen Beziehung und mit meinem Leben als digitaler Nomade in einer Welt, deren Grenzen jetzt alle zu sind.

Du erinnerst dich an meinen Bruder Max, von dem ich immer wieder geträumt habe? Ihn gibt es wirklich, auch wenn er nie das Licht dieser Welt erblickt hat. Noch während unsere Mutter mit uns beiden schwanger war, ist er gestorben. Er wäre mein Zwillingsbruder geworden. Ich habe nur einige Monate im Leib meiner Mutter mit ihm verbringen dürfen und kann mich daher mit meinem Verstand nicht mehr an ihn erinnern. Dennoch ist er mir auf einer anderen

Ebene sehr nah und vertraut. Auch wenn ich Max hier auf unserer Welt nicht sehen und berühren kann, kann ich ihn spüren. Er hat einen wichtigen Platz in meinem Leben und ich denke fast jeden Tag an ihn.

Anna und ich sind gut in Perth gelandet. Seit damals hat mein Leben so manche unerwartete Wendung genommen und ich hatte einige Aufgaben und Herausforderungen zu meistern. Vielleicht wirst du eines Tages eine Fortsetzung dieser inneren und äußeren Reise lesen – und ich würde mich freuen, wenn du mich wieder dabei begleitest!

Dein Wieland Stolzenburg

Möchtest du erfahren, was passierte, als Wieland auf der verwunschenen Insel Siquijor bei verschiedenen einheimischen Heilern war und beinahe keine Luft mehr bekam? Dann melde dich hier zu seinem kostenlosen Newsletter an und tauche noch mehr ein in sein Leben in Asien. Er teilt darin nicht nur fesselnde Geschichten, sondern auch kleine Weisheiten und praktische Beziehungstipps, die du nicht verpassen solltest: www.wielandstolzenburg.de/news/